WALTER SCHWARZ
DER HOTELEMPFANG

WALTER SCHWARZ
Mitglied der Gastronomischen Akademie Deutschlands
Vereidigter Sachverständiger für das Hotel- und Gaststättengewerbe

Der Hotelempfang

Wie organisiert man einen Hotelbetrieb in unserer Zeit?
Ein Berufsbild mit Leitfaden
für Mitarbeiter und Mitarbeiterinnen im Hotelempfang
und großen Teilen Fachtheorie
für die Prüfung des Hotelmeisters und der Hotelmeisterin

5., erweiterte Auflage

**HUGO MATTHAES
DRUCKEREI UND VERLAG
GMBH & CO. KG
STUTTGART**

ISBN 3-87516-638-8

Grafiken: Werbeagentur G. Bender, Stuttgart
© 1970, 1979, 1984, 1988 and 1995 by Hugo Matthaes Druckerei und Verlag
GmbH & Co. KG, Stuttgart
Printed in Germany. Imprimé en Allemagne
Herstellung: Hugo Matthaes Druckerei und Verlag GmbH & Co. KG, Stuttgart
Die erste bis vierte Auflage erschienen unter folgenden ISBN-Nummern:
ISBN 3-87516-108-4 (1. Auflage); ISBN 3-87516-157-2 (2. Auflage);
ISBN 3-87516-188-2 (3. Auflage); ISBN 3-87516-084-3 (4. Auflage)

Dieses Fachbuch widme ich **Herrn Werner Hopf†**
Ehemaliger Vizepräsident der Industrie- und
Handelskammer Frankfurt am Main
und Vorsitzender des Berufsausbildungsausschusses

Inhaltsübersicht

Vorwort

Die Überarbeitung dieser erweiterten 5. Auflage ist in einer schon weit fortgeschrittenen Übergangszeit von manuellen und halbautomatischen Organisationsformen zu von Computern gesteuerten EDV-Betriebssystemen vorgenommen worden.

Der Leser findet in diesem Fachbuch neben den neuen Entwicklungen in der Hotelorganisation auch noch die alten Methoden. Die nächste Auflage kann möglicherweise schon auf diese verzichten oder mehr auf deren historische Bedeutung hinweisen. Letztlich haben doch Generationen von Mitarbeitern und Mitarbeiterinnen am Hotelempfang damit erfolgreich gearbeitet.

Die Frage, welche Bettenzahl oder Umsatzhöhe, besonders hinsichtlich der Kosteneinsparung durch einen rationellen Arbeitsablauf, für den Einsatz der EDV in Hotelbetrieben wirkliche Vorteile bringt, ist heute leicht zu beantworten. Bei der Vielzahl der EDV-Betriebssysteme im Hotelbereich, dem Preisrückgang der Hardware und der fortschrittlichen modularen Entwicklung der Software findet sich für jede Betriebsgröße ein kostensparender Einstieg unter den entsprechenden Anbietern.

Am Anfang der Überlegungen stehen in jüngster Zeit mehr der Preis und Nutzen der Software, während die Hardware für jeden Betrieb leichter erschwinglich ist. Auf dem Markt befinden sich verschiedene konkurrierende EDV-Betriebssysteme für das Front-Office im Angebot, und es ist für Nichteingeweihte nicht einfach, das für den Betrieb geeignete elektronische Ordnungssystem selbst zu finden. Für diese Entscheidung sollten Betriebe, die eine Umstellung ins Auge fassen, den fachmännischen Rat eines spezialisierten und unabhängigen Beraters einholen, zumal auch elektronische Betriebssysteme unterschiedliche Schwerpunkte haben. In diesem Fachbuch kann nur der allgemeine sogenannte **rote Faden**, der durch fast alle am Hotelempfang eingeführten EDV-Betriebssysteme läuft, dargestellt und beschrieben werden.

Daneben wird aber auch die manuelle und halbautomatische Hotelbuchhaltung in kurzen Ausführungen beschrieben, weil ein totaler Übergang zu elektronischen Betriebssystemen noch nicht in allen Betrieben durchgehend vollzogen ist. In der Praxis trifft man an der Rezeption immer noch auf veraltete Organisationsmethoden. Die moderne Hotelorganisation ist ein modular entwickeltes und durchformtes EDV-Betriebssystem, das sich den individuellen Gegebenheiten im Anwenderbetrieb völlig anpaßt.

Das Wesentliche, worauf es ankommt, ist: Eine Durchmischung von alten und neuzeitlichen Organisationsformen ist auf Dauer sehr teuer. Bei einer Umstellung sollte man sich schrittweise von veralteten Organisationsmethoden völlig lösen und eine moderne Arbeitssystematik, die auf den alten Erfahrungen im Empfangsbereich aufgebaut ist, anwenden. Die Ablehnung von Risiken kann sich ein fortschrittlicher Hotelbetrieb nicht leisten, denn diese vernebelt den notwendigen Handlungsbedarf. Nur durch den Blick nach vorne entzieht man sich den kommenden Problemen.

Walter Schwarz

Einleitung

Eine der genialsten Persönlichkeiten, die aus dem internationalen Gastgewerbe hervorgingen, war der Schweizer Hotelier

César Ritz.

Seinen Namen und die Erinnerung an sein Wirken möchte ich an den Anfang dieses Fachbuches stellen. Neben seinen vielen schöpferischen Neuerungen, die in der internationalen Hotellerie heute als alltägliche Dinge betrachtet werden, war eine der bedeutendsten die Entdeckung und Fortentwicklung des modernen Hotelempfangs. Nachahmenswerte Vorbilder aus unserem Gewerbe, zu denen in hohem Maße César Ritz gehört, geben unserer Jugend im Hotel- und Gaststättengewerbe Ansporn zu eigenen Leistungen und überdurchschnittlicher beruflicher Tüchtigkeit. César Ritz war eine große Unternehmerpersönlichkeit und verstand es, seiner Zeit weit vorauszueilen und fachliche Marksteine zu setzen. Er war, kurz gesagt, eine der einfallsreichsten Erscheinungen in unserem Gewerbe.

Nachfolgend in gedrängter Form sein Lebensweg:

Er wurde am 23. Februar 1850 in Niederwald/Wallis geboren. Sein Vater war Gemeindepräsident des Heimatortes. César hatte noch 12 Geschwister. Die Kellnerlehre begann er in Brig bei einem Gastwirt namens Escher, mit dem er jedoch nicht auskam, so daß die Lehre abgebrochen wurde. Anschließend ging er auf Wanderschaft und kam bis Paris zur Weltausstellung. Hier lernte er in verschiedenen Restaurants seinen künftigen Beruf von Grund auf kennen.

Monsieur Bellenger, Chef des berühmten Restaurants „Voisin", erkannte als erster die große Begabung des jungen Mannes und setzte ihn nach einiger Zeit als Maître d'hôtel ein. Das „Voisin" war in der Zeit Napoleons III. das Modelokal von Paris par excellence.

Nach Ausbruch des Deutsch-Französischen Krieges 1870 wanderte César Ritz nach Wien und setzte seine Laufbahn in dem berühmten Restaurant „Les Trois Frères Provençaux" fort. Den vorläufigen Höhepunkt seiner Karriere erreichte er mit der Übernahme der Direktion des berühmten „Grand-Hôtels" in Monte Carlo.

1888 heiratete er die Tochter eines berühmten Hoteliers. Seine Frau Marie Louise war eine Straßburgerin. Nacheinander folgten dann Direktionsposten im namhaften europäischen Hotels.

Erst im Jahre 1898 war es soweit, daß er mit Freunden, die große Stücke auf ihn hielten, in Paris das weltberühmte „Hôtel Ritz" gründen konnte. César Ritz war seinerzeit darauf bedacht, sein Hotel im Herzen der Stadt Paris zu bauen. Am Place Vendôme, der eine städtebauliche Kostbarkeit ist und der in seiner ruhigen und klassischen Anlage in auffallendem Kontrast zum weltstädtischen Trubel der benachbarten Straßen steht, entstand das „Ritz". Die vornehme Zurückgezogenheit in diesem Winkel, eingerahmt vom Crédit Foncier und dem Justizministerium, reizte ihn.

Nach Eröffnung des Hauses wurde es Mode, sich im „Ritz" zu zeigen. César Ritz hat in seinem Hotel am Place Vendôme, das man für die damalige Zeit im wahrsten Sinne

César Ritz (1850–1918), der hervorragende Hotelier seiner Zeit, erkannte schon sehr früh die Bedeutung eines modernen, organisierten Hotelempfangs. Er entwickelte Maßstäbe, die für uns heute noch Gültigkeit haben. Bis kurz nach der Jahrhundertwende stand sein Schaffen im Zenit.

Ritz erkrankte schon mit 53 Jahren an schweren Depressionen, woran er nach 15 Jahren Aufenthalt in einem Schweizer Sanatorium völlig zurückgezogen verstarb. Das Andenken an ihn ist bis heute ungebrochen.

des Wortes als perfekt bezeichnen konnte, alle Großen der Welt empfangen. Nicht nur die Großen der Literatur, auch die europäische Hocharistokratie und Mitglieder regierenden Häuser sowie die bekanntesten und berühmtesten Künstler seiner Zeit. Er wurde als „Hotelier der Könige und König der Hoteliers" bezeichnet. Bellenger sagte über ihn: „Er heißt nicht nur César, er ist einer, und zwar auf dem Gefilde der Gastronomie."

Kurz vor der Jahrhundertwende übernahm César Ritz an der Spitze eines Konsortiums von Fachleuten auch das „Hotel Frankfurter Hof" in Frankfurt am Main, damals wie heute eines der bedeutendsten Grandhotels in Deutschland. Sein Sohn Charles Ritz, der erst in späteren Jahren die Nachfolge seines Vaters im „Hôtel Ritz" in Paris antrat, arbeitete etwa um das Jahr 1909 als Kellner im „Hotel Frankfurter Hof" in Frankfurt am Main.

Resümierend sagte nach seinem Tod Madame Ritz im Rückblick auf das erfolgreiche und ausgefüllte Leben ihres Mannes: „Die Spitzenleistungen der Ritzschen Hotelschöpfungen bestanden weniger im Technischen als in einem bis auf jede Einzelheit ausgedachten Dienst am Kunden. Die Rationalisierung des Hotelapparates fand überall scharfe Grenzen, wo sie die individuelle Wohlfahrt des Gastes zu beeinträchtigen drohte."

In London entstand später das weltberühmte „Carlton-Hotel". Edward VII., König von England, ein Herrscher, der den Freuden des Lebens sehr zugetan war, galt als Freund von César Ritz. Für seine Pariser Aufenthalte ordnete er sich der Organisation seines Freundes vollkommen unter. Edward pflegte zu sagen: „Wo Ritz hingeht, da will ich auch hingehen."

Vor Ausbruch des Ersten Weltkrieges erreichte Ritz den Höhepunkt seiner Karriere und seines Ruhmes. Regierende Häuser dekorierten ihn mit Orden, der Papst empfing ihn im Vatikan, er war der Gastgeber und Vertraute der Großen dieser Erde, sein Name wurde Geschichte für unser Gewerbe.

Die unermüdliche, rastlose Arbeit dieses fanatischen Perfektionisten zehrte jedoch an seiner Kraft. Während des Ersten Weltkrieges zog Ritz in seine Heimat, die Schweiz, zurück. Im Jahre 1918 verstarb er nach einem erfüllten Leben. Er war der berühmteste Hotelier des 19. Jahrhunderts, und alle Fachleute rund um den Erdball bewunderten diesen Mann.

Der Nachfolger von César Ritz wurde nach mehrjähriger Pause sein Sohn Charles. Er übernahm das Haus deshalb nicht unmittelbar nach dem Tode seines Vaters, weil er sich mit dem damaligen Direktor schlecht verstand. Nach einigen erfolgreichen Jahren in anderen Branchen übernahm er die Leitung des Hauses und setzte alle draußen in der Welt gemachten Erfahrungen in die Tat um. Er änderte behutsam den Führungsstil des Hauses, ließ dem einzelnen Mitarbeiter mehr Freiheit und delegierte an seine Führungsmannschaft. Er selbst übernahm den Posten des Präsidenten der „Ritz Company Ltd." in London, einer exklusiven Gesellschaft, deren Kapital sich auf nur 20 Personen verteilt. Das gesamte Hotel ist bei dessen Übernahme von Charles Ritz, beinahe 85jährig, nach und nach renoviert worden. Die ursprüngliche Atmosphäre blieb dabei konsequent erhalten. Charles Ritz war der letzte seiner Familie, und er wollte die

Neugestaltung des Hauses zu Ende führen, bevor er das traditionsreiche Hotel in andere Hände übergehen ließ

Charles Alexander César Ritz starb am 11. Juli 1976, und wenige Jahre zuvor verschied sein alter Sommelier, der über 40 Jahre „seinem Ritz" treu geblieben war. Der Chefmanager des Ritz, Bernhard Penche, gehört auch schon über 30 Jahre zum Mitarbeiterstab des „Ritz", Charles traf mit seinem Ausspruch „Man bleibt im ‚Ritz' entweder nur zwei Wochen oder sein Leben lang" wie immer den Nagel auf den Kopf. Der Ritz-Familie waren die Bonmots auf ihr „Ritz" immer geläufig. Auf Seite 15f. dieses Fachbuches findet der Leser einen Nekrolog auf diesen letzten Vertreter einer der großen europäischen Hoteldynastien.

Klaus Geitel schrieb in der Zeitung „Die Welt": „Die Idee des Grandhotels läßt sich nicht wieder aus der Welt schaffen. Die moderne Hotelindustrie wird sich hüten, sie zu negieren. Schließlich auch für den Hotelgast gilt eine spezielle Charta der Menschenrechte, an der sich nicht rütteln läßt. Sie trägt den Namenszug César Ritz."

Im fachlichen Bereich erfüllt das Grandhotel nach wie vor die Funktion eines Leitbildes, jedoch sind seine Maßstäbe kaum übertragbar auf Hotels, die mit weniger hohem Aufwand betrieben werden. Vorausschauend kann man sagen, daß dem Gast in einigen Jahren nur noch 2 Alternativen bleiben: Er wird dann die Wahl haben zwischen einem vorwiegend ökonomisch konzipierten Hotel der mittleren Klasse mit stark reduziertem Service, annehmbarem Komfort zu relativ günstig kalkulierten Preisen oder einem Grandhotel (Luxushotel) mit einem bestmöglichen Service und hohen Preisen. Jedoch bereitet auch künftig die harmonische Verbindung von Tradition, die ihre Prägung weitgehend in der höfischen Lebensführung der Aristokratie findet und diesen anachronistischen Bedürfnissen angepaßt war und noch ist, und dem von der Zeit geforderten Komfort den Grandhotels ganz erhebliche Schwierigkeiten. Auch deshalb, weil der Gast mit dem sogenannten Savoir-vivre, dieser reizvoll versnobten Mischung des Weitgereisten auf eigene Rechnung, Psychologen, ausgemachten Kenners von erstklassigem Hotelpersonal und Gourmets im reinsten Sinne des Wortes, wegen mangelnden Nachwuchses in ein hoffnungsloses Abseits gedrängt ist. Diese Spezies Gast stirbt langsam aus, schlimmer noch, teilweise gibt es sie schon gar nicht mehr.

Die Klientel von Grandhotels war diese kleine privilegierte Schicht aus Adel, Industrie, Künstlern und Geld, deren typische Merkmale von Außenstehenden auch früher kaum nachgeahmt werden konnten. Um diese Kreise in der Öffentlichkeit zu finden, mußte man ein Grandhotel besuchen. Jedoch wagte sich früher ein Normalbürger nicht in ein Hotel dieses Genres, denn die sogenannte Schwellenangst hinderte ihn an seinem Unterfangen. Heute ist diese Schwellenangst weitgehend abgebaut, aber trotzdem noch vorhanden. Um einer Austrocknung zu entgehen, blieb den Grandhotels nur noch die Öffnung nach unten. Jedoch verliert das echte Grandhotel an Prestige und Ruf, wenn es versucht, streng zu rationalisieren und zu geringeren Preisen einen hohen Standard zu verkaufen. Ein Grandhotel muß aber auch in Zukunft das bleiben, was es immer schon war, eben ein Grandhotel. Würde diese Gattung von Hotel ganz verschwinden, ginge ein weiteres Refugium verloren.

„Dieses Ritz, so ruhig, so angesehen, so wunderbar geeignet für den psychlogischen Schlaf der Großen dieser Erde", schrieb Léon-Paul Fargue.[1] Man erinnert sich aber dann daran, daß das exentrische Zeitalter vorbei ist und auch in den Hotels dieser Klasse schrittweise eine gewisse Sachlichkeit um sich greift.

Der Ausspruch von César Ritz „Ich bin kein Gastwirt!" reizt einen zum Widerspruch. War doch keiner mehr als er begeistert von einer mannigfaltigen Küchenführung und machte sein „Espadon" zu einem der exzellentesten Restaurants in Paris, obwohl doch der Pariser eine schier angeborene Abneigung gegen Hotel-Restaurants hat.

Das nachfolgende Zitat von César Ritz zeigt bereits die wichtigsten psychologischen Momente eines kultivierten Hotelempfangs auf. In seinen Worten erkennt man, mit welcher Sorgfalt und Liebe er den Empfang in seinem Hause entwickelte und auch zur Nachahmung empfahl. Ein Leitsatz von ihm war:

„Ich will, daß sich ein Gentleman bei mir zu Hause fühlen kann!"

Diesem Prinzip ist das „Ritz" treu geblieben bis zum heutigen Tag. Ritz verstand es, in jedem Gast einen guten alten Bekannten zu sehen. Für diese individuelle Art seiner Gästebetreuung belohnten die Gäste ihren Gastgeber derart, daß sie die Gewohnheit, im „Ritz" zu wohnen, über Generationen – um es treffend zu bezeichnen – vererbten. Einer in der „Wirtschaftswoche" (der 70er Jahre) erschienenen Notiz konnte man aber entnehmen, daß auch an den Pforten des „Ritz" unsere Zeit sich lärmend bemerkbar macht:

„Marcel Proust floh ins Ritz, weil einen ‚da niemand anrempelt'. Coco Chanel verbrachte in dem Hotel die letzten Jahre ihres Lebens. F. Scott Fitzgerald und Ernest Hemingway drangen dort nie weiter vor als bis in die Spiegelbar am Hintereingang. 76 Jahre lang war das Haus am Place Vendôme, mit 60 Dienerzimmern, aber noch heute ohne TV-Set, letzte Bastion wahrer Herbergseleganz. Seit letzter Woche ist der Ruf ruiniert: Das Ritz startet seine erste Anzeigenserie. Schlimmer noch: Es akzeptiert jetzt American Express-Kreditkarten. Charles Ritz, 85, der Sohn des Hotelgründers, erklärte seufzend: ‚Ritzy People sterben aus.'"

Nekrolog auf Charles Alexander César Ritz

Charles Ritz, einziger Sohn von César Ritz, der am Sonntag, dem 11. Juli 1976, im Alter von beinahe 85 Jahren starb, war der Träger eines Namens, den sein Vater César, wie eingangs zu diesem Fachbuch bereits erwähnt, in aller Welt berühmt gemacht hat. Dem Sohn gelang es, die vom Vater geschaffene Tradition aufrechtzuer-

---

[1] Léon-Paul Fargue, französischer Lyriker und Dichter, geb. 1878, gest. 1947, Mitarbeiter an der Nouvelle Revue Française.

halten, und das war, besonders in unserer heutigen Zeit, außerordentlich viel. Über César, den Vater, ist sehr viel geschrieben worden. Legenden und Anekdoten umranken seinen Namen. Der wahre Wert seines Werkes ging aber weit über diese Geschichtchen hinaus. Dieses Buch will mithelfen, seiner Arbeit besonders hinsichtlich der internationalen Hotellerie gerecht zu werden. Er war ein Selfmademan, der auf der Stufenleiter in der heimatlichen Westschweiz ganz unten begann und es schon früh verstand, daß ein Hotel nicht nur eine Vermietungsstätte ist. Er war weit in der Welt herumgekommen, er kannte die gute Gesellschaft in ganz Europa, die auch nicht überall eigene Paläste hatte, und warb diesen Kreis als Kundschaft für seine Hotels, denen Ritz seinen Namen gab. Nach Ritz-Hotels in London, in Lissabon und in Boston wurde das Pariser Ritz-Hotel, das gegen Ende des letzten Jahrhunderts erbaut wurde, das Stammhaus eines weltweiten Unternehmens. Gerade dieses Pariser Ritz-Hotel machte den Namen seines Erbauers berühmt.

Charles, der seit über 20 Jahren Präsident der „Ritz-Gesellschaft" war, verteidigte den vom Vater geprägten Ruf, obwohl die Zeit eher gegen ihn war. Für First-class-Gäste unseres Zeitalters wurden auch in Paris zahlreiche neue Hotelpaläste errichtet. Das „Ritz" behielt trotz aller Konkurrenz sein überliefertes Ansehen. Auch Charles hielt an diesem von seinem Vater geprägten Wahlspruch fest, nämlich, daß der Kunde keine Nummer, sondern ein König ist oder doch auf alle Fälle eine Person, deren Namen und Gewohnheiten der Empfangschef kennen muß. Eines der geflügelten Worte von Charles war: „Das Pariser Ritz ist ein Hotel wie alle anderen, aber um vieles besser als alle anderen." Die Kapazitätsausnutzung lag damals fast ziemlich konstant bei etwa 80 Prozent.

Die noch unter Charles Ritz erfolgte Renovierung veränderte den Stil des Hauses nicht. Man blieb seinen Grundsätzen treu. Amerikanische Gäste faßten dieses Charakteristikum in der Kurzform „It's ritzy" zusammen und trafen damit den Nagel auf den Kopf. Nach wie vor sieht hier eines der vielen Zimmer eben nicht aus wie das Zimmer nebenan, und ein Appartement im „Ritz" ist eine Wohnung mit Stilmöbeln, in der sich der Gast wohl fühlt.

Der Name Ritz blieb so auch unter der Obhut von Charles Ritz in der Hotelwelt ein Name, der mit großem Respekt genannt wurde. Es hieß sogar, daß Mr. Hilton immer, wenn er nach Paris kam, im „Ritz" abstieg und nicht etwa im „Hilton". Es gab in der Vergangenheit und gibt in der Zukunft Leute, die hier ständig ihr Zimmer reserviert haben, obgleich diese wahrlich nicht billig sind.

Seine Frau Monique stand Charles Ritz lange Jahre bei der Verwaltung des Hauses zur Seite. Nach seinem Tod ist die Kontinuität aber abgebrochen. Eine der großen europäischen Hoteldynastien gab das Zepter aus der Hand.

Andere arbeiten im Sinne des Erbauers und Gründers erfolgreich weiter. 1979 erwarben der Ägypter Mohamed Al Fayes und seine beiden Brüder von den Ritz-Nachkommen das zur Legende gewordene Haus, renovierten es unter Aufsicht der Denkmalschützer, um es mit allen Annehmlichkeiten moderner europäischer Hotelkultur auszustatten. Seit einigen Jahren fungiert Frank J. Klein, ein deutscher Fachmann der Spitzenklasse, als Hausherr und ist gleichzeitig Präsident der Ritz-Hotel-Gesellschaft.

History

Die Gastfreundschaft von den Anfängen bis zu den Computern

Das Wort Gastfreundschaft verleitet im allgemeinen zu der Annahme, daß dem Menschen von Natur aus der Sinn für die freundliche Aufnahme eines Fremden gegeben war. Tatsächlich ist aber das Gegenteil zutreffend: Bei primitiven Menschengruppen reichten Freundschaft und Friede nicht weiter als die Blutbande. Fremde waren grundsätzlich Feinde und wurden fast ausnahmslos abgelehnt oder kurzerhand getötet.

Wenn man nach der Ursache der Gastfreundschaft forscht und zu diesem Zwecke die vorhandene Literatur heranzieht, so ist man über die frömmelnde und idealisierende Einfalt mancher Autoren mehr als verblüfft. Statt einer klaren Analyse werden stets nur Schlagworte oder gar Plattheiten angeführt: „Die Geburt der Gastfreundschaft – eine Sternstunde der Menschheit!" heißt es da. Oder: „Edle Menschlichkeit führt zur Gastfreundlichkeit", weiterhin wird von ethischen Gefühlen und dergleichen mehr gesprochen. Mithin: Ach, wie edel war die Menschheit damals, und wie bös sind wir heute, da wir Gastfreundschaft nicht mehr pflegen. Mit Verlaub: Alles barer Unsinn. Mit solchen Redensarten trifft man nicht den Kern der Sache. Einer hat damit einmal angefangen, die anderen erzählen es kritiklos nach.

Die Sitte der Aufnahme, Beherbergung und des Beschützens von Fremden entsprang keineswegs ethischem Empfinden, sondern zunächst recht eigennützigen Motiven, nämlich dem Bedürfnis nach garantierter Gegenseitigkeit: Man nimmt den Fremden auf und beschützt ihn, um gegebenenfalls ebenso Aufnahme und Schutz zu finden. Die Gastfreundschaft gründete sich also nicht auf menschliche Gefühlsregung, sondern war vielmehr auf einer bestimmten Entwicklungsstufe eine klare, harte Lebensnotwendigkeit. Sie diente keinem anderen Zwecke als dem Schutze von Leib und Gut. Magische Furcht vor dem Fremden mag die Gastfreundschaft ebenso gefördert haben wie das wachsende Interesse am Austausch von Wirtschaftsgütern und die Annehmlichkeit, aus der Ferne Nachricht zu erhalten. Daneben hat aber sicherlich auch das Geltungsbedürfnis eine große Rolle gespielt.

Der Wunsch nach garantierter Gegenseitigkeit wird um so verständlicher, wenn man sich vorstellt, wie klein und eng begrenzt die Siedlungs- und Friedensgebiete der Vorzeit waren, daß bei den alten, dem Naturzustand nahen Völkern von eigentlichen Gast- und Wirtshäusern noch keine Rede war und Lebensmittel keinen Preis hatten, käuflich also nicht erworben werden konnten. Außerdem war in früheren Zeiten wie heute noch bei den Naturvölkern ein sogenanntes Fremdenrecht überhaupt nicht vorhanden und nur unvollkommen ausgebildet. Fremde waren also den Einheimischen gegenüber mehr oder weniger rechtlich zurückgesetzt. Ohne die Sitte der Gastfreundschaft waren Reisen und Aufenthalte in fremden Ländern eine höchst unsichere Angelegenheit, zumindest aber sehr erschwert.

Wie so viele Lebensnotwendigkeiten und Gebote der Lebenserhaltung, so wurde auch die Beachtung der Gastfreundschaft später durch religiöse Satzungen und Mythen besonders eingeschärft. Die Gastfreundschaft wurde als heilig und zu der hochgehaltenen Sitte, reisende, des Obdachs und des Schutzes bedürftige Fremdlinge als Freunde und Gäste zu betrachten und ihnen darzubieten, was Haus oder Hütte herzugeben vermochte. Und da der Mensch zu Übertreibungen neigt, auch was die Ethik anbetrifft, so wurde dem Fremden manchmal auch die eigene Frau angeboten.

Diese Umstände führen dann, wiederum unter religiösen Einflüssen, die Gastfreundschaft so weit, daß selbst ein Blutschuldiger, also ein Mörder, beim Gastfreund, ja sogar beim Bluträcher Asyl finden kann – jedenfalls zeitweilig. Diese extreme Ausweitung ist durchaus verständlich, denn die Neigung, einen anderen umzubringen, war seit jeher im Menschen entwickelt. Wer wollte also schon auf den bequemen Schutz der heiligen Gastfreundschaft und auf Asyl verzichten?

Zu homerischen Zeiten (8. Jahrhundert vor Chr.) wurden bei den Griechen alle Fremden als Schützlinge des über Götter und Menschen gebietenden Zeus angesehen, der deshalb den Beinamen „der Gastliche" (Zeus Xenios, später bei den Römern Jupiter hospitalis) führte. Jeder einkehrende, ein gastliches Obdach suchende Wanderer wurde gebadet, umgekleidet und bewirtet. Erst nach mehreren Tagen, jedenfalls erst nach der Mahlzeit, forschte man nach Namen, Abkunft und Heimat, sofern sich der Fremdling nicht schon vorher aus freien Stücken selbst zu erkennen gab. Man war erfreut, wenn man entdeckte, daß man von früheren Zeiten oder von den Vorfahren her durch gegenseitige Gastfreundschaft mit ihm verbunden war.

Symbolische Akte spielen bei der Gastfreundschaft seit jeher eine große Rolle: Der Gast nähert sich unter Beachtung ganz bestimmter Formen, der Gastgeber vollzieht die Aufnahme nach festgelegter Zeremonie. Weiterhin war es üblich, Geschenke auszutauschen, ein Brauch, der heute noch von Naturvölkern gepflegt wird.

Zunächst konnte der Fremde die Gastfreundschaft nicht als ein Recht in Anspruch nehmen, weil sie nur als freiwillig übernommene und durch die Überlieferung gutgeheißene Verbindlichkeit geübt wurde. Diesen unsicheren Verhältnissen versuchte man dadurch zu begegnen, daß sich ganze Stämme und Völkerschaften durch Bündnisse, Einzelpersonen und Familien durch Verträge gegenseitig Gastfreundschaft (hospitium) zusicherten. Im letzteren Falle reichte man sich wechselseitig Geschenke, und ein solches Übereinkommen hielten auch die beiderseitigen Nachkommen in Ehren.

Bei den Römern wurden die Beziehungen durch Gelöbnisse, Handschlag und Austausch von schriftlichen Gastverträgen (tabula hospitalis) oder eines Zeichens (tessera oder symbolum) aufgenommen, mit denen man sich zu erkennen gab und beglaubigte. Diese hatten bindende Kraft und galten für heilig und unverletzlich. Sie schlossen darüber hinaus die politische Vertretung des Gastfreundes, namentlich vor Gericht, in sich ein und konnten nur durch förmliche Aufkündigung gelöst werden.

Für jeden, der im fremden Lande zu tun hatte, war es wichtig, wenigstens in den größeren Städten einen Gastfreund zu haben, der ihm als Rechtsbeistand dienen konnte. Bei den Griechen hieß ein solcher Vertreter Proxenos. Dieser mußte Bürger des Staates sein, in welchem er den Fremden zu vertreten hatte. Er wurde öfter von einem

Staat, dessen Bürger er vertreten sollte, förmlich ernannt und entsprach in etwa den heutigen Konsuln.

Ihm war außerdem die Verpflichtung auferlegt, sich gegen alle Fremden aus dem Staate, dessen „Proxenos" er war, gastfreundlich zu erweisen und hatte die von dorther kommenden Gesandten bei der Regierung seines Staates einzuführen. Weiterhin vertrat er die Rechte des auswärtigen Staates und seiner Angehörigen vor Gericht und gewährte letzteren überhaupt jede mögliche Hilfeleistung – und war es auch nur beim Besuch des Theaters.

Ähnlich gestaltete sich das römische Gastfreundschaftsverhältnis, doch vertrat der römische Gastfreund (hier patronus geheißen) zwar seinen auswärtigen Freund den Magistraten und Gerichten gegenüber, nahm dieses aber seinerseits in anderen Staaten von seinem dortigen Gastfreund nicht in Anspruch, da ihm hierfür eigene römische Beamte zur Verfügung standen. Proxenos oder Patronus eines fremden Staates, also Konsul im heutigen Sinne zu werden, galt schon damals für eine hohe Ehre. Daher kam es, daß die Proxenia in Griechenland und das Patronat in Rom öfters nichts weiter bedeuteten als eine Ehrenbezeigung für die, denen man es übertrug. Und wie heute, so strebten schon damals häufig solche Leute danach, deren persönliche Würde diesem Titel nicht angemessen war.

Im Gegensatz zu den Griechen, Römern und anderen noch älteren Kulturvölkern war die Gastfreundschaft bei den germanischen und slawischen Stämmen ein vertragsloses Verhältnis. Daraus folgern manche Schriftsteller irrtümlich, daß die Gastfreundschaft bei diesen Stämmen noch edler, noch selbstverständlicher und noch heiliger gewesen sein mußte. Das ist aber durchaus nicht der Fall gewesen. Gastfreundschaft wurde bei den Germanen und Slawen nicht anders geübt als von den anderen Völkern auch. Sie vollzog sich nach gleichen Formen und weckte in materieller Hinsicht die gleichen Erwartungen. Gastfreundschaft ist, um es noch einmal zu betonen, gar nicht so sehr vom Volkscharakter als vielmehr von einer bestimmten Entwicklungsstufe in struktureller, wirtschaftlicher und sozialer Hinsicht abhängig. Im übrigen galten auch bei den nordischen Völkern die Lebens- und Sittengesetze der damaligen Zeit, nämlich die religiösen Gebote. Der Fremde genoß auch bei ihnen alle Vorzüge einer vorbildlichen Gastfreundschaft – sobald er als Gast anerkannt war. Und hier liegt die etwas abweichende Anwendung der Gastfreundschaft: Aufgrund der völligen Vertragslosigkeit wurde sie davon abhängig gemacht, ob der Fremde als Freund oder Feind zu betrachten war. Dies zu beurteilen lag aber oft allein im Ermessen des Gastgebers.

Prominente Römer rühmten zwar die Gastfreundlichkeit der germanischen Stämme, doch darf man solche Aussagen nicht allzusehr überbewerten. In der Regel wurden nur grenznahe Stämme besucht, die sich schon deshalb von der besten Seite zeigten, weil ihnen die römische Macht ein Begriff war. Sie wußten ferner, daß die sie besuchenden Römer, deren Berichte überliefert sind, wie z. B. die Cäsars, hochgestellte Persönlichkeiten des Imperiums waren. Da man in Friedenszeiten vor allem in Grenznähe auf ein gutes Verhältnis angewiesen war, wird hier die Gastfreundschaft besonders außergewöhnliche Formen angenommen haben. Großzügige Geschenke an den

Gast gehörten dazu wie die Geschenke des Gastes, die vom Gastgeber erwartet wurden.

Wenn auch bis ins Mittelalter bei einigen germanischen und slawischen Völkern die Gastfreundschaft beachtet und hochgehalten wurde, so trat doch in anderen Gebieten schon ziemlich früh an ihre Stelle das Gastgebot, das durch Gesetze geregelt wurde und Strafen denen androhte, die einen Fremden nicht aufnahmen. Die uns bekannten ersten Vorschriften über das Gastgebot sind die „Lex Visigotorum" und die „Lex Burgundionum", beide vom Beginn des 6. Jahrhunderts.

Die Slawen z. B. huldigten der Rechtsanschauung, daß demjenigen, der einen Gast abgewiesen hatte, Haus und Hof niederzubrennen sei. Wiederum etwas später, und zwar im Jahre 802, bestimmte Karl der Große, daß keiner nach den Geboten der christlichen Nächstenliebe einem Fremden Obdach und Bewirtung verweigern durfte. Trotz dieser und ähnlicher Bestimmungen wurde aber schon infolge des in jeglicher Beziehung eintretenden Strukturwandels die Möglichkeit der Gastfreundschaft eingeengt. Sie wurde zwar von den Gliedern der Kirche, getreu der christlichen Lehre, weiter aufrechterhalten, im allgemeinen jedoch trat an ihre Stelle notwendig und unausweichlich das Gastgewerbe.

Und bei der sentimentalen Beschreibung dieses Zeitpunktes hört man oft Schriftsteller förmlich vor Rührung sagen: „Die edle Gastfreundschaft, sie ging dahin und mit ihr die gute alte Zeit", „Ein Verfall der guten Sitten!", „Entartung" der Menschen usw. Was soll dieser die Wirklichkeit verschleiernde Gefühlsnebel? Will man damit gar unserem Gewerbe einen Komplex anhängen, um gewissermaßen sagen zu können, das Gastgewerbe sei materieller Nutznießer allgemeinen Sittenverfalls oder die gewerbliche Gastlichkeit sei minderwertiger als private Gastfreundschaft.

Solche Ansichten sind, um es schlicht zu formulieren, unsinnig. Dichtbesiedelte Räume, in denen auch der Fremde durch Gesetz geschützt wird, heben die Notwendigkeit der Gastfreundschaft auf und machen sie auch durch Zusammenballung von Menschen, Wirtschaft, Handel und Verkehr fast unmöglich. Es war also keine Entartung, daß die Gastfreundschaft nicht mehr aufrechterhalten werden konnte, sondern bei allen Völkern und in allen Zeitläufen eine logische Entwicklung, und zwar eine fortschrittliche Weiterentwicklung.

Geradezu erheiternd ist doch folgende Vorstellung: Ein Kaufmannsgeleitzug des Mittelalters mit 5 Wagen, 20 Pferden und 40 Fuhrleuten, Knechten und Reisigen erreicht eine Ortschaft und heischt vom Geschäftsfreund Gastfreundschaft. Das wäre Entartung und ein Auswuchs, der gar nicht tragbar wäre.

Der Gasthof ist also keine mindere, sondern eine reife Form der Gastlichkeit, wiederum gerechtfertigt durch die Notwendigkeit einer bestimmten Entwicklungsstufe.

Müßig zu untersuchen, welche Entfaltungsmöglichkeit Kultur und Wirtschaft heute hätten, wenn ihnen die Basis eines vollendeten Hotel- und Gaststättengewerbes entzogen würde. Unser Gewerbe erfüllt also in der heutigen Gesellschaft eine lebenswichtige Funktion. Aus dem Gefüge unserer Zeit ist es gar nicht mehr fortzudenken. Darüber hinaus wird die von unserem Gewerbe gepflegte Gastlichkeit derart kultiviert, daß sie in ihrem spezifischen Bereich, d. h. auf dem Gebiete der Küche, der Tisch-

und Tafelsitten, der Umgangs- und Gesellschaftsformen, der ehrbaren Kaufmannschaft, um nur einige zu nennen, längst nicht mehr Nutznießer ist, sondern vorbildlich und richtungweisend wirkt. Deshalb wird sich wohl heute keiner mehr nach der heiligen Gastfreundschaft zurücksehnen.

Der Begriff „Hotel" entstand erst im 17. Jahrhundert. In Frankreich konnten die adligen Stände unter Ludwig XIV. mehr und mehr eine Plattform in der Hauptstadt finden, die es ihnen ermöglichte, Einfluß zu gewinnen und neben einem Stadtschloß in der Hauptstadt auch noch einen weiträumigen Landsitz zu bauen. Der Gastgeber nannte dieses Landschloß „Hotel". Ein findiger Bediensteter eines solchen Landschlosses baute sich selbst ein Schlößchen, welches er gewerblich nutzte. Den gehobenen Bürgerschichten ermöglichte er, für Geld aristokratische Lebensart nachahmen zu können. Er nannte sein Unternehmen gleichfalls „Hotel". Seitdem wurde dieser Name zum Begriff für eine Beherbergungsstätte gehobenen Stils.

Empfangsorganisation heute

In der nachfolgenden Zeit kam es zu einer Technisierungsphase im Empfangsdienst, die sich über Jahrzehnte erstreckte. In den Anfängen wurde noch jede Verrichtung manuell erledigt. Danach kamen Registrierkassen und Hotelbuchungsmaschinen, dann Hotelbuchungsautomaten auf den Markt, die schrittweise in der Hotelpraxis Fuß faßten.

In den vergangenen Jahren schließlich begannen sich zuerst zögernd, dann aber mit schnellen Schritten, Neuentwicklungen von EDV-Hardware und Betriebssystemen im Hotelempfang wie auch in anderen Betriebsabteilungen durchzusetzen.

Die Ansprüche der Gäste an Funktionalität und Kundendienst ist in allen gastgewerblichen Bereichen gestiegen. Eine komfortable informations- und kommunikationstechnische Ausstattung erwartet der Gast als festen Bestandteil der Gesamtangebotspalette. Der Zusammenschluß von EDV und Kommunikation führt zu einem wettbewerbsgeeigneten Dienstleistungsangebot. Eingeschlossen sind weitreichende Betriebskontrolle, bessere Möglichkeiten der Lenkung und Übersicht betrieblicher Abläufe sowie Entlastungen für die Mitarbeiter.

In der Hotelrezeption moderner Betriebe laufen die Leitungen für Telefon, Telefax, Fernschreiber und Kassen zusammen. In den Anfängen wurden die EDV-Systeme noch manuell abgerechnet. Erst mit der Einführung von Standardbetriebssystemen wurde deren Bedienung einfacher. Alle Belastungen der Gästekonten, ganz gleich welcher Verzehrstelle diese überspielt wird, landen automatisch auf dem angesprochenen Konto.

Die Größe eines Hauses ist für den Einsatz computergesteuerter Datenhaltung nicht mehr so sehr entscheidend, nachdem alle Leistungskomponenten in moduler Form aufgebaut sind. Ein EDV-Betriebssystem für den Hotelempfang läßt sich um weitere Module, denen andere Betriebsteile angeschlossen sind, ergänzen.

Für den Hotelbereich haben die Anbieter Programme entwickelt, die über geeignete Schnittstellen verfügen, um Standardsoftware unterschiedlicher Hersteller in ein Gesamtsystem einzubeziehen und somit zu komplettieren.

Für den Hotelbereich bieten Softwarehersteller folgende Programme an:

- Reservierung
- Einzel-/Gruppen-/Kontingentreservierung
- Belegungsübersicht
- automatische Preisfindung
- Rückgriff auf History
- Zimmer-/Kategoriebuchungen
- automatische Bestätigung
- Check-in
- Guest-Accounting
- Check-out
- Administration usw.;

darüber hinaus
- Warenwirtschaft
- Marketing & Sales
- Bankettabteilung
- Kurverwaltung
- Zeiterfassung
- Lohn- und Gehaltsabrechnung
- Textverarbeitung
- Rezeptauflösung und Kalkulation.

Alle Anbieter sind sich bewußt, daß die Wünsche der Hotelmanager an sie fast stets die gleichen sind. Mehr zu diesem Thema unter „Die Empfangsarbeit mit EDV".
Wie dieses System speziell im Hotelempfang funktioniert und welche Zukunftsaussichten das Gewerbe daran knüpfen kann, wird noch im Verlauf dieses Fachbuches näher behandelt. Diese History schließt vorläufig mit dem augenblicklichen technischen Stand des Computers. Die Zukunft wird noch Verbesserungen bringen.
Der Mensch ist immer weniger bereit, Dienstleistungen zu übernehmen. In diese Lücke, die der Mensch hinterläßt, springt die Technik ein, und die Entwicklung geht noch schneller als in der Vergangenheit. Die Technik frißt in unserem Gewerbe keine Arbeitsplätze auf. Die Technik hilft uns, die Zukunft zu meistern, weil der Mensch sich nicht mehr für den Dienstleistungsbereich zur Verfügung hält.

Empfangsdienst und seine psychologischen und kaufmännischen Aufgaben

Die heutige Situation im Hotel- und Gaststättengewerbe wird vor allem durch 2 Merkmale gekennzeichnet:

1. Ständige Steigerung des Fremdenverkehrs;
2. Personalmangel (zahlenmäßig und qualitativ).

Daraus ergibt sich für das Hotel- und Gaststättengewerbe ein echtes Problem. Technischer Fortschritt allein wird dieses Problem nicht lösen können. Dem steht die spezielle Eigenart des Hotel- und Gastgewerbes entgegen: Die Güte eines Hauses wird in erster Linie durch die berufliche Qualifikation und menschliche Qualität des Personals bestimmt. Betriebswirtschaftliche Fragen, wie Umsatzsteigerung und Rentabilität, stehen damit in ursächlichem Zusammenhang.

Die Tätigkeit im Hotel- und Gastbetrieb ist keine Verlegenheits- oder Aushilfsbeschäftigung, sondern vielmehr ein Beruf, der besondere Kenntnisse und Voraussetzungen erfordert. Und nur bei wenigen Tätigkeiten ist der Erfolg so ausschließlich von der Gesamtpersönlichkeit abhängig wie in dieser.

Kein Unternehmen, das vom Urteil des Publikums abhängig ist, kann es sich erlauben, auf eine sorgfältige Personalauslese zu verzichten. Das Hotel- und Gastgewerbe kann es ebenfalls nicht!

ÜBER DEN EMPFANGSDIENST SAGTE RITZ:

„Von Kunstformen darf man füglich reden im Zusammenhange mit jedem subtilen Empfangsakt, den man in der Hotelsprache als Rezeption bezeichnet. Eine Reihe von Beobachtungen und psychologischen Überlegungen müssen im Kopfe des Empfangschefs schon in der Zeit zu logischen Entschlüssen reifen, in der er den Gast von der Hoteltür zum Lift begleitet. Er muß die mehr oder weniger deutlichen Fingerzeige, die ihm Gehabe, Kleidung, Sprache, Nationalität und Handgepäck des Neuankömmlings geben, im Handumdrehen so bewerten können, daß er die Wünsche des Gastes mit dem Vorteil des Hauses in Einklang zu bringen vermag, um dadurch ein kaufmännisches Optimum zu erzielen."

Mit diesen Sätzen hat César Ritz klar umrissen, welche Aufgaben geschultes Empfangspersonal zu erfüllen hat und welche Fähigkeiten dafür als unerläßlich vorausgesetzt werden müssen.

Kein Wirtschaftsbetrieb kann auf die methodische Betriebsführung und auf die gediegenen Fachkenntnisse seiner Mitarbeiter verzichten. Das Hotel- und Gaststättengewerbe kann es ebenfalls nicht!

Damit ist das Aufgabengebiet dieses Buches, das kein trockenes Lehrbuch, sondern ein Fachbuch aus der Praxis für die Praxis sein möchte, also ein lebendiges Lehrbuch, genau umrissen.

Dieses Buch will helfen, eine Lücke zu schließen.

Der Hotelgast selbst geht wie ein roter Faden durch dieses Lehrbuch. Sämtliche anfallenden Arbeiten während seines Hotelaufenthaltes werden chronologisch abgewickelt.

Von dem Moment an, da der Gast eintrifft, bis zu seiner Verabschiedung durch den/die Empfangsmitarbeiter/innen ergeben sich so viele Einzelheiten und besondere Merkmale, die durch Kombinationsgabe zu einem einheitlichen, abgeschlossenen Bild zusammengefügt werden sollen. Aus den vielen Hinweisen, die der Gast – ungewollt oder gewollt – bei seiner Ankunft gibt, muß sich der/die Empfangsmitarbeiter/innen bereits eine Vorstellung über die wahrscheinlichen Ansprüche des Gastes, aber auch über die damit verbundenen und zu erwartenden kaufmännischen Erfolge des Hauses machen können.

Die formalen und rein technischen Voraussetzungen des Empfangsdienstes sind genauso schnell zu erlernen wie die anderen Sparten des Hotelfaches auch. Das geschulte Auge jedoch und reife Menschenkenntnis setzen große Erfahrung voraus und erfordern wohl auch eine gewisse Veranlagung und Talent. In seiner vollendeten Form ist der Empfangsdienst vor allem eine psychologische Aufgabe. Darauf ist wahrscheinlich sein Reiz, den er auf ehrgeizige Nachwuchskräfte ausübt, zurückzuführen und der daraus abgeleitete Wunsch, diesen vollendeten Dienst schon ziemlich früh und nach verhältnismäßig kurzer Berufspraxis ausüben zu wollen.

Alle Hotelgäste stellen hinsichtlich des Empfangs, der Beratung und Bedienung hohe bis höchste Ansprüche. Damit ist über die Erwartungshaltung der Gäste und die Bedeutung des organisatorisch präzisen und personell geschliffenen Empfangsdienstes alles gesagt, was gesagt werden kann. Deshalb kann seine Bedeutung in der Praxis und der allgemeinen Öffentlichkeit nicht hoch genug eingeschätzt werden.

Für die Zukunft bedeutet dies, durch Einsatz von EDV-Betriebssystemen Verwaltungsaufwand zu vermindern und gleichzeitig, infolge dieser Rationalisierung, die Dienstleistungen in Qualität und Quantität zu steigern.

Das Hotel mit einem Markennamen ist in Deutschland im Kommen. Ein Markennamen ist eine Art Gütezeichen für gleichbleibende Qualität, wobei Standardisierung der Bemühungen um den Gast und der Einrichtung des Hauses sehr wichtige Kriterien sind.

Der moderne Hotelbetrieb kann es sich kaum noch leisten, sich nur auf eine bestimmte Gästekategorie zu spezialisieren. Er muß fortwährend bestrebt sein, auch weitere Gästekreise für seinen Betrieb zu erschließen, ob Passanten, Geschäftsleute oder Reiseteilnehmer. Allerdings setzt dies stets voraus, daß der Rahmen und der Standort des Hotelbetriebes dieses Unternehmensziel abstützen.

Der Gästekreis eines Hotels kann sich in folgende Gruppen gliedern:

- der individuell reisende Gast, Transient genannt,
- die Firmenkundschaft, Corporates genannt,
- Besatzungen von Fluggesellschaften, Crews genannt,
- und sogenannte Tagungs- oder Kongreßteilnehmer.

Begriffsmerkmale

Das Statistische Bundesamt in Wiesbaden legte Begriffsmerkmale fest für die Betriebsarten Hotel, Gasthof, Pension, Hotel garni.

Das Beherbergungsgewerbe ist in zwei Untergruppen gegliedert. Die erste Untergruppe (WZ 711 1) umfaßt die Beherbergungsstätten Hotels, Gasthöfe, Pensionen und Hotels garnis. Ihnen ist gemeinsam, daß sie jedermann zugänglich sind und daß sie Speisen und Getränke abgeben, wenn auch unterschiedlich in Rahmen, Gästekreis und Umfang, z. B. in Hotels in einem auch Passanten zugänglichen Restaurant, neben dem auch andere Aufenthaltsräume vorhanden sind, in Pensionen nur an Hausgäste, in Hotels garnis nur Frühstück.

Die zweite Untergruppe des Beherbergungsgewerbes (WZ 711 9) enthält Beherbergungsstätten sehr unterschiedlicher Art, und zwar Erholungs- und Ferienheime, die – darin den Hütten und jugendherbergsähnlichen Einrichtungen ähnlich – nur bestimmten Personenkreisen zugänglich sind und Speisen und Getränke nur an Hausgäste abgeben, sowie die jedermann zugänglichen Ferienhäuser und Ferienwohnungen, in denen keine Speisen und Getränke abgegeben werden, bei denen aber eine Kochgelegenheit vorhanden ist. Ferner gehören hierzu die Ferienzentren, die Campingplätze sowie die Privatquartiere, soweit sie nicht erlaubnispflichtig sind.

Die Zuordnung einer Beherbergungsstätte zu einer der Betriebsarten ist insofern problematisch, als die einzelnen Beherbergungsstätten unterschiedlich geführt werden können. So kann z. B. ein Motel als Hotel oder als Gasthof oder als Hotel garni geführt werden, ein Fremdenheim als Pension oder als Hotel garni, ein Gästehaus als Erholungs- oder Ferienheim oder als Pension oder als Gasthof oder als Hotel oder als Hotel garni. Entscheidend für die Zuordnung sind allein die bei den einzelnen Betriebsarten (Klassen) jeweils in der zweiten Spalte der Gliederung gegebenen Hinweise über die Art, in der eine Betriebsart geführt (betrieben) wird. Das gilt auch für Beherbergungsstätten, aus deren Bezeichnung sich die Zuordnung zu einer der Betriebsarten (Klassen) zu ergeben scheint; so ist z. B. eine als „Gasthof" bezeichnete Beherbergungsstätte nur dann der Betriebsart Gasthöfe (WZ 711 13) zuzuordnen, wenn sie den dort vorgegebenen Kriterien entspricht.

Hotels, Gasthöfe, Pensionen, Hotels garnis

Hotels

Beherbergungsstätten, die jedermann zugänglich sind und in denen ein Restaurant – auch für Passanten – vorhanden ist sowie weitere Aufenthaltsräume zur Verfügung stehen; außerdem Kurhotels und die Hotelpensionen, Gästehäuser, Hospize und

Motels, die diesen Anforderungen entsprechen, sowie die Bungalows, Chalets u. a. Dependancen, die als Teil eines Hotels betrieben werden.

Gasthöfe

Beherbergungs- und Bewirtungsstätten, die jedermann zugänglich sind und in denen außer dem Gastraum keine weiteren Aufenthaltsräume zur Verfügung stehen; außerdem Gasthäuser u. ä. Bewirtungsstätten sowie die Gästehäuser, Hospize, Motels und Hütten, die diesen Anforderungen entsprechen.

Pensionen

Beherbergungsstätten, die jedermann zugänglich sind und in denen Speisen und Getränke nur an Hausgäste abgegeben werden; außerdem Fremdenheime, Gästehäuser, Hospize, Kurheime, Kurpensionen und erlaubnispflichtige Privatquartiere, die diesen Anforderungen entsprechen.

Hotels garnis

Beherbergungsstätten, die jedermann zugänglich sind und in denen nur Frühstück abgegeben wird; außerdem Hotelpensionen, Gästehäuser, Hospize, Fremdenheime, Pensionen und erlaubnispflichtige Privatquartiere, die diesen Anforderungen entsprechen, sowie die Bungalows, Chalets u. a. Dependancen, die als Teil eines Hotel garni betrieben werden.

Die Betriebsarten des Beherbergungsgewerbes

Hotel

Ein Hotel ist ein Beherbergungsbetrieb mit angeschlossenem Verpflegungsbetrieb für Hausgäste und Passanten. Es zeichnet sich durch einen angemessenen Standard seines Angebots und durch entsprechende Dienstleistungen aus.

Ein Hotel soll folgende Mindestvoraussetzungen erfüllen:

– Es werden 20 Gästezimmer angeboten
– Ein erheblicher Teil der Gästezimmer ist mit eigenem Bad/Dusche und WC ausgestattet
– Ein Hotelempfang steht zur Verfügung

Hotel garni

Ein Hotel garni ist ein Hotelbetrieb, der Beherbergung, Frühstück, Getränke und höchstens kleine Speisen anbietet.

Hotelpension/Pension/Fremdenheim

Eine Hotelpension/Pension ist ein Betrieb, der sich von den Hotels durch eingeschränkte Dienstleistungen unterscheidet. Mahlzeiten werden nur an Hotelgäste verabreicht.
Die Bezeichnung „Hotelpension" ist häufiger in Städten zu finden. Ein Fremdenheim ist ein Pensionsbetrieb einfacherer Art.

Gasthof

Ein Gasthof ist ein Beherbergungsbetrieb, der einem Schank- oder Speisebetrieb angeschlossen ist.

Motel

Das Motel ist ein Beherbergungsbetrieb, der durch seine Verkehrslage, seine Bauart und seine Einrichtungen besonders auf die Bedürfnisse des Autotourismus ausgerichtet ist.

Aparthotel

Das Aparthotel ist ein Hotelbetrieb mit beschränkten Dienstleistungen und der Verpflichtung, die vorhandenen Wohnungen und Zimmer hotelmäßig zu nutzen.

Kurhotel

Das Kurhotel ist ein in einem Heilbad oder Kurort gelegenes Hotel. Dort muß im Bedarfsfall eine medizinische Versorgung gewährleistet sein sowie eine Diät verabreicht werden können.

Kurheim

Das Kurheim ist ein in einem Heilbad oder Kurort gelegener Beherbergungsbetrieb, der die Merkmale der Pension bzw. des Fremdenheimes aufweist.

Einteilung in Kategorien

Hotels und ihre Sterne

*****   Hotels mit einer ausgesprochen großzügigen und anspruchsvollen Ausstattung
****   Hotels mit großzügiger Ausstattung
***   Hotels mit sehr guter Ausstattung
**   Hotels oder Gasthäuser mit guter Ausstattung
*   Hotels oder Gasthäuser mit Standard-Ausstattung

Restaurants und ihre Sterne

*****   außergewöhnlich
****   großzügig
***   sehr gut
**   gut
*   Standard

Der Gastaufnahmevertrag

Der Gastaufnahmevertrag gliedert sich in

a) den Beherbergungsvertrag[1] und
b) den Bewirtungsvertrag[2]

Dem Gast wird eine Leistungseinheit des Beherbergungsbetriebs mietweise zum Gebrauch überlassen, und der Vertragspartner verpflichtet sich, den vereinbarten Preis zu entrichten. (Siehe nachfolgend aufgeführte „Geschäftsbedingungen im Hotelgewerbe" – Rechte und Pflichten aus dem Gastaufnahmevertrag –.) Somit wird also die Preisstellung für Logis, Frühstück, Vollpension, Halbpension und das Bedienungsgeld geregelt. Der Gast übernimmt diese Leistungseinheit in einem zum Gebrauch geeigneten Zustand und verpflichtet sich, während der Dauer seines Verbleibens im Haus diesen Zustand zu erhalten. Verursacht der Vertragspartner im Verlauf der angemieteten Zeit einen Schaden, ist er zum Ersatz desselben verpflichtet. Andererseits kann der Gast eine Preisminderung geltend machen, wenn das vom Haus versprochene ruhige Zimmer durch starke Lärmeinwirkung, die von der Hotelleitung beeinflußbar gewesen wäre, erheblich beeinträchtigt wird. Der verantwortliche Leiter eines Hotels oder der Inhaber ist nicht verpflichtet, mit jedem Fremden einen Gastaufnahmevertrag abzuschließen. Es liegt allein in dessen Ermessen, mit wem er eine Vertragspartnerschaft eingehen will oder nicht. Wenn ein Gast ein Zimmer bestellt, und das Haus kann diese Bestellung nicht annehmen, dann muß die Rezeption sofort antworten. Nach dem Gesetz gilt Schweigen als Annahme der Zimmerreservierung. Dem Haus bleibt nach dem Gesetz erlaubt, eine Leistungseinheit im Beherbergungsbetrieb für einen Besteller bereitzuhalten, ohne diesem zu antworten. Wenn der Gast aber bestellt und im Hotel kein Zimmer frei ist (Messetage), ist der Hotelempfang verpflichtet, das Nichtzustandekommen des Vertrags dem Besteller mitzuteilen. Das Risiko liegt eindeutig beim Besteller des Zimmers.

Ist ein Beherbergungsvertrag zustande gekommen, dann sind beide Vertragsparteien auch daran gebunden. D. h., wer ein Hotelzimmer reserviert, bestellt es und muß bezahlen, genauso wie sich aufgrund eines zustande gekommenen Beherbergungs-

---

[1] Zu dem Beherbergungsvertrag muß noch erwähnt werden, daß auch dann Bedienungsgeld berechnet werden kann, wenn nur Familienangehörige bedienen und kein Bedienungspersonal für die Betreuung der Gäste vorhanden ist. Dagegen gilt diese Regelung für reine Verpflegungsbetriebe nicht. Hier kann nur dann Bedienungsgeld erhoben werden, wenn auch Bedienungspersonal beschäftigt wird, wobei man bedenken muß, daß Auszubildende nicht zählen. Alle anderen Vorschriften soll nach dem Gesetz eine Hausordnung enthalten, die allerdings nur dann Gültigkeit hat, wenn der Gast diese auch kennt.

[2] Bewirtungsvertrag: Der Bewirtungsvertrag regelt die Abgabe von einwandfreien Speisen und Getränken zu ausgezeichneten und leicht erkennbaren Preisen an zahlende Gäste. Weiter werden in diesem Vertrag die Abgabe von Gemeinschaftsessen, die Vermietung von Sitzungszimmern und Sälen sowie die Mieten für diese Leistungen geregelt. Der Vertrag kommt wie jeder andere geschlossene Vertrag durch das Angebot und die Annahme zustande.

Rechte und Pflichten
aus dem Gastaufnahmevertrag

Herausgegeben von der Fachgruppe Hotels
und verwandte Betriebe im Deutschen
Hotel- und Gaststättenverband e. V. (DEHOGA)

1. Der Gastaufnahmevertrag ist abgeschlossen, sobald das Zimmer bestellt und zugesagt oder, falls eine Zusage aus Zeitgründen nicht mehr möglich war, bereitgestellt worden ist.

2. Der Abschluß des Gastaufnahmevertrages verpflichtet die Vertragspartner zur Erfüllung des Vertrages, gleichgültig, auf welche Dauer der Vertrag abgeschlossen ist.

3. Der Gastwirt (Hotelier) ist verpflichtet, bei Nichtbereitstellung des Zimmers dem Gast Schadensersatz zu leisten.

4. Der Gast ist verpflichtet, bei Nichtinanspruchnahme der vertraglichen Leistungen den vereinbarten oder betriebsüblichen Preis zu bezahlen, abzüglich der vom Gastwirt ersparten Aufwendungen.

5. a) Der Gastwirt ist nach Treu und Glauben gehalten, nicht in Anspruch genommene Zimmer nach Möglichkeit anderweitig zu vergeben, um Ausfälle zu vermeiden.

   b) Bis zur anderweitigen Vergebung des Zimmers hat der Gast für die Dauer des Vertrages den nach Ziffer 4 errechneten Betrag zu bezahlen.

HUGO MATTHAES DRUCKEREI UND VERLAG GMBH & CO. KG, STUTTGART, GB-3L

vertrages das Hotel verpflichtet, für die abgesprochene Zeit das Hotelzimmer zur Verfügung zu halten. Bei Auseinandersetzungen gilt als Gerichtsstand immer der Sitz des Hotels.

Alle Beherbergungsbetriebe können davon ausgehen, daß der Gastaufnahmevertrag dann als abgeschlossen gilt, sobald das Zimmer bestellt und zugesagt oder, falls es aus Zeitgründen nicht mehr möglich ist, zuzusagen, bereitgestellt worden ist.

Der Hotelempfang ist bei Abbestellung eines Hotelzimmers nicht verpflichtet, das frei gewordene Zimmer sofort zu belegen. Die Mitarbeiter/innen vermieten erst die noch freien Vermietungseinheiten und dann erst das abgemeldete Zimmer.

Wenn ein Gast für einen bestimmten Termin ein oder mehrere Betten bestellt und die Rezeption diese Bestellung annimmt und einträgt, kommt also ein Vertrag zustande. Genauere juristische Auslassungen darüber kann man im BGB nachlesen. Beispielsweise ist diese Annahme absolut unzureichend, wenn nur eine mündliche Anweisung vom Inhaber oder Leiter an das Personal erfolgt. Der Annahmewille der Rezeption sollte doch schriftlich durch einen Eintrag in die Zimmerliste niedergelegt sein. Abgeschlossene Verträge allgemein und insbesondere der mit dem beschriebenen Vorgang gültig gewordene Gastaufnahmevertrag können nur dann gelöst werden, wenn beide Parteien ihre Bereitschaft dazu erklärt haben. Der Empfangsangestellte weiß, daß die Entscheidung der Leitung des Hotelempfangs bei kurzfristiger Zimmerbestellung stark von der im Moment der Absage herrschenden Marktlage, die sich auch kurzfristig wieder ändern kann, beeinflußt wird. Es mag absolut zutreffen, daß man an einem Tag eine verspätet eingegangene Stornierung einer Reservierung annimmt, ohne vom Besteller den Zimmerpreis zu erheben, und an einem anderen Tag eine Rechnungsstellung für den Ausfall erfolgen muß, weil die bereits verkaufte Leistungseinheit nach der Rückgabe kurzfristig absolut nicht weiter absetzbar ist. Angebot und Nachfrage regeln hier die Entscheidungsmöglichkeiten des Hotelempfangs. Allerdings müssen die eingesparten Kosten in Höhe von 20 Prozent vom Übernachtungspreis abgezogen werden. Bei Pensionsvereinbarungen beträgt dieser Satz 40 Prozent (siehe nebenstehende Seite: „Rechte und Pflichten aus dem Gesamtaufnahmevertrag").

In den Vereinigten Staaten gibt es keine befriedigende gesetzliche Regelung bei der Absage von Hotelzimmern. Die Hotels in den USA sind darauf eingerichtet, daß ein Teil der Zimmerbestellungen nicht eingehalten wird, die Gäste zu einem anderen Zeitpunkt eintreffen oder aus sonstigen Gründen einfach auf eine Abbestellung verzichten.

Die geschätzten Ausfälle hierdurch liegen bei etwa 10 bis 15 Prozent, aber Fachleute schätzen diese Dunkelziffer höher ein. Es ist in Amerika üblich, daß die Abbestellung ohne Angabe von Gründen kurzfristig erfolgen kann. Man hat dort gelernt, mit dieser Gesetzeslücke zu leben. Wir europäischen Fachleute sollten dieses Beispiel als abschreckend erkennen und für die einheitlich geschaffene Rechtslage auch zum Schutze der Klein- und Mittelbetriebe, die sehr oft einer Rechtsberatung aus Angst vor hohen Kosten ausweichen und Fehler machen würden, dankbar sein.

Wenn der Gast in Kauf nimmt, daß das Hotel auf seiner Reservierung sitzenbleibt, nennt man diesen Vorgang in der internen Hotelsprache „No-show"-Effekt. Hier in der Bundesrepublik Deutschland liegt dieser Risikofaktor bei größeren Beherbergungsbetrieben unter 10 Prozent. Selbstverständlich ist dieser Risikofaktor seiner Höhe nach abhängig von der augenblicklich herrschenden Nachfrage. Um diesem Risiko zu entgehen, haben sich manche Hotels entschlossen, die Annahmezeit für Hotelzimmer einzuschränken und nach 19 Uhr die Zimmer weiterzuvermieten. Allerdings ist ein beauftragter Hotelempfang mit einer solchen Lösung nicht immer glücklich dran. Es gibt zu viele Mißverständnisse und bietet sich deshalb als sichere Lösung des Problems nicht an. Eine Überbuchung des Hauses kann zu ganz bedenklichen Kränkungen der Gäste führen, die das Haus zu anderen Zeiten dann sicher meiden werden. Die Hotellerie muß mit dem „No-show"-Faktor leben und wird kaum eine befriedigende Lösung finden. Mehr Aufklärung der Gäste über die eingegangenen Verpflichtungen im Gastaufnahmevertrag hilft vielleicht für ein besseres Verständnis in der Öffentlichkeit.

Geschäftspartner: Reiseunternehmen

Die weithin in mittelständischen Hotelbetrieben verbreitete und längst veraltete negative Meinung über den Abschluß von Verträgen mit Reisebüros steckt allein in der selbstgestellten Frage: „Wären meine Zimmer auch ohne die Mithilfe von Reiseunternehmen in der vergangenen Saison besetzt gewesen?" Eine rechte Antwort weiß vorher und nachher keiner. Schon wer sich die Frage stellt, steckt voller Zweifel und sollte, wenn er meint, die notwendige Bettenfrequenz ohne Hilfe auf dem Markt beschaffen zu können, es selbst probieren. Kein Hotelleiter ist zu einem Vertragsabschluß mit einem Reisemittler gezwungen, und es bleibt die freie unternehmerische Entscheidung des einzelnen, dies zu tun. Die Hotelleitung, die sich entschließt, mit einem Reiseunternehmen zusammenzuarbeiten, muß sich dann allerdings an die vertraglich vereinbarten abzuführenden Provisionen gewöhnen und darf diesen Geldern keinesfalls nachtrauern. Den getroffenen Vereinbarungen stehen fast in allen Fällen Leistungen gegenüber, die das mittelständische Unternehmen in den meisten Fällen nicht selbst aufbringen kann. Allein die breite Streuung in Prospekten und allen möglichen Massenmedien wie Zeitungen, Fernsehen, Rundfunk usw. bleibt die übernommene Aufgabe des Reiseunternehmens, und dieses kassiert wiederum für die erbrachten Organisationsleistungen mit Recht seinen vertraglich vereinbarten Anteil. Es liegt selbstverständlich auch ein gewisses Risiko in diesem Kooperationsgeschäft. Besonders spürbar ist dies, wenn Reiseunternehmen unverkäufliche Vermietungseinheiten lang- oder kurzfristig zurückgeben.

Die hierfür gültigen Fristen wurden in der von IHA (International Hotel Association) und vom UFTAA (Universal Federation of Travel Agents' Associations) im Jahre 1987 herausgebrachten „Gemeinsamen Festlegung" der im Verkehr zwischen Hoteliers und Reisemittlern üblichen Geschäftsbräuchen festgelegt. Leider kann in Fällen der Rückgabe von Vermietungseinheiten der Hotelleitung, auch wenn ein angemessener finanzieller Ausgleich zugesichert und bezahlt wurde, nicht zufrieden sein, weil ein leeres Hotel gleichzusetzen ist mit einem toten Hotel. Für den Gast gibt es nichts Abschrekkenderes als die geräumige Leere eines kaum besuchten Hotels. Manche schlechtgelaufene Saison ruinierte ein Haus völlig, weil das Risiko vorher vollkommen falsch eingeschätzt wurde.

Resümierend kann man zu diesem Thema sagen, daß die Leitung eines Hotels, die sich einmal zu einer kooperativen Zusammenarbeit mit Reiseunternehmen bzw. Reisemittlern entschlossen hat, das damit verbundene Risiko vorher genau ausloten sollte. Der verantwortliche Leiter darf nicht vergessen, in seiner Vorausschau die erhebliche Steigerung des Bekanntheitsgrades seines Hotels mit in die Rechnung einzubeziehen. Dieser Nebeneffekt ist mit den herkömmlichen Werbemitteln ganz besonders für einen mittelständischen Hotelbetrieb kaum schnell erreichbar.

Der Reiseveranstaltervertrag (Reisevertragsgesetz)

Der Bundestag hat am 4. 5. 1979 das Reisevertragsgesetz[1] beschlossen, das am 1. 10. 1979 in Kraft getreten ist.

● Durch den Reiseveranstaltungsvertrag wird der Veranstalter verpflichtet, die Reise als Gesamtheit der Reiseleistungen in eigener Verantwortung zu erbringen.

● Der Veranstalter hat die Reise sorgfältig vorzubereiten und sich zuverlässiger Leistungsträger zu bedienen.

● Tritt der Reisende vom Vertrag zurück, so kann sich der Reiseveranstalter eine Pauschalentschädigung vorbehalten, die angemessen sein muß.

● Wird der Vertrag während der Reise aufgehoben, so bleibt der Reiseveranstalter verpflichtet, auf seine Kosten den Reisenden zurückzuführen, wenn der Vertrag die Beförderung umfaßt.

● Werden Reiseleistungen nicht oder nicht vertragsgemäß erbracht, so stehen dem Reisenden Gewährleistungsansprüche zu.

Welche wichtigen Punkte sollen vertragliche Vereinbarungen zwischen Reiseveranstaltern und Hotelunternehmen enthalten?

Der wesentliche Inhalt von vertraglichen Vereinbarungen in diesem Geschäftszweig der Hotellerie soll folgende eindeutige Hinweise enthalten:

1. Die Vertraulichkeit der getroffenen Vereinbarungen sollte Vertragspunkt sein.
2. Die Übernahme der Verpflichtungen durch den Reiseveranstalter, die zugesagten

---

[1] Für die 2. Jahreshälfte 1994 ist eine Novelle vorgesehen, die jedoch bis zum Ausdruck dieses Werkes noch nicht vorlag.

Vermietungseinheiten des Hotelunternehmens anzubieten und die Nachfrage durch Werbemittel in den gängigen Medien kräftig zu beleben. Zusätzlich können hierbei auch Reisebüros eingeschaltet werden.

3. Der Beherbergungsvertrag wird zwischen dem vermittelten Gast und dem Hotelunternehmen direkt abgeschlossen.

4. Über Reservierungsaufträge als auch deren Annullierung werden dem Hotelunternehmen durch den Reiseveranstalter sofort nach Bekanntwerden die notwendigen Informationen gegeben.

5. Die zugesagten Vermietungseinheiten stehen dem Reiseveranstalter als Mittler zwischen Gast und Hotelunternehmen zum freien Angebot und Verkauf zur Verfügung. Das Hotelunternehmen garantiert dem Vertragspartner, alle aufgegebenen Reservierungen ordnungsgemäß zu behandeln und gegebenenfalls gleichwertigen Ersatz zur Verfügung zu stellen.

6. Wenn kein gleichwertiger Ersatz bereitgestellt werden kann, verpflichtet sich das Hotelunternehmen, eine entsprechende Ausgleichszahlung (ähnlich einer Konventionalstrafe) zu zahlen. Die Höhe dieser Ausgleichszahlung sollte dem Gewinnausfall des Reiseveranstalters und die eventuell geforderte Provision des beim Verkauf eingeschalteten Reisebüros decken. Gleichzeitig können diese Ausgleichszahlungen auch eventuelle Forderungen des abgelehnten Gastes enthalten.

7. Der Reiseveranstalter kann über die vereinbarte Anzahl der Belegungseinheiten bis zum vereinbarten Rückgabezeitpunkt verfügen. Die Anzahl und Bereithaltung der Zimmer bleibt nicht an bestimmte Tage gebunden; sie bleibt also flexibel.

8. Wenn die Reservierungsaufträge bis zum Rückgabetermin beim Hotelunternehmen unterbleiben, gehen die nicht in Anspruch genommenen Belegungseinheiten termingerecht an den Vertragspartner zurück.

9. Alle Zahlungen des Kunden vereinnahmt der Reiseveranstalter und behandelt diese als durchlaufende Posten. Der Kunde bekommt vom Reiseveranstalter einen Bon ausgehändigt, durch den er berechtigt ist, die benannten Dienstleistungen des Vertragspartners in Anspruch zu nehmen. Das Hotelunternehmen verpflichtet sich, diese Bons anzunehmen und die vereinbarten Leistungen auch zu gewähren.

10. Das Reiseunternehmen geht die Verpflichtung ein, die Bezahlung der Hotelrechnung in angemessener Frist vorzunehmen. Extras, die den Wert des Bons überschreiten, müssen vom Kunden an das Hotelunternehmen direkt bezahlt werden.

11. Das Hotelunternehmen übernimmt die vertragliche Verpflichtung, in der Abrechnung mit dem Reiseveranstalter eine Provision auszuweisen.

12. Nach Übergabe der Bons durch den Kunden haftet das Hotelunternehmen gegen Mißbrauch und Verlust desselben. Rechtsansprüche aus dem Beherbergungsvertrag zwischen dem Kunden und dem Hotelunternehmen bleiben unberührt.

13. Das Hotelunternehmen gibt innerhalb der vertraglichen Vereinbarungen die Versicherung ab, daß sich das Haus im Verlauf der Geltungsdauer in einem sauberen

und ordentlichen Zustand befindet. Es wird zugesichert, daß sich das Hotelunternehmen bemüht, die vom Reiseveranstalter vermittelten Kunden gleichwertig wie sonstige Hotelgäste zu behandeln.

14. Das Hotelunternehmen unterrichtet sofort den Reiseveranstalter, wenn infolge Bauarbeiten in der Nähe des Hauses oder in demselben größere Lärmbeeinträchtigungen zu erwarten sind. Ebenso wird der Reiseveranstalter bei Änderung der Eigentumsverhältnisse und bei Wechsel in der Hauptverwaltung benachrichtigt.

15. Wenn das Hotelunternehmen nicht in der Lage ist, vereinbarte Zusagen von Vermietungseinheiten bereitzustellen, ist es zu Schadensersatz verpflichtet. Änderungen über die zugesagte Anzahl der Vermietungseinheiten bedürfen der Absprache zwischen Reiseveranstalter und Hotelunternehmen. Jede Änderung sollte sofort und nach Möglichkeit schriftlich dem Reiseveranstalter mitgeteilt werden.

16. Jede Art von Leistungsmängeln sollten im Vertrag genau benannt werden.

17. Bei Leistungsmängeln ist das Hotelunternehmen verpflichtet, entweder dem Gast eine Entschädigung zu bezahlen oder ein gleichwertiges Leistungsangebot in einem anderen Beherbergungsbetrieb bereitzustellen oder auch den Kunden des Reiseveranstalters aus dem Beherbergungsvertrag zu entlassen. Der Vertrag sollte auch die Angemessenheit der Entschädigung regeln.

Es lassen sich natürlich in solche Verträge noch einige Spitzfindigkeiten einbauen. Jedoch die wesentlichen Punkte dürften in den vorausgegangenen 17 Empfehlungen enthalten sein.

Treffpunkt Hotelhalle –
Das Entrée als Visitenkarte des Hauses

Auffahrt, Hoteleingang und Empfangshalle müssen so zweckmäßig angelegt sein, daß alle Funktionen des Empfangsdienstes auch bei höchster Beanspruchung reibungslos abgewickelt werden können. Stauungen vor dem Hotel sollen genauso unmöglich sein wie in der Halle.

Die Auffahrt und der Hoteleingang

An- und Abfahrt sollten in ihrer Anlage nicht nur dem Stil und der Architektur des Hauses angepaßt sein – womit ein Idealzustand erreicht wäre –, sondern auch ein flüssiges Ein- und Ausschwenken der Kraftwagen in den und aus dem Straßenverkehr zulassen. Für jede Hotelleitung ist es grundsätzlich erforderlich, daß das Haus sowohl von Gästen als auch von Lieferanten direkt angefahren werden kann.[1] Weiterhin ist dafür zu sorgen, daß in der Nähe des Einganges genügend Parkplätze vorhanden sind. Dort, wo es aus verkehrstechnischen Gründen notwendig und sofern die Möglichkeit vorhanden ist, gehen immer mehr Häuser dazu über, den Eingang für motorisierte Gäste in eine ruhige Seitenstraße zu verlegen. Die Auffahrt vermittelt dem Gast bereits die ersten bewußten und unbewußten Eindrücke: Mit dem Verstand beurteilt er die Verkehrsmöglichkeiten, mit seinem Empfinden die architektonische Geschlossenheit. Es ist bekannt, daß der erste Eindruck immer der nachhaltigste ist. Zur Kunst des Hoteliers gehört es auch, durch eine attraktive Außenfront des Hauses das Publikum anzusprechen. Das Sonnenschutzdach, das über dem Eingang zum Hotel angebracht ist, stellt für jeden, der das Gebäude bewußt oder unbewußt anschaut, einen Blickfang dar. Innerhalb der architektonischen Geschlossenheit darf die überdeckte Vorfahrt nur als eine angenehme Unterstreichung des Gesamteindrucks empfunden werden. Das Dach soll in der Farbe nicht zu grell, aber doch auffallend sein. Die Markise kann den Namen[2] des Hauses eingestickt tragen, jedoch muß die Gestaltung von Form und Schrift für das betreffende Haus typisch sein. Beim Verlassen des Wagens schützt das Sonnendach die Gäste vor den Unbilden der Witterung. Weiter ist es mög-

---

[1] Der Name eines Hotels darf nicht übertrieben dargestellt sein. Z. B. darf der Namenszusatz „international" bei einem Hotel-Restaurant nur dann geführt werden, wenn dort ein breitgefächertes Angebot qualitativ hochwertiger internationaler Speisen angeboten wird (Oberlandesgericht Hamm – 15 W 125/73).

[2] Beherbergungsbetriebe sind Unternehmen, in deren Interesse die Regelung eines uneingeschränkten Halteverbots im Eingangsbereich in Betracht kommen kann. Für diese Betriebe ist grundsätzlich erforderlich, daß sie sowohl von Gästen als auch von Lieferanten angefahren werden können. Zu diesem Ergebnis kam ein Urteil des Hessischen Verwaltungsgerichtshofes (Urteil vom 3. 9. 1985 – Az w UE 2454/84).

lich, den Eingang mit dem Vordach beleuchtungstechnisch so ins Licht zu setzen, daß sich die ganze Anfahrt, besonders bei Nacht, eindrucksvoll vom Ganzen abhebt. Neben einem Schattenspender ist die Markise ein sehr dekoratives Element, das man beim Neubau gleich einplanen soll.

Nach der überdeckten Einfahrt gelangt der Gast in den Windfang. Dieser hat den einzigen Zweck, die eigentliche Empfangshalle von der Straße zu trennen sowie klimatische Einflüsse, Staub und Schmutz abzuhalten. Es ist abzulehnen, den Gast schon am Eingang mit allen möglichen Konzert- und Theaterplakaten zu überfallen. Keine Hinweise oder sonstige Ankündigungen in den Windfang, dafür gibt es bessere Plätze innerhalb der Halle. Der Windfang soll einen harmonischen Übergang zum Interieur der Halle darstellen und bereitet den Gast auf das, was ihn in der Halle erwartet, vor. Zuvor passiert der Gast die Schmutzschleuse. Wirkungsvolle Schmutzschleusen passen am besten in den vorgelagerten Teil der Halle oder in die Windschleuse. Sie werden in vorhandene Mattenbetten verlegt, wobei es wichtig ist, Antistolperprofile zu verwenden. Die wirkungsvollen Schmutzschleusen haben ein aktiv federndes, synthetisches Kautschukprofil, das an den Schuhsohlen haftenden Schmutz wegreißt und nach unten wegfallen läßt.

Allgemein kann man zur Anbringung von Schmutzschleusen noch sagen, daß sie in der Fläche groß sein müssen, damit der Besucher des Hotels gezwungen ist, diese mehrfach zu betreten. Messungen bei schönem Wetter haben ergeben, daß eine optimal angelegte Schmutzschleuse im Vergleich zum Eisenrost etwa die dreifache Menge Schmutz zurückbehält. Dieser Unterschied ist bei regnerischem Wetter oder Schnee natürlich noch viel größer. Schmutzschleusen lassen sich auch mit Kontaktschwellen automatischer Türanlagen verlegen.

Organisatorisch ist es möglich, sofern der Windfang die nötige Größe bzw. noch einen seitlichen Nebenraum aufzuweisen hat, den Gepäckaufzug dort unterzubringen. Das muß aber architektonisch so gelöst werden, daß nicht der Eindruck entsteht, der Windfang sei nur ausgedacht, um einen Gepäckabstellplatz in der Nähe zur Tür zu haben. Dem Windfang folgt die Dreh-, Spiel- oder automatische Tür. Einer gut konstruierten automatischen Tür ist der Vorzug zu geben. Bei einer aufkommenden Panik innerhalb des Hauses infolge von Brand usw. können bei einer Drehtür gefährliche Stauungen entstehen, die Menschenleben kosten können. Auch wenn die Drehtür so konstruiert ist, daß sie sich mit wenigen Griffen in eine Spieltür umwandeln läßt, kann sie die Vorteile einer automatischen Tür nicht aufheben.

Zur Abwehr aufkommender Demonstrationen sollten breite Rollgitter vorhanden sein. Gerade in letzter Zeit ist es wiederholt vorgekommen, daß demonstrierende Jugendliche zeitweise Hotels besetzten.

Die sich selbständig öffnende Tür ist entweder mit einer Kontaktmatte, einer Schmutzschleuse oder aber mit Fotozellen an der Seite ausgestattet. Diese Türen sind sehr praktisch, weil der Gast, der meistens alle Hände voll hat, bei der Ankunft ohne Hilfe einer weiteren Person durch die sich selbst öffnende Tür das Haus betritt. Der Antrieb dieser Türen erfolgt elektromechanisch bzw. elektropneumatisch. In der Regel werden zweiflügelige Anlagen eingebaut, weil bei der einflügeligen Anlage der Öffnungsvorgang die doppelte Zeit benötigt. Um im Winter die Kaltluft möglichst abzuhalten, kann die Öffnungsweite der Tür verringert werden. Die Wegstrecke bis zur Rezeption sollte übersichtlich sein.

Die Hotelhalle

In diesem Abschnitt soll zunächst nur das Charakteristikum der Hotelhalle dargestellt werden. Die Größe der Hotelhalle richtet sich nach dem Verkehrs- und Arbeitsvolumen und damit nach der Kapazität, nach der Frequenz, nach Standort und Lage und nach der Klasse des Hauses. Das gesamte Hotel kann man in 4 Verkehrszonen einteilen, und zwar in

a) den Empfangsbereich,
b) den Gästebereich,
c) den Restaurantbereich,
d) den Personalbereich.

Vorrangig dient die Hotelhalle dem kurzfristigen Aufenthalt der Hotelgäste. Die Wege vom Eingang zum Empfangstresen sowie zu den Fahrstühlen sollten nicht durch Möbel verstellt sein, sondern für den Durchgangsverkehr freigehalten werden. Die Dienstleistungsräume liegen unmittelbar neben der Halle und umfassen den Empfangstresen, die Fernsprechzentrale und Fernsprechzellen, die Poststelle, die Kasse, die Räume der Empfangsverwaltung und eventuell auch die der Hoteldirektion, die Garderoben, die Toiletten, Treppen und Aufzüge. Mit einer derartigen Aufteilung in der Halle konzentrieren sich die Gäste mehr auf wenige Punkte. In einer großen Halle sollte mindestens Platz für bis zu 80 Personen vorhanden sein, ohne daß diese voll wirkt.

Die Frequenz kann bei Häusern gleicher Kapazität durchaus verschieden sein. Bei gleicher Kapazität wird das Großstadthotel einer größeren Halle bedürfen als das Hotel einer kleinen Stadt. Das Luxushotel wird auch in bezug auf die Größe der Halle höheren Ansprüchen genügen müssen als das bürgerliche Haus.

Die Ausstattung der Hotelhalle richtet sich
- nach der Bedeutung des Hauses und
- nach dem Gesellschaftsstand der Gäste, die das Hotel hauptsächlich frequentieren.

Ganz gleich aber, wie groß ein Haus ist oder welchen Gästen es vornehmlich dient, bei allen sollte die Halle so eingerichtet sein, daß sie alle Funktionen eines betriebsgerechten Empfangsdienstes erfüllen kann; also eine Synthese aus Funktion und Innenarchitektur.

In den Augen der Gäste ist die Halle ein Wertmaßstab für das Hotel überhaupt. Demgemäß muß sie auf dem Gebiet der Innenarchitektur all den Ansprüchen genügen, die durch Rahmen und Charakter eines Hauses gegeben sind. Stilwidrigkeiten werden von den Gästen als unschön empfunden. Bereits die Hotelhalle vermittelt dem Gast das, was so gerne als Atmosphäre des Hauses bezeichnet wird.

In großen Häusern ist die Halle das sogenannte Paradestück, ausgestattet mit hochwertigen Bau- und Werkstoffen, wie poliertem Naturstein, Edelhölzern, Mosaiken, eingerichtet mit großen, bequemen Sitzgruppen und entsprechenden Tischen, ausgelegt mit Teppichen, geschmückt mit Gemälden und Vitrinen, belebt womöglich mit Blumenbeeten und Bäumen usw. Geschmackvoll sich einfügende Verkaufsstände für Kosmetika, Blumen, Zeitschriften usw. runden das Bild ab. Hallen moderner Häuser zeichnen sich außerdem durch eine großzügige Verwendung von Glas aus, das einen Einblick von der Straße her gestattet.

Übrigens war es Madame Ritz, die als erste die Idee hatte, Einrichtungen der Hotelhalle und des Hotelflurs durch Vitrinen zu ergänzen, in denen bekannte Firmen Juwelen, Parfümerien, Moden und sonstige Dinge ausstellen. Diese glänzende innenarchitektonische Idee haben sich heute fast alle bekannten Häuser zu eigen gemacht.

Die hier zunächst nur für größere Häuser genannten Punkte sind selbstverständlich in angemessenem, durch die Praxis bestimmten Verhältnis auch auf Betriebe geringerem Umfangs übertragbar. Die Halle ist Dreh- und Angelpunkt eines Hotels. Man spürt in ihr förmlich den Herzschlag des Hauses und den des pulsierenden Verkehrs. Aber trotz des unablässigen Verkehrsstromes darf das Empfangspersonal den Gästen kein hektisches Getriebe vorexerzieren. Vom Empfangschef bzw. vom Portier geleitet, muß sich der ganze betriebliche Ablauf in souveräner Ruhe abspielen. Der Gast muß schon beim Betreten der Halle von einer wohltuenden, entspannenden Sphäre umfangen werden.

Am nachfolgenden Beispiel kann der Leser erkennen, wie ein Innenarchitekt sowohl Wesen als auch Eigenleben einer internationalen Hotelhalle richtig einschätzte und in sein Gesamtbaukonzept einbezog.

Dem bekannten Innenarchitekten Bruno Castelli gelingt es gerade in der architektonischen Aufgliederung von großflächigen Hotelräumen, die verwirrendsten Ideen zu verwirklichen. Im Fußboden im ersten Stock des Hotels Marriott bei der Frankfurter Messe ist ihm das sogenannte „Riesenloch" zu verdanken. Als die Canadian Pacific das Großhotel mit über 1000 Betten von Loews Corporation kurz vor der Fertigstellung übernahm, war alles Wesentliche der Gebäudearchitektur bereits konzipiert und stand vor allem unmittelbar vor der Fertigstellung. Aber man hat nicht mit der Hartnäckigkeit Bruno Castellis gerechnet, der sich von dem großen Loch nicht abbringen ließ. Es ging also um den Deckendurchbruch in den ersten Stock. Durch diese großartige Idee und den nunmehr durchgesetzten Gestaltungswillen Castellis wurde die Halle noch mehr in das tägliche Geschehen im Hotel miteinbezogen. Man sieht das schlagende Herz von oben pulsieren. Die Halle wurde hierdurch betonter Mittelpunkt und bietet sich neben ihrer Funktion im Gesamtbetriebsablauf als großflächiger Teil Weltstadt mit pausenloser Emsigkeit an, dessen Eigenleben sich aus luftiger Höhe beobachten läßt. Vom Foyer im ersten Stock aus kann man auf das basarartige Treiben in der Halle hinabschauen; vor dem Hinunterfallen schützt eine sichere Balustrade.

Die Halle sollte aber auch ein Charaktermerkmal aufweisen, das ich als „wohnlich" bezeichnen möchte.

Der Gast will sich oft in der Halle aufhalten, möchte dort seinen Drink nehmen, seinen Besuch empfangen oder warten lassen. Wenn also die Halle in betrieblicher Hinsicht vor allem dem Gästeempfang dient, so ist ihre Bedeutung für gesellschaftliche Zwecke kaum geringer.

Die früher noch erforderliche absolute Ruhe in der Hotelhalle ist heute nicht mehr so stark gefragt. Die Hotelarchitekten unserer Zeit weichen in ihrer Planung vom exklusiven, noblen Entrée stellenweise ab und entwickeln aus der Halle mehr einen Kommunikationstreffpunkt. Das heißt, die Auftraggeber von Hotel-Neubauten wollen die Hotelhalle mehr offenhalten, legen belebte Boulevardcafés, Terrassencafés oder Coffee-shops direkt daneben. Andere belegen einen Teil der Halle mit topausgestatteten Patisserie-Ecken oder Einkaufsmöglichkeiten nach Ladenschluß. Belebende Betriebssegmente werden sehr oft auch in der Halle gebündelt. Dies geht sogar bis zur Veranstaltung von Talkshows für das Fernsehen. Ein Paradebeispiel war die Sendung „Zeil um Zehn" vom Hessischen Rundfunk aus dem Grand Hotel Arabella in Frankfurt am Main. Niemanden störte mehr der durch viel Umtriebigkeit entstehende Lärm während der Sendung. Die Gäste sollen jedoch trotz aller Betriebsamkeit eine großzügig angelegte Hallenausstattung auch hinter ihrer Zeitung versteckt bei Havannas und altem Armagnac völlig abschalten und genießen können.

Die Bar in der Hotelhalle

Eine Hotelbar in der Halle sollte von ihrer Funktion her architektonisch so abgestimmt sein, daß sie zwar den Gast zum Aufenthalt am Tresen anlockt, aber in Farbe, Form und dem verwendeten Material nicht zu stark in den Mittelpunkt rückt. Sie darf günstigstenfalls eine Betonung sein, aber nicht dominieren. An einer Hallenbar werden außer kalten und warmen Getränken auch Sandwiches, Kanapees und kleine, nicht zu aufwendige Gerichte und Kuchen angeboten. Die technische Ausstattung soll einer normalen Bar nicht nachstehen. Neben einer Kühlanlage für Getränke, Kaffee- und Espressomaschinen sollte auch eine unaufdringliche, leise Musikberieselung möglich sein.

Der Empfangstresen

Der günstigste Platz für den Empfangstresen in der Halle ist der im unmittelbaren Blickfeld des eintretenden Gastes. Für den ankommenden Hotelgast muß die Anordnung der Posten hinter dem Tresen überschaubar und leicht zu entschlüsseln sein, denn die Weitergabe der Zuständigkeit an einen anderen Mitarbeiter ist für den Hotelgast irritierend, wirkt befremdend auf ihn und kann im Unterbewußtsein Aggressionen auslösen, die manchmal auch erst im Verlauf des Aufenthaltes, eventuell hervorgerufen durch nichtige Anlässe, zum Durchbruch kommen. Es baut sich ein Kaufwiderstand auf.

Der Empfangstresen als Arbeitsmöglichkeit muß mit einer Untertischbeleuchtung ausgestattet sein, viele Schubfächer und offene Fächer für die Organisationsmittel haben, und der Raum dahinter sollte mit guten Arbeitsleuchten ausgerüstet sein. Für die Steh- und Schreibplätze sowie für einen Schreibmaschinenplatz ist es sehr vorteilhaft, wenn sie kreuzungsfrei angeordnet sind. Die Verkehrswege hinter dem Empfangstresen müssen deshalb vom Planer vorbedacht werden. Hierzu wird der Empfangstresen in einzelne Funktionsbereiche eingeteilt, wie z. B.

1. Empfangschef/in,
2. Empfangsmitarbeiter/innen mit EDV-Ausbildung,
3. Empfangsmitarbeiter/innen mit EDV-Ausbildung für die Arbeit an der Hotelkasse,
4. Korrespondent/in und
5. Empfangsassistenten/innen.

Diese sinnvolle Einteilung des Empfangstresens erleichtert die umfangreichen und vielfältigen Arbeiten und Anforderungen, die heute mehr denn je an eine fortschrittliche Empfangsarbeit im Hotel gestellt werden. Das dahinter liegende Frontbüro mit der eventuell anschließenden Hoteldirektion in einem Großhotel hat einen wesentlich höheren Platzbedarf als in einem Mittelbetrieb. Wenn sich daran noch die gesamte Hotelverwaltung anschließt, muß man bedenken, daß die Verwaltungsabteilung vom Wirtschaftseingang leicht zu erreichen sein sollte.

Zur technischen Ausstattung des Empfangstresens gehören Bildschirm, Rechnungsdrucker, Kreditkarten-Imprinter, Kreditkarten-Prüfgerät, Telefon, Telefax-Anschluß und Telex als Mindestausstattung. Die EDV und das Umfeld dazu ist der dominierende Teil der technischen Ausrüstung und ursächlich für die Ausdehnung des Tresens. Im allgemeinen werden Empfangstresen von Architekten entworfen und unter Mitwirkung von Fachleuten geplant. Moderne Einrichtungs-Designer haben erkannt, daß der Hotelgast heute statt dieser Abgrenzung der Verwaltung für sich mehr Übersichtlichkeit wünscht. Es gibt Betriebe, die diese althergebrachte Einfriedung der Beschäftigten in der Hotelrezeption durch kleinere Inseln auflösen und somit den Gästen bessere Möglichkeiten der Kontaktaufnahme mit den Empfangsverantwortlichen ermöglichen. Diese Mini-Empfangsinseln sind in gleicher oder ähnlicher technischer Ausstattung versehen wie die normalen Empfangstische.

Wenn die Gesamtplanung für das Hotel erarbeitet und die Ziele, die man mit seinem Haus erreichen will, abgesteckt sind, kann auch die anfallende Arbeitsmenge abgeschätzt werden. Das Ergebnis dieser Einschätzung wird die Frage sein, in welche Buchhaltungskategorie der Betrieb sich einordnen möchte:

1. die herkömmliche Handbuchhaltung,
2. die elektromechanische und
3. die elektronische Hotelbuchhaltung.

Diese drei Arten der Hotelbuchhaltung gibt es heute noch, wobei die manuelle und die halbmanuelle Hotelbuchhaltung immer mehr in den Hintergrund treten. Die elektronische Datenverarbeitung hat sich mittlerweile auch in Mittelbetrieben voll durchgesetzt.

Hier jedoch Empfehlungen zu geben, ist nicht der Sinn dieses Fachbuches. Es muß genügen, dem Leser einen Überblick zu geben und ihm die Beurteilung in der Praxis überlassen.

Die Größe der gesamten Empfangsabteilung, auch personell, hängt weitgehend von dieser Entscheidung ab. Man bedenke doch, daß die wesentlichen Buchhaltungsarbeiten am Hotelempfang oder in anderen Bereichen aus Schreiben, Rechnen und Saldieren bestehen. Von einer bestimmten Kapazität ab lassen sich diese Arbeiten nicht mehr von Hand machen. Die nächste Stufe wäre also die elektromechanische Buchungsmaschine, die schon wesentlich dazu beiträgt, diese Buchungsarbeiten zu vereinfachen. Die vollkommene Vervielfachung ist die elektronische Datenverarbeitung. Technisch gesehen, rechnet man den Empfangscomputer noch in den Bereich der mittleren Datentechnik.

Mit der elektronischen Datenverarbeitung wird die Gästebuchhaltung perfekt geführt. Diese Art Anlagen beherrschen nicht nur die 4 Rechenarten, auch der gesamte Arbeitsablauf ist programmierbar und reduziert dadurch bei höchstmöglicher Leistung den anfallenden Arbeitsaufwand auf ein Minimum. Eine Einsparung von Empfangspersonal ist dadurch angezeigt.

Der Arbeitsplatz für die EDV-Anlage wird an der Rezeption installiert und hat einen zusätzlichen Platzbedarf, der dann bei der Planung berücksichtigt werden muß. Für ein Stadthotel bis zu 250 Zimmern mit einer durchschnittlichen Aufenthaltsdauer von 3 Tagen genügt 1 Bildschirm-Arbeitsplatz. Bei Großhotels über 300 Betten wird der Einsatz mehrerer Bildschirm-Arbeitsplätze, die an eine Zentrale angeschlossen sind, notwendig. Der Platzbedarf wird dann also noch größer. Allerdings ermöglicht ein hoher Bedienungskomfort dem Empfangspersonal eine leichte, einfache und sichere Handhabung der Anlage. Auch der Anschluß an ein Hotelreservierungssystem ist möglich.

Die neben dem Empfangstresen liegende Portierloge ist kleiner in der Anlage, und die technische Ausstattung hat zusätzlich noch die Verbindung zum Portier des Betriebseingangs, zum Frontportier oder Wagenmeister, zum Feuermelder, zu den Alarmeinrichtungen[1], zum Hauptschalter für die Panikgitter am Haupt-, Seiten- bzw. Betriebseingang sowie eine direkte Verbindung zum Garagenmeister. Die Borde und Fächer an der Portierloge müssen die Adreßbücher, Prospekte, Fahrpläne, Flugpläne, Stadtpläne, Hotelführer usw. aufnehmen, um die vielfältigen Arbeiten schnell und präzise erledigen zu können.

---

[1] siehe auch unter „Technische Hinweise", Seite 197 ff.

Die Fernsprechzentrale in der Hotelhalle

Von einem neuzeitlichen Hotel erwartet der Gast ausreichende Fernsprechmöglichkeiten. Die Zentrale liegt in den meisten Fällen in der Hotelhalle. Das Personal der Telefonzentrale ist durch einen schmalen Tresen vom Gast getrennt. Die Fernsprechzellen sind so angeordnet, daß sie vom Fernsprechzentrale-Tresen aus gut überschaut werden können. Dort sollten schallschluckende Decken- und Wandbeläge eingebaut sein. Bei der Gestaltung einer Fernsprechzentrale in einem Hotelneubau müssen die Planer jedoch nicht nur die Schalldämmung genügend berücksichtigen, sondern insbesondere die Zuordnung des Platzes in der Gesamtkonzeption der Hotelhalle. Eine der Mindestanforderungen ist, daß die Zentrale in der Nähe des Frontbüros bzw. der Direktion liegt. Auch der Portier muß ein freies Blickfeld zu den Fernsprechzellen haben, und es sollte ihm weiter möglich sein, die Zentrale leicht und schnell zu erreichen. Auch die Fernsprechkabinen bzw. die schallschluckenden Kunststoffmuscheln sollen so konstruiert sein, daß kein in der Nähe stehender Gast oder das Personal mithören kann.

Ein freundlicher und heller Arbeitsraum ist besonders für die Telefonistinnen äußerst wichtig. Bequeme Sitzmöbel erhalten die Arbeitsfreude trotz der Unruhe und der ständigen Anspannung, denn die Telefonzentrale ist neben dem Portiertresen einer der lebhaftesten Plätze in der Hotelhalle. Um die Spannkraft der Mitarbeiter in der Zentrale nicht frühzeitig erlahmen zu lassen, ist ein separater, direkt angrenzender kleiner Raum unerläßlich, in dem sich das Personal in der Fernsprechzentrale einen Moment ausruhen kann; 5 Minuten Pause mit einem erfrischenden Getränk wirken oft Wunder. In der Telefonzentrale, in der jeder Anschluß eines Hausteilnehmers endet, können Gästelisten ausliegen oder Gästenamensschilder angebracht werden. Der Telefonistin ist es so möglich, jeden Gast mit dem Namen anzureden und damit eine gastfreundliche Verbindung zwischen Vermittlung und Gast herzustellen. Nicht selten werden Gäste durch ein zu schnodderiges Verhalten in der Telefonzentrale oder durch übertriebene Sachlichkeit verärgert. Gerade die persönliche Namensnennung zeigt dem Gast, daß er nicht nur ein Kunde ist, dem man seine Dienstleistungen verkauft, sondern ein Gast, auf dessen Anwesenheit man großen Wert legt. Solche gastfreundlichen Verbindungen sollten allerdings nicht in Privatgespräche zwischen einer attraktiven Telefonistin und dem Gast ausarten. Das normale Maß an zwischenmenschlichem Verhalten ist die Richtschnur.

Die wohlüberlegt eingesetzte Nachrichtenübermittlung durch Fernsprechanlagen in Hotels hilft mit, das Problem „Personalmangel" zu lösen. Fernmeldeanlagen gibt es in zahlreichen Variationen bei den Fachfirmen zu beziehen, und es lassen sich stets die für das Haus ökonomischen Möglichkeiten leicht auswählen. Ein Telefondienst mit Pfiff überläßt dem Hotelgast im Zimmer eine genaue Erklärung, möglichst in mehreren Sprachen, wie er mit dem Telefon in seinem Zimmer umzugehen hat. Diese Hilfe für den Gast erleichtert allen in der Telefonzentrale Beschäftigten die Arbeit und vermittelt dem Gast den Eindruck eines vollendeten Service. Zweckmäßig ist auch, wenn sich die Telefonzentrale vom Empfangstresen aus durch eine direkte Verbindung erreichen läßt, um so die nächtliche Besetzung der Zentrale zu ersparen.

VEREHRTER GAST

Unsere vollautomatische Telefonanlage ermöglicht Ihnen, in kürzester Zeit selbst direkte Telefonverbindungen herzustellen.

Für interne Verbindungen wählen Sie bitte: .

1 das Empfangsbüro
2 den Portier
3 den Etagenkellner
4 für Restauranttischbestellungen
5 das Zimmermädchen
9 um die gewünschte Weckzeit anzugeben

Für externe Verbindungen wählen Sie bitte:

0 für alle Orts- und Ferngespräche: Nach der Wahl dieser Nummer sind Sie mit einer Amtsleitung verbunden und können nun die gewünschte Nummern selbst wählen. Die Gebühreneinheiten werden bei der Empfangskasse automatisch festgehalten und bei der Abreise berechnet.

9 für unsere Telefonzentrale: Gerne stehen Ihnen unsere Telefonistinnen zur Verfügung, um Ihre Auslandsgespräche zu vermitteln, sofern Sie nicht direkt wählen können.

Hier einige der wichtigsten Städtenummern des In- und Auslandes.
Alle weiteren Nummern finden Sie im Telefonbuch

Berlin	0 30	Amsterdam	0031 20
Bonn	02 28	Antwerpen	0032 31
Bremen	04 21	Basel	0041 61
Darmstadt	0 61 51	Bern	0041 31
Dortmund	02 31	Brüssel	0032 2
Dresden	03 51	Den Haag	0031 70
Düsseldorf	02 11	Genf	0041 22
Erfurt	03 61	Lausanne	0041 21
Essen	02 01	London	0044 1
Hamburg	0 40	Luxemburg	0035 2
Köln	02 21	Paris	0033 1
Leipzig	03 41	Rotterdam	0031 10
Magdeburg	03 91	Wien	0043 22-
Mainz	0 61 31	Zürich	2
Mannheim	06 21		0041 1
München	0 89		
Nürnberg	09 11		
Rostock	03 81		
Schwerin	03 85		
Stuttgart	07 11		
Wiesbaden	06 11		

Wir freuen uns, Ihnen diese moderne Einrichtung zur Verfügung stellen zu können.

DIE DIREKTION

Der Wunsch nach ärztlicher Betreuung erfolgt meistens über die Telefonzentrale, aber auch über den Chefportier. Hotels unterliegen grundsätzlich der Verpflichtung, einen Betriebsarzt zu bestellen und geeignete Räume für Untersuchung und Beratung der Beschäftigten bereitzuhalten sowie ärztliche Visitation des Betriebes zu jeder Zeit zu ermöglichen. Dagegen ist die Berufung eines Hotelarztes eine freiwillige zusätzliche Dienstleistung des Hotels und wird in den meisten Fällen durch entsprechende Hinweise im Hotelzimmer der Klientel mitgeteilt. Der Hotelarzt sollte durch Euro-Signal erreichbar sein. Außerdem sollten Adressen weiterer sprachkundiger Ärzte an der Telefonzentrale bekannt sein. Auf diese Weise ist ärztlicher Stand-by rund um die Uhr realisierbar. Die Abrechnung erfolgt jeweils direkt mit dem Gast auf der Grundlage der Gebührenordnung der Ärzte.

Zu dem Komplex Fernsprechanlage kann man ganz allgemein abschließend sagen, daß in Beherbergungsbetrieben für den Fernsprechverkehr besondere Bedingungen zu berücksichtigen sind, die sich aus der Eigenart des Betriebsablaufs und aus dem Bemühen, dem Gast einen höchstmöglichen Komfort zu bieten, ergeben. Bei all diesem Bemühen darf man aber den Gesichtspunkt der Wirtschaftlichkeit einer solchen Anlage nicht aus den Augen verlieren. Der DEHOGA stellte fest, daß in der ganz überwiegenden Zahl der deutschen Hotels im Telefonbereich zwar Kostendeckung angestrebt wird, aber nicht Gewinnerzielung.

Um mit dem Gast zu einer klaren Abrechnung über die von ihm geführten Ferngespräche zu kommen, empfiehlt es sich in einem besonderen Formular, das auch als Heft oder Buch geführt werden kann, jedes Gespräch exakt festzuhalten. Ein solches Formular ist jeweils aus den Gegebenheiten des Hauses zu entwickeln. Hier ein Muster für solche Fernsprech- oder auch Fernschreibabrechnungen:

Tag _____	Telefon Nr. _____
Gespräch mit Vorwahl/Amt _____	Fax Nr. _____
Fax	Zimmer Nr. _____
Herr/Frau _____	Gebühr DM: _____
Zählerstand: Gesprächsende _____	+ Mehrwert-
Gesprächsanfang _____	steuer: _____
Zeiteinheiten _____	**Total DM:** _____

Für Telefonbenutzer, die über 100 Einheiten vertelefonieren, sollte der Betrieb auf gestaffelte Gebühren übergehen.

Von der Hotelbibliothek zu den schnell informierenden Medien unserer Zeit

Früher gab es in fast jedem gutgeführten Hotel eine sogenannte Hotelbibliothek am Hotelempfang. Anscheinend ist diese Sitte unter die Räder unserer sich schnell fortbewegenden Zeit gekommen, und keiner vermißt diese Einrichtung mehr. In der Vergangenheit wurden oft bekannten Häusern von bedeutenden Verlagen Belegexemplare

zur Verfügung gestellt, selbstverständlich ohne Bezahlung, um diese in der Hotelbibliothek gut sichtbar aufzustellen. Ein Stück Öffentlichkeitsarbeit früherer Jahre. In
Familienbetrieben, die von Generation zu Generation weitergegeben werden, mag
sich dieses Relikt der Vergangenheit noch bis heute gehalten haben. Aber welcher
Hotelgast hätte noch Zeit, sich während des ohnehin schon kurz bemessenen Hotel-
aufenthalts ein Buch auszuleihen? Früher lieh sich der Hotelgast für eine befristete Zeit
seine Lektüre aus. Dies war eine Dienstleistung, die in den meisten Fällen vom Empfangsdienst wahrgenommen wurde. Ein Service ohne Berechnung.

Die schnelle Information durch Rundfunk, Fernsehen oder andere Medien wird heute
bevorzugt, weil auch der Zweck des Hotelaufenthaltes mit Aufgaben verbunden ist,
die ihren Tribut fordern und leider keine Zeit für ein genüßliches und konzentriertes
Lesen bleibt. Das Fernsehen auf dem Hotelzimmer schloß diese Lücke und wirkte
somit bei der Auflösung der Hotelbibliothek durch andere Medien mit.

So wie früher die unterhaltsame Möglichkeit des Ausleihens von Lektüre jeder Art
ohne Berechnung geboten war, möchte der Hotelgast von heute das Fernsehen
schon deshalb nicht missen, weil er die gleiche Bequemlichkeit in seinem Hotel sucht
wie zu Hause. Dazu gehört nun einmal der Fernsehapparat entweder in den Hotelzimmern oder in einem separaten Fernsehraum. Andere Hotelgäste sollten durch den mit
dem Fernsehen verbundenen Lärm nicht belästigt werden, deshalb ist eine Schalldämmung im Fernsehraum unvermeidlich.

Andererseits gibt es natürlich eine Großzahl von Hotelgästen, die sich aus Fernsehen
gar nichts machen oder die froh sind, dem heimischen Fernsehlärm einmal für kurze
Zeit entronnen zu sein, und den Abend lieber im Theater oder Konzert verbringen
möchten.

Jedenfalls ist es so, daß der Hotelgast heute von einer gewissen Qualitätsklasse ab
den Fernsehapparat auf dem Zimmer erwartet. In stilgebundenen Zimmern müßte der
Fernsehapparat allerdings im Möbel eingebaut sein, weil er sonst wie ein Fremdkör-
per auf den Beschauer wirkt. Die mit einem Verbundsystem von Fernsehgeräten in
allen Zimmern anfallenden Kosten sind groß, aber für ein Erstklaßhotel kaum zu vermeiden. Die hierdurch entstehenden Kosten müssen letztlich ihren Niederschlag im
Zimmerpreis finden. Fernsehen gehört nun einmal zum Lebensstil unserer Zeit, und es
ist aus sehr gut geführten Hotels nicht mehr wegzudenken. Hoteleigene Fernsehpro-
gramme sind keine Neuheit mehr. Beispielsweise sendet man im „Hilton Hotel" und im
„Cavendish-Hotel" in London solche Programme etwa täglich 5 Stunden. Es handelt
sich dabei um geschlossene Übertragungen von Spielfilmen und Werbesendungen,
vor allem auch von Eigenprodukten und Dienstleistungen, die mit dem Programm
über die Sender nichts zu tun haben.

Kabelfernsehen gehört heute nicht mehr zum Luxus, und gerade Hotelgäste erwarten
modernen Programmkomfort.

Zu dem Thema „Fernsehen im Hotel" kann man noch zusammenfassend sagen, daß
eine der Ursachen für die Erwartung des Hotelgastes von heute, Fernseheinrichtun-
gen in einem Hotel vorzufinden, die allgemein mehr pragmatische Denkweise ist. Der
„moderne Komfort" ist häufig eines der ersten Entscheidungskriterien für oder gegen

ein Hotel. Hotelgäste aus einer Bildungsschicht, die das wertvolle Interieur, echte Gemälde, Porzellan aus der Ming-Zeit oder eine Kaminuhr mit Big-Ben-Schlag zu schätzen wußte, gibt es kaum noch.

Die Einrichtung von Fernsehmöglichkeiten im Hotel und die Anmeldepflicht bei der GEMA/GEZ

Aus den bisher gemachten Ausführungen kann man folgende Möglichkeiten des Fernsehangebots im Hotel unterscheiden:

1. Fernsehräume für öffentliche Programme,
2. Fernsehräume für öffentliche Programme und wechselweise Hausprogramme,
3. Fernsehapparate, die in den Hotelzimmern für öffentliche Programme, und
4. Fernsehapparate, die an ein Verbundsystem angeschlossen sind (für öffentliche Programme und auch Hausprogramme mit eingeblendeten Werbegags).

Von diesen 4 Möglichkeiten sind folgende bei der GEMA anmeldepflichtig:

Zu 1. Wiedergabe von Fernsehsendungen in einem Fernsehraum ist bei der GEMA anmeldepflichtig und wird mit Gebühren belegt, da es sich um eine öffentliche Einrichtung handelt.

Zu 2. gleiche Regelung wie unter 1.

Zu 3. Fernsehapparate in den Hotelzimmern sind nicht anmeldepflichtig, da es sich um keine öffentliche Wiedergabe handelt, also gebührenfrei.

Zu 4. Das Verbundsystem ist anmeldepflichtig und wird mit Gebühren belegt.

Aus: GEMA – Musik hat ihren Wert

Bei der öffentlichen Wiedergabe von Tonträgern haben nicht nur die Urheber der Musik Rechte, sondern auch die ausübenden Künstler, die bei den Aufnahmen mitwirken. Sie haben sich gemeinsam mit den Tonträgerherstellern in der Gesellschaft zur Verwertung von Leistungsrechten mbH (GVL), Hamburg, zusammengeschlossen.

Werden Hörfunk- und Fernsehsendungen öffentlich wiedergegeben, so werden auch die Rechte von Urhebern der Wortbeiträge, z.B. von Schriftstellern, Journalisten, Wissenschaftlern und den betreffenden Verlagen, berührt. Zuständig ist hierfür die Verwertungsgesellschaft Wort (VG Wort) in München.

Für die Bereiche der öffentlichen Wiedergabe (z. B. in Gaststätten, Geschäften, Aufenthaltsräumen usw.) haben beide Verwertungsgesellschaften das Inkasso der GEMA übertragen.

Die Gebühreneinzugszentrale der öffentlich-rechtlichen Rundfunkanstalten in der Bundesrepublik Deutschland – GEZ – 50656 Köln, veröffentlicht für Hotels und Gaststätten folgende Regelung:
In Hotels, Pensionen und Gaststätten ist jedes Rundfunkgerät gebührenpflichtig und muß angemeldet werden. Monitore und Lautsprecher, die in verschiedenen

Räumen installiert sind, z.B. in Gästezimmern, Foyers, Frühstücksräumen usw., sind in der Regel je Raum einmal gebührenpflichtig.

Für weitere Fernsehgeräte, Hörfunkgeräte und Lautsprecher, die sich in Gästezimmern befinden, ist die Rundfunkgebühr nur in Höhe von jeweils 50% zu zahlen. Für Rundfunkgeräte in vermieteten Appartements und Ferienwohnungen muß die Gebühr in voller Höhe entrichtet werden.

Die Gebührenpflicht beginnt am Anfang des Monats, in dem das Hörfunk- oder Fernsehgerät erstmals zum Empfang bereitgehalten wird.

Die Gebührenpflicht endet mit Ablauf des Monats, in dem die Geräte nicht mehr zum Empfang bereitgehalten werden und dies der GEZ oder ihrer Landesrundfunkanstalt angezeigt worden ist. Rückwirkende Abmeldungen sind nicht möglich.

Die monatlichen Rundfunkgebühren betragen ab 1.1.1990:

Hörfunkgerät	6 DM
Fernsehgerät	19 DM
Hörfunk- und Fernsehgerät	19 DM

Das deutsche Beherbergungsgewerbe hat mit den öffentlich-rechtlichen Rundfunkanstalten eine Großkundenregelung getroffen, die ein vereinfachtes Abrechnungsverfahren auf der Grundlage neuer rechtlicher Bestimmungen vorsieht. Die in den Gästezimmern bereitgehaltenen Rundfunk- und Fernsehgeräte sind die Grundlage für die Gebührenerhebung. Nachdem aber häufig Ferienhotels oft ganze Zimmerfluchten monatelang leerstehen haben, sind die öffentlich-rechtlichen Rundfunkanstalten dem Hotelgewerbe entgegengekommen.

Werden bestimmte Gästezimmer monatsweise nicht zur Vermietung bereitgehalten, brauchen auch keine Gebühren für die dort aufgestellten Geräte bezahlt werden. Zukünftig gibt es ein vereinfachtes Abrechnungsverfahren, das vorsieht, nur zweimal im Jahr Gebühren einzuziehen. Anfang April erfolgt eine Grundgebühr in Höhe 70% der zu erwartenden Jahresgebühr; die zweite Abrechnung erhält man nach Ablauf des Jahres und stellt somit eine genaue Endabrechnung auf der Grundlage der maximalen Zimmerbelegung pro Monat dar.

Der Hotelmeister

Die Prüfung für den/die Hotelmeister/in wird von den Industrie- und Handelskammern nach wie vor durchgeführt. In den nächsten Jahren wird die Abnahme der Prüfung keineswegs eingestellt.

In nächster Zeit erfolgt eine Abänderung der Richtlinien. Ein genauer Zeitpunkt ist nicht bekannt.

Nachfolgend eine kurze Orientierung über den fachtheoretischen Teil der Prüfung des Hotelmeisters, die vor einer Industrie- und Handelskammer abgelegt werden kann.

§ 9

Fachtheoretischer Teil Hotelmeister

(1) Im fachtheoretischen Teil Hotelmeister ist in folgenden Fächern zu prüfen:

1. Empfang und Etage[1],
2. Materialien, Geräte, Maschinen und Anlagen,
3. Speisen und Getränke im Hotelservice,
4. Betriebsorganisation im Hotelbereich[2].

(2) Im Prüfungsfach „Empfang und Etage" soll der Prüfungsteilnehmer nachweisen, daß er die in diesen Bereichen vorkommenden Arbeiten kennt und die damit zusammenhängenden Aufgaben selbständig lösen, die Durchführung der Arbeiten veranlassen und ihre Ausführung überprüfen kann. In diesem Rahmen können geprüft werden:

1. Gesetze, Verordnungen und Auflagen,
2. Sicherheit des Gastes[3],
3. einleitende Maßnahmen zur Ersten Hilfe,
4. Umgang mit dem Gast und Betreuung des Gastes[4],
5. Zimmer- und Etagendienst[5],
6. Reservieren, Buchen, Abrechnen und Kontrollieren[6],
7. Hotelkorrespondenz und Pflege
   der Geschäftsbeziehungen[7],
8. Werbemöglichkeiten und Werbemittel[8],
9. Dekoration.

In diesem Fachbuch zu finden auf Seite:
[1] Seite 97, [2] Seite 103, [3] Seite 184 ff., [4] Seite 81 ff., [5] Seite 97 ff., [6] Seite 105 ff., [7] Seite 109, [8] Seite 161.

(3) Im Prüfungsfach „Materialien, Geräte, Maschinen und Anlagen" soll der Prüfungsteilnehmer nachweisen, daß er die im Hotelbereich erforderlichen Materialien kennt, ihre Beschaffung, ihre Lagerung, ihren Einsatz sowie ihre Pflege und Reinigung veranlassen und überprüfen kann. Er soll nachweisen, daß er die Funktion der Geräte, Maschinen und Anlagen kennt, ihre Instandhaltung und die Beseitigung von Störungen veranlassen kann. In diesem Rahmen können geprüft werden:

1. Materialkenntnisse, insbesondere Qualität und Eignung,
2. Materialverwaltung,
3. Textilien, Einrichtungsgegenstände und Räume,
4. Gebrauchs- und Dekorationsgegenstände,
5. Blumen, Grünpflanzen und gärtnerische Anlagen,
6. Geräte, Maschinen und Anlagen.

(4) Im Prüfungsfach „Speisen und Getränke im Hotelservice" soll der Prüfungsteilnehmer nachweisen, daß er Waren, Speisen und Getränke lagern, ihre Beschaffenheit beurteilen und Speisen und Getränke einander zuordnen kann. In diesem Zusammenhang soll er die Grundlagen der Ernährungslehre berücksichtigen. Er soll außerdem nachweisen, daß er Zubereitungsarten, Anrichteformen und Grundregeln des Servierens kennt. In diesem Rahmen können geprüft werden:

1. Warenkenntnisse im Hinblick auf Qualität und Lagerfähigkeit,
2. Frühstücksarten,
3. Gerichte der warmen und kalten Küche,
4. Getränke,
5. Speise- und Getränkekarten,
6. Angebote in der Hotelbar.

(5) Im Prüfungsfach „Betriebsorganisation im Hotelbereich" soll der Prüfungsteilnehmer nachweisen, daß er im Empfangs-, Etagen-, Veranstaltungs- und Wirtschaftsbereich Arbeitsabläufe unter Berücksichtigung von Personal, Ausstattung und Geschäftsgang planen, wirtschaftlich gestalten und überwachen kann. Außerdem soll er nachweisen, daß er in Verbindung hiermit verkaufsfördernde Maßnahmen vorbereiten kann. In diesem Rahmen können geprüft werden:

1. Arbeitsplatzgestaltung nach arbeitsphysiologischen, hygienischen sowie technischen Gesichtspunkten unter Berücksichtigung der Arbeitssicherheit,
2. Arbeitsabläufe unter Berücksichtigung personeller und räumlicher Gegebenheiten,
3. lang- und kurzfristige Personaleinsatzpläne unter Berücksichtigung betrieblicher und arbeitsrechtlicher Bedingungen,
4. Verkaufsgespräche und betriebsinterne Absprachen,
5. Kontrolle und Abrechnung,
6. verkaufsfördernde Veranstaltungen und Aktionen,
7. Vergabe und Überwachung von Werkverträgen.

(6) Die schriftliche Prüfung besteht je Prüfungsfach aus einer unter Aufsicht anzufertigenden Arbeit und soll nicht länger als 8 Stunden dauern.

Die Mindestzeiten betragen im Prüfungsfach:

1. Empfang und Etage:	2 Stunden
2. Materialien, Geräte, Maschinen und Anlagen:	1,5 Stunden
3. Speisen und Getränke im Hotelservice:	1 Stunde
4. Betriebsorganisation im Hotelbereich:	1,5 Stunden

(7) Die schriftliche Prüfung ist auf Antrag des Prüfungsteilnehmers oder nach Ermessen des Prüfungsausschusses durch eine mündliche Prüfung zu ergänzen, wenn sie für das Bestehen der Prüfung oder für die eindeutige Beurteilung der Prüfungsleistung von wesentlicher Bedeutung ist. Die Ergänzungsprüfung soll je Prüfungsfach und Prüfungsteilnehmer nicht länger als 10 Minuten, im ganzen nicht länger als 30 Minuten dauern. § 4 Abs. 7 Satz 1 und 2 gilt entsprechend.

Fachtheoretischer Teil

Lernziel im Hotelbereich	Lerninhalt

1. Empfang und Etage

1.1. Gesetze, Verordnungen und Auflagen

Kenntnis wesentlicher für den Hotelbetrieb geltenden rechtlichen Bestimmungen	1.1.1. wesentliche rechtliche Bestimmungen – deutsche u. intern. Hotelordnung – Pfandrecht – liegengebliebene Gegenstände – Begriff – Behandlung – Fundbestimmungen – Tod und Krankheit eines Gastes – Meldeordnung – Datenschutz – Brandschutzbestimmungen – Hygienevorschriften – Reisebüroabkommen – Haftung des Gastwirtes
Kenntnis vorbeugender Maßnahmen zur Sicherheit des Gastes	1.2 Sicherheit des Gastes – Schlüsselorganisation – Vermeidung von Diebstählen – Verhalten beim Bombenalarm und Brand – Erste-Hilfe-Leistung 1.3 Umgang mit den Gästen
Fertigkeit, deutsche und ausländische Gäste in geeigneter Weise zu betreuen	1.3.1 Gästebetreuung – Verhaltensweisen des Gastes – Gastmotive – Äußerungsformen – Behandlungsweisen – Betreuung von Sondergästen

Fachtheoretischer Teil

Lernziel im Hotelbereich	Lerninhalt

– Betreuung von Kindern
und Senioren
– Information und Hilfsdienste

Fertigkeit, Gäste-
reklamationen zu behandeln

1.3.2 Gästereklamationen
– Diagnose
– Entscheidung
– Erledigungsform
1.4 Zimmer- und Etagendienst

Kenntnis der Aufgaben
des Zimmer- und Etagen-
dienstes

1.4.1 Aufgabenverteilung
und Tagesdisposition
– Zimmerreinigung
– Etagenwagen, Putzkorb
– Reinigungsgeräte
– Reinigungsmittel
– Desinfektionsmittel
– Gästezimmerartikel
– andere Dienstleistungen
– Reinigung der übrigen Räume
des Hotelbereichs

Fertigkeit, Zimmer-
kontrollen und Dienstab-
schlußbesprechungen mit
Zimmermädchen durchzu-
führen

1.4.2 Zimmerkontrollen
und Dienstabschlußbesprechungen
– Hygiene, Sauberkeit
– Vollständigkeit
– Funktionsfähigkeit

Kenntnis der
Möglichkeiten des
Pflanzenschmucks und
Fertigkeit, Blumen-
gestecke herzustellen

1.4.3 Pflanzenschmuck
– Arrangieren von Blumengestecken
und Dekorationen für besondere
Anlässe
– Pflege der Außenanlagen
1.5 Verwaltungstechnische Aufgaben

Fachtheoretischer Teil

Lernziel im Hotelbereich	Lerninhalt

Vertrautheit mit dem
Reservieren, Buchen,
Abrechnen und Kontrollieren

1.5.1 Reservieren, Buchen,
Abrechnungen und Kontrollieren
– Reservierungssysteme
– Zimmerdisposition
– Ankunfts- und Abreisebuch
– Gästekartei
– Hotelrechnungen
– Gästebuchhaltung
– Zahlungsarten
– Belegungsstatistiken
– Fremdenverkehrsstatistiken
– Wertsachenaufbewahrung
– Reservierungsänderungen
– Ankunftsregelung
– Einzelgast
– Reisegruppe
– Zimmerwechsel
– Abreise des Gastes

Fertigkeit, die Hotelkorrespondenz mit Gästen
zu führen

1.6 Hotelkorrespondenz
– Angebot
– Einzelgast
– Reisegruppe
– Bestätigung
– Reservierungsänderung
– Absage mit Ausweichangebot
– Begleitbrief zur Debitoren-
rechnung
– Mahnschreiben
– Beantwortung von Gäste-
reklamationen
– Formbriefe

1.7 Werbemöglichkeiten und
Werbemittel

Fachtheoretischer Teil

Lernziel im Hotelbereich	Lerninhalt

Kenntnis der möglichen
Werbeformen

1.7.1 Werbeformen
- Produktkenntnis
- Werbeformen
- Eigen-, Fremdwerbung
- Einzel-, Gruppenwerbung
- Gemeinschafts-, Verbundwerbung

Fähigkeit, bestimmte
Werbemittel einzusetzen

1.7.2 Werbemittel
- Hotelprospekt
- Tagungsprospekt
- Werbebriefe
- Presseinformation
- Gästefragebogen
- Poster, Plakate
- Hausführungen
- Tag der offenen Tür
- Pressekonferenzen
- Zeitungsinserate

2. Materialien, Geräte, Maschinen
    und Anlagen
2.1 Grundlagen der Raumgestaltung
    und Marterialverwaltung

Überblick über
wesentliche Gestaltungs-
möglichkeiten von
Gäste- und Wirtschafts-
räumen

2.1.1 Gäste- und Wirtschaftsräume
- Raumgestaltung
- Halle
- Empfang
- Gästezimmer
- Restaurant
- Küchenbereich
- Lager
- Materialkunde
- Möbel
- Einrichtungsgegenstände
- Dekorationsmittel
- Textilien

Das Personal im Empfangsdienst

Grundsätzlich muß eingangs festgestellt werden, daß der Hoteltyp früherer Zeiten mit seinem ungewöhnlichen Personalaufwand im Empfangsdienst nicht mehr oder kaum noch vorhanden ist. Früher wurde in der Halle häufig Personal beschäftigt, das weniger eine betriebsgerechte, als vielmehr eine repräsentative Funktion erfüllte. Das Bild hat sich gewandelt: Heute werden auch die Mitarbeiter des Empfangsdienstes fast ausschließlich unter Beachtung organisatorischer und rationeller Gesichtspunkte ausgewählt und eingesetzt.

Früher standen in einem Grandhotel 2 bis 3 Angestellte pro Vermietungseinheit (Bett) zur Verfügung. In der Spitzenklasse rechnet man heute nur mit einem Angestellten pro Vermietungseinheit. Für amerikanische Hotels gilt das Verhältnis 1 Angestellter für 2 Vermietungseinheiten.

Noch vor Jahren war es unbestritten so, daß weitaus mehr Männer den großen Sprung in die Führungspositionen der Großhotellerie schafften als Frauen. Auch heute noch haben es Frauen nicht gerade leicht, im Management Fuß zu fassen. Jedoch werden Führungsseminare und Symposien für Nachwuchskräfte heute auch von Frauen besucht. Sie können sich somit, genau wie die männlichen Teilnehmer, fachliches Wissen und Kompetenzen aneignen, die im leitenden Management unserer Zeit verlangt und erwartet werden. Diese Workshops geben allen Beteiligten wertvolle Anstöße, Impulse und Inspirationen aus der Betriebspraxis, die kompetente Problemlösungen im außerbetrieblichen Wettbewerb erst ermöglichen.

Die leitende Hausdame als Abteilungsleiterin war noch vor Jahren die letzte Station, die Frauen in der gehobenen Führungsebene eines großen Hotelbetriebes erreichen konnten. Mittlerweile hat sich das Bild geändert. Tüchtigen Frauen steht die Welt der Hotellerie und des Gastgewerbes in allen Sparten, einschließlich des Managements, offen.

Auch in Häusern, die den angestammten, männlich besetzten Posten des Chefportiers nicht mehr besetzen, nimmt seinen Platz eine Info-Hosteß ein, die für alle Auskünfte, die früher eine männliche Fachkraft am Portiertresen den Gästen erteilte, kompetent ist. Die Hotellerie erlebt hinsichtlich der Zuständigkeiten im personellen Bereich einen Wandel. In dieser Änderungsphase gewinnen Frauen immer mehr an Boden.

Der Empfangschef (Chef de réception)

Der Chef de réception ist der verantwortliche Leiter der gesamten Empfangsabteilung. Er ist also unmittelbarer Vorgesetzter des Personals im Empfangsdienst, das sich demnach seinen Anforderungen zu fügen hat. Sein Aufgabenbereich umfaßt folgende Gebiete:

1. Reservierung,
2. Zimmervermietung,

3. Verkehr mit den Gästen,
4. Kontrolle von Ankunft und Abreise der Gäste,
5. Gästekorrespondenz,
6. Personaleinsatz und -lenkung,
7. Überwachung der Betriebsbuchhaltung EDV-Betriebssystem in der Empfangsabteilung.

Damit wird offenbar, daß die beruflichen und persönlichen Qualifikationen eines Empfangschefs nicht von heute auf morgen erworben werden können. Wenn ich aber sage, dieser Beruf wäre genauso schnell erlernbar wie die anderen im Hotelfach auch, so ist das Wörtchen „schnell" nur im relativen Sinn zu verstehen. Der Empfangschef gehört zum Spitzenpersonal eines Hauses. Ein Großteil der wichtigsten Aufgaben fällt dieser Position zu. Dementsprechend hoch sind auch die Anforderungen, die an ihn gestellt werden und die er schlechthin erfüllen muß. Abgesehen davon, daß es sich beim Empfangschef um eine Persönlichkeit überdurchschnittlichen Formats handeln muß, werden für diesen Posten Berufskenntnisse und Bildungsgrad vorausgesetzt, die nun einmal nicht jedermann aufzuweisen vermag. Die Stellung eines Empfangschefs kann also immer nur das Ergebnis und der Erfolg langjährigen Bemühens, umfassender Berufspraxis und eines steten Studiums sein.

Der Empfangschef muß folgendes Minimum an Voraussetzungen erfüllen:

– Chefeigenschaften dem Personal gegenüber, die zur Anerkennung seiner Autorität führen. Persönlichkeitswerte und Leistung sind dafür die Grundlage.
– Umfassende kaufmännisch-organisatorische Fähigkeiten und Kenntnisse.
– Talent für Psychologie und reife Erfahrung in der Menschenkenntnis bei heiterer eigener Grundeinstellung und Überzeugungskraft.
– Ausgezeichnete Fremdsprachenkenntnisse, ohne die der Empfang einfach nicht durchführbar ist. Erforderlich sind neben der Muttersprache mindestens zwei Sprachen: Englisch und Französisch. Mit sogenannten Feld-Wald-und-Wiesen-Sprachkenntnissen ist es nicht getan. Die Sprachen müssen vielmehr in Wort und Schrift vollkommen und gewandt beherrscht werden.[1] Auslandsaufenthalte, entweder in Form einer Hospitation oder mit Arbeitsvertrag, sind ein sehr wesentlicher Bestandteil zur Stabilisierung der wichtigsten Fremdsprachen und bewirken darüber hinaus ein Kennenlernen grundsätzlicher Ansichten, Gesinnungen und Denkweisen anderer Völker mit einer sehr unterschiedlichen Geschichte, verglichen mit uns. Man ist

---

[1] Es verständigen sich

80 Millionen Menschen in Französisch,	192 Millionen Menschen in Spanisch,
105 Millionen Menschen in Japanisch,	192 Millionen Menschen in Hindi,
108 Millionen Menschen in Bengalisch,	206 Millionen Menschen in Russisch,
108 Millionen Menschen in Portugiesisch,	333 Millionen Menschen in Englisch,
109 Millionen Menschen in Arabisch,	605 Millionen Menschen in Chinesisch.
120 Millionen Menschen in Deutsch,	

gleichzeitig selbst Ausländer und lernt auf diese praktische Weise, mit eventuell auftauchenden Problemen umzugehen. Die deutsche Wirtschaft hat es in jüngster Zeit oft nicht leicht, wichtige Auslandsposten zu besetzen. In der Hotellerie jedoch bedeutet die im Ausland erworbene persönliche Erfahrung ein wichtiges Faktum, ohne welche eine sich abhebende Karriere kaum möglich ist. Aufsteiger benötigen deshalb eine überdurchschnittliche Mobilität, die letztlich auch die Familie einschließt.

Eine vorübergehend geplante Abwesenheit im Ausland dient in dieser Branche zur Festigung der Kenntnisse sowie der persönlichen Erfahrungen und bildet ein wesentliches Teil der Formung von Individualität. Allerdings sollten diese Auslandsaufenthalte in den frühen Jahren der beruflichen Weiterentwicklung nicht über 30 Monate hinausgehen, um ein Abkoppeln von zu Hause zu vermeiden und auch, um keine Trägheit aufkommen zu lassen.

– Ein geschultes, präzise funktionierendes Gedächtnis, das mannigfaltige Dispositionen speichern und repetieren kann. Darüber hinaus hilft ein verläßliches Personengedächtnis über manche Klippe hinweg.

Es ist peinlich, wenn man einen Gast nicht mit seinem Namen ansprechen kann, weil er einem entfallen ist.

– Vollendete Umgangsformen, Sicherheit im Auftreten, Beherrschung gesellschaftlicher Maximen, Taktgefühl, Entschlußkraft in heiklen Situationen. Wenn der Lernende schon als Volontär oder Gehilfe im Empfang durch die ständige Fühlungnahme mit den Gästen einen gewissen Schliff erhält, so muß er doch gerade auf dem Gebiet des Umgangs genau wissen, was man tun darf und was nicht.

Mit rein gefühlsmäßigen Erwägungen kommt man hier nicht weit. Im Empfang unterläßt man unter allen Umständen den Versuch, Gäste durch weniger gutes Benehmen oder gar durch unangebrachte Vertraulichkeit zu brüskieren.

– Ausgefeilter Geschmack und Sinn für kultivierte, elegante, aber dennoch dezente Kleidung, die der Bedeutung und dem Rahmen des Hauses entspricht, werden erwartet. Der Empfangschef hat auch in dieser Beziehung Repräsentationspflichten, wie ja überhaupt gut gekleidetes Empfangspersonal stets eine Empfehlung, ja Werbung für das Haus ist.

– Schließlich hat der Empfangschef neben seinen vielen Aufgaben auch noch eine moralische Verantwortung. Er ist der Hotelleitung gegenüber für die Aufrechterhaltung von Sitte und Anstand verantwortlich. Der gute Ruf eines Hauses hängt in entscheidendem Maße von der Lauterkeit und dem Charakter des Empfangschefs ab. Es ist eine Unmöglichkeit, daß unsaubere Machenschaften vom Empfang geduldet oder gar unterstützt werden. Der Empfangschef wird einen Gast, der gegen Sitte und Anstand verstößt und damit den Ruf des Hauses gefährdet, schriftlich auffordern, das Hotel zu verlassen, ohne Aufsehen zu erregen.

– Selbstverständlich ist der Empfangschef über alle Einzelheiten des Hauses informiert. Er kennt die Lage, die baulichen Merkmale, die Räume, die technische Einrichtung, die Preise usw. Anhand eines Zimmerplanes geht er sämtliche Zimmer durch und merkt sich die Ausstattung der einzelnen Räume und natürlich die Preise.

Zuständigkeitsbereich des Empfangschefs

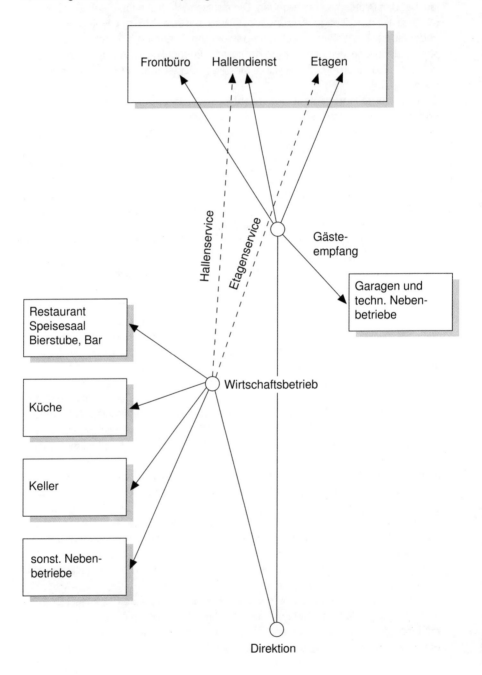

Er weiß ferner, welche Zimmer bzw. Appartements mit Bad oder Duschraum versehen sind und welche Zimmer eine ausgesprochene Luxusausstattung haben.
Die Lage der Etagentoiletten muß ihm ebenso bekannt sein wie die der Etagenoffices und der Aufzüge. Er ist darüber orientiert, welche Zimmer nach Norden, Osten,
Süden oder Westen gelegen sind, welche Räume Balkon haben und wo die ruhig-
sten, die lautesten Zimmer liegen. Weiterhin muß er wissen, welche Zimmer Einzelzimmer, welche Doppelzimmer sind oder welche Einzelzimmer sich zu einem Doppelzimmer bzw. Appartement zusammenstellen lassen, und schließlich, welche
Räume mit Telefon, Radio und Fernsehanschluß ausgestattet sind.

– Notwendig ist aber weiterhin, daß der Empfangschef die betreffende Stadt in kürzester Zeit genauer kennenlernt. Er muß sich also den Stadtplan einprägen und sich
schon bald nach den bekanntesten Straßennamen orientieren können.
Wichtig ist die Kenntnis des gesamten Straßenverkehrs mit all seinen Möglichkeiten
und den Straßenbahn-, Omnibus-, U-Bahn-Haltestellen.
Über die kulturellen Einrichtungen einer Stadt und deren Programm muß der Empfangschef genauso präzise Auskunft erteilen können wie der Portier. Über Lage und
Charakter der seriösen Nachtlokale muß er ebenso orientiert sein wie über die Ent-
fernungen zu den Sportanlagen.

– Es entspricht nicht nur einer Gepflogenheit kollegialer Höflichkeit, wenn sich der
Empfangschef nicht zuletzt mit den Empfangskollegen der Konkurrenz bekanntge-
macht hat. Es muß vielmehr seine Aufgabe sein, gemeinsam mit den Kollegen in
den anderen Häusern eine Basis zu finden, die in persönlicher Beziehung ein gutes
Verhältnis und in geschäftlicher eine harmonische Zusammenarbeit gewährleistet.
Darauf ist er im Interesse seines Hauses, seiner Gäste, aber auch seinetwegen
angewiesen.
Im Ausland bahnt sich eine bemerkenswerte Entwicklung an. Beispielsweise entstand an der Universität Surrey in England der erste Lehrstuhl an einer Universität
für „Hotel and Catering Management". An Spezialstudenten des Hotelfachwesens
werden akademische Grade verliehen.
Dem Empfangschef steht in vielen Fällen ein Assistent oder ein Volontär zur Seite. In
großen Häusern ist im Stellenplan auch ein stellvertretender Empfangschef eingeplant. Die Stufenleiter bis zum Empfangschef wird auf Seite 100/101 dargestellt.

Infolge der Bündelung vieler interessanter Arbeiten und Aufgaben, fast immer unter
den Augen der Gäste, führt diese Tätigkeit zeitweise zu hoher geistiger Anspannung. Im Gegensatz zu anderen Betriebsabteilungen führt das Überziehen dieser
ganz besonderen Arbeit nicht zu Betriebsfrust, sondern wirkt, besonders während
der Stoßzeiten, wie eine Herausforderung, für die man sich zu bewähren hat.

Der bekannte amerikanische Fachpublizist Larston Farrar schreibt über den leitenden Angestellten in der Hotellerie folgendes:

„Der Leitende kennt alle Phasen der Geschäfts- und Gesellschaftsdetails, kennt die Stellung seines Unternehmens in der Branche in der weiten Welt. Er beherrscht die Grundsätze und Nuancen, die Hauptprobleme, ihre Vergangenheit und ihre aktuellen Möglichkeiten. Solch ein Mann, der die Fähigkeit und die Pflicht hat, Entscheidungen zu treffen, kommt weiter als einer, der sich von seinen Zweifeln einengen läßt. Er muß auf die Dauer mit seinen Entscheidungen natürlich mehr Glück als Pech haben, aber Fehlentscheidungen besagen gegen den Mann grundsätzlich gar nichts. Der Leitende sollte nur stets darum bemüht sein, sich die notwendigen Gegebenheiten für seine Entscheidungen zu besorgen. Kann er sie sich nicht beschaffen, so soll er sich auf die besterreichbare Information stützen oder auch auf seinen gesunden Menschenverstand. Hat er einen Plan entworfen und die Entscheidung getroffen, muß er die Courage und Entschiedenheit besitzen, sich auch gegen Schwierigkeiten durchzusetzen. Er soll dabei nie zufrieden sein und immer daran denken, wie man das Unternehmen noch besser arbeiten lassen kann. Selbstverständlich, daß solch ein Mann mit Leuten umgehen können muß. Dazu muß er sich selbst einmal kennen, seine Fähigkeiten und seine Lücken, seine Grenzen, Humor oder nicht Humor ..., auf die innere Ernsthaftigkeit kommt es dabei an. Partner und Kollegen, Gleichgeordnete und Angestellte fühlen diese Ernsthaftigkeit heraus, ganz egal, wie der Mann sich äußerlich gibt. Dabei soll solch ein Mann seine eigene Meinung haben, aber biegsam genug sein, sich andere Meinungen anzuhören, notfalls sie sich zu eigen machen und auch gemeinschaftlich zu denken. Mit den Leuten denken, nicht mit ihnen argumentieren oder streiten, das gehört dazu. Eine Auswirkung dieser Fähigkeit wird dann sein, Initiative auch bei anderen entwickeln zu können, in erster Linie natürlich bei sich selbst, unter Hinzuziehen auch fremder Ideen."

Die Quintessenz: ● Entscheidungskraft
● Ernsthaftigkeit mit feinem Humor
● frei von Dünkel

Dies alles meint Larston Farrar für Amerikaner, aber man kann unumwunden zugeben, daß das meiste aus Farrars Feder auch für die leitenden Hotelangestellten bei uns zutrifft. Der geschickte Empfangschef muß das Format eines „Leitenden" haben, um auf seinem Posten bestehen zu können.

Der Guest Relation Manager

Dieser Posten wird überwiegend nur in der 5-Sterne-Hotelklasse eingeplant und besetzt. Die/der mit dieser Aufgabe betraute Dame oder Herr ist für Beschwerden zuständig und bemüht sich um gute Beziehungen zwischen Hotel und Gast. Die Funktion ist direkt dem Empfangschef unterstellt.

Die Empfangsarbeit mit EDV

Die Datenfülle nimmt ständig zu, und ein Ende ist keineswegs absehbar. Im Gegenteil, durch das zunehmende Informationsbedürfnis der Verantwortlichen und dem Wunsch nach schnellem Zugriff wird auch die Datenpflege zu einem wichtigen innerbetrieblichen Hilfsmittel. Diese Art der Vervollkommnung, die einhergeht mit dem Gedanken, immer alles im Griff zu haben, führt umweglos und direkt zur EDV. Deshalb wechseln immer mehr Betriebe zur EDV-Anlage, weil hierdurch für Routinearbeiten weitgehende Entlastung angesagt ist und durch die ständig abrufbereiten perfekten Ergebnisse in allen Betriebssparten einwandfreie Entscheidungen getroffen werden können. Der betriebliche Ablauf wird durch diese Kontroll- und Steuerungsmöglichkeiten leichter, übersichtlicher und wirtschaftlicher. EDV-Anbieter empfehlen für jeden Betriebsbereich im Hotel die passenden Softwarelösungen. Seither war es oft so, daß ein Datenanschluß zwischen der EDV-Anlage und sogenannten Peripheriegeräten, wie Bildschirme, Drucker und PCs, oder externe Verbindungen, wie Telefonanlage, Minibar, Pay-TV und Schließsysteme, schwierig war und manche Abrechnung noch mit der Hand durchgeführt werden mußte. Die Computerindustrie hat mittlerweile Standards entwickelt, die passende Schnittstellen mit vorsehen und einen störungsfreien Datentransfer gewährleisten. Diese Softwareprogramme sind modulweise aufgebaut und nicht nur für weit über verschiedene Länder hinaus operierende Hotelketten und Großhotels bestimmt, sondern auch in modifizierten Versionen für Klein- und mittelständische Betriebe zugänglich. Diese Weiterentwicklung der EDV ermöglicht Klein- und Mittelbetrieben große Arbeitserleichterungen durch EDV. Bei einem weiteren Ausbau eines Hauses kann somit auch die EDV-Anlage mitwachsen, wobei alle vorhandenen Daten mit übernommen werden können. Durch diese Modulbausteine läßt sich der Gesamtanlage Abteilung für Abteilung später anschließen.

Eine EDV-Anlage für ein Haus mit 20 bis 40 Zimmern erfordert etwa 20 000 DM an Investitionen, für ein Hotel mit 50 bis 150 Zimmern etwa 50 000 DM und für ein Hotel mit 150 bis 250 Zimmern 70 000 DM bis 150 000 DM.
Grundsätzlich kann man sagen, daß die Softwaresysteme für den Hotelbereich bei den meisten Anbietern analog sind wie:

Front-Office
Back-Office

Restaurantkassen
Food & Beverage
Externe Verbindungen
Peripheriegeräte

Die Systembausteine lassen sich je nach den Wünschen des Betriebes zu einer völlig spezifischen Ordnung zusammenfügen, wobei auch noch Platz bleibt für Reservierungssysteme, denen sich der Betrieb angeschlossen hat und die oft mit Modulen anderer Anbieter ausgestattet sind. Somit ist heute durch die Kompatibilität ein reibungsloser Datenaustausch zwischen Endgeräten und Systemen anderer Hersteller ohne Schwierigkeiten möglich.

Der potentielle EDV-Kunde sucht heute Anwendersysteme aus einer Hand. Die Angebotsfirmen sollen aber auch in der Lage sein, stetig alle notwendigen Marktanpassungen schnell zu vollziehen, wobei Verbraucherwünsche auch in die Anpassungspalette einfließen sollen. Die Softwarehäuser haben sich teilweise bedeutenden Hardwareherstellern angeschlossen und spezialisieren sich zukünftig völlig auf das Gastgewerbe. Zum Beispiel werden von Softwarefirmen am Markt vorhandene Textverarbeitungssysteme durch spezifische gastgewerbliche, komfortable Produktcharakteristiken ergänzt und Betrieben angeboten. Aus solchen Textverarbeitungssystemen können auch Textteile oder ganze Passagen über Telefax mit einer komplettierten PC-Faxkarte ohne jeden Ausdruck übertragen werden.

Der Journalführer und Kassierer

Diese beiden Funktionen, wenn auch hier getrennt beschrieben, werden heute in der Praxis meist nur von EDV-geschulten Empfangsmitarbeitern oder -mitarbeiterinnen ausgeübt. Es sei denn, daß die Größe des Hauses, Höhe der Gästefrequenz und der Umfang des damit verbundenen Arbeitsvolumens eine Arbeitsteilung notwendig macht. Durch die Ausstattung der Betriebe mit zusammengeschlossenen EDV- und Kommunikationssystemen wurde die lange Zeit gültige Rangfolge des Empfangspersonals total verändert. Positionen wie die des Journalführers, aber auch die des Kassierers, findet man nur noch in Betrieben, die mit manuellen oder halbautomatischen Buchhaltungssystemen arbeiten. In anderen Häusern übernehmen Empfangsmitarbeiter/innen mit EDV-Kenntnissen diesen Posten. Großbetriebe befinden sich unter dieser Gruppe kaum noch. Auch in den mittelgroßen Betrieben wird die manuelle Hotelbuchhaltung immer seltener. Selbst Kleinbetriebe richten ihren Empfang mit EDV-Betriebssystemen ein.

Die Arbeit im Front-Office wird heute im wesentlichen von drei Anwendungsformen bestimmt:

1. der computergesteuerten Gästeerfassung
2. durch die sich ständig vermehrende Einführung von Room-Cards und

3. durch die zunehmende Gewohnheit, Hotel- und Verzehrrechnungen mit Kreditkarten zu bezahlen

Die Arbeit mit dem Computer am Empfangstresen gliedert sich im wesentlichen in vier Gruppen:

1. Reservierung
2. Check-in
3. Guest-Accounting und
4. Check-out

Eine weitere Gruppe von Funktionen nennt sich Administration und schließt gewichtige Aufgaben ein wie:

den automatischen Tagesabschluß, den Vorjahresvergleich, die Budgetkontrolle, die Firmenstatistik, den Marktsegmentreport sowie die Telefon- und Kassenschnittstellen. Die Berichte werden in bestimmte, immer wiederkehrende Zeitspannen, insbesondere wegen der Vergleichbarkeit, eingebunden, die jederzeit abrufbar sind.

Weiter sind noch Zusatzfunktionen vorgesehen wie die Fundsachenverwaltung, die Reparatursteuerung sowie die Textbearbeitung.
In modern geführten Häusern erwartet der Gast eine komfortable informationstechnische Ausstattung, das heißt, EDV und Kommunikation werden attraktiv und intensiv zusammengeschlossen. Seither liefen die Leitungen für Computer, Telefon, Telefax und Kassen zusammen, jedoch wurde jedes Gerät individuell manuell bedient. Mit den am Markt angebotenen Betriebssystemen werden die Einzelteile völlig integriert, und somit können alle in Anspruch genommenen Leistungen schnell und zuverlässig auf dem Gastkonto automatisch übernommen werden.

Die früheren Buchungsarbeiten an Hotelbuchungsmaschinen mit Erstellung der Rechnung, Rechnungsdurchschrift (Kontenkarten) und Kontrollstreifen (Journal), Spartenaufteilung der Rechnungsdurchschrift, Tagesabrechnung sowie die vielen Arbeiten mit parallel laufenden Hilfsbüchern entfallen völlig. Mit einem Komplettsystem, das sich durch einfache Bedienbarkeit auszeichnet, können die Arbeiten am Empfangstresen gestrafft werden. Wir haben in Deutschland eine Reihe von Anbietern von Komplettsystemen. Bei der Entscheidung für einen EDV-Ausstatter sollte der Hotelier neben einem schnellen und zuverlässigen Kundendienst des Anbieters ohne jede zeitliche Unterbrechung auch Wert auf präzise und verläßliche Unterweisungen des Personals im Betrieb oder in Seminaren in der Nähe des Hotelstandorts legen. Im Hotelbereich bieten fast alle Betriebssystemausstatter auch EDV-Module an mit Schnittstellen zu Programmen anderer Hersteller. Alle Empfangsmitarbeiter und -mitarbeiterinnen sollten in regelmäßig stattfindenden Seminaren, die Komplettanbieter veranstalten, geschult werden.

Noch vor wenigen Jahren warnten Praktiker oft vor einer übertriebenen Pflege elektronischer Datenübersicht und befürchteten, daß bei Ausfall des EDV-Terminals vorübergehend die Transparenz verlorengeht. Mit diesem Horrorgedanken im Hinterkopf wurde empfohlen, trotz der fortschrittlichen Datenverarbeitung den herkömmlichen Room-Rack beizubehalten. Hierdurch bleibe für alle Mitarbeiter und Mitarbeiterinnen Art und Lage der Zimmer überzeugend übersichtlich, zumal dann, wenn mit markierten oder farbigen Steckkarten oder Belegungskärtchen angezeigt und gearbeitet wird. Neue Mitarbeiter und Mitarbeiterinnen am Empfangstresen könnten sich auf diese Weise schneller im Haus zurechtfinden. Jede Änderung im Vermietungsbereich werde doch mit dem Room-Rack logisch und optisch sehr deutlich dargestellt.

Der Room-Rack ist im Zeitalter der ausgereiften Datenverarbeitung völlig veraltet, und die meisten Betriebe haben, zwar liebevoll, aber letztlich doch irgendwann davon Abschied genommen. Nur zu Erklärung: Der Room-Rack war jahrzehntelang ein erprobtes Hilfsmittel zur Darstellung des momentanen Standes der Zimmerbelegung. Er ermöglichte mit einfachen Mitteln eine ständige Überprüfung der belegten und freien Vermietungseinheiten. Die gegenseitige Abstimmung des Room-Rack erfolgte normalerweise zweimal am Tag und wurde stets mit dem Belegungsplan verglichen. Großhotels führten allerdings die Zimmerbelegungsüberprüfung häufiger durch als Mittelbetriebe. Bei diesem System mußte in besonderer Weise darauf geachtet werden, daß nur kurzfristige Reservierungen damit bearbeitet werden konnten. Es wurden in der Praxis unabhängig voneinander somit zwei Reservierungshilfsmittel verwendet:

1. der Room-Rack für die kurzfristige Reservierungsanzeige und
2. Reservierungspläne für langfristige Anmeldungen

Die Befürchtungen mancher Praktiker, daß bei Einführung der totalen EDV im Frontbüro mit technischen Fehlern und vorübergehendem Ausfall der Anlage gerechnet werden müsse, sind durch den ausgereiften und ständig verfügbaren Kundendienst der Systemanbieter gegenstandslos geworden. Heute ist die Technik auf diesem Gebiet soweit fortgeschritten und entwickelt, daß man von einer stillen Fortführung des Room-Rack Abstand nehmen kann.

Der Journalführer (Fakturist)

Bereits an der Bezeichnung Journalführer zeigt sich der einschneidende Wandel der Hotelbuchführung, da heute die Gästeabrechnungen nicht mehr über ein manuell geführtes Journal erfolgen. Früher wurde ein gesondertes Hoteljournal vom Journalführer angelegt und geführt. In diesem Hoteljournal wurden sämtliche Dienst- und Lieferungsleistungen an den Gast wie z. B. Logis, Frühstück, Garage, Bäder, Telefon, Restaurant- oder Barverzehr sowie Auslagen für Taxi usw. aufgezeichnet bzw. verbucht. Die Gästerechnungen wurden dann, mit diesem Journal als Grundlage, oft erst zum Zeitpunkt der Abreise des Gastes erstellt. Also ein sehr umständliches Verfahren. Heute zwingt die elektronische Datenverarbeitung zur sofortigen Buchung. Somit erfolgt jede Belastung des Kontos mit nur geringem Arbeitsaufwand, und die Rechnung des Gastes ist zu jedem Zeitpunkt nach einer unkomplizierten Überprüfung anderer Betriebsabteilungen abrufbereit.

Das Aufgabengebiet des Journalführers umfaßte früher:

1. Führung des Hoteljournals
2. Erstellung der Gästeabrechnung
3. Kontokorrentbuchführung
4. Erstellung der täglichen Abrechnung
   a) Bareinnahmen
   b) Kontokorrentsummen
   c) Restanten
   d) Vergleichen der Belegungsunterlagen zu den erstellten Rechnungen
   e) Kontrolle der Hilfsbücher, Zimmerkontrollbuch, Etagenbuch, Gästewäschebuch, Depotbuch usw.

Diese vielen Einzelfunktionen von früher werden heute durch die Betriebssysteme gerafft und sind für jeden Empfangsangestellten, nach entsprechender Einführung in das System, leicht zu verarbeiten. Die Grundlagen hierzu bieten die vielfältigen Reservierungsmöglichkeiten und die Führung einer umfangreichen Gästekartei, wählbar für Einzel-, Firmen-, Gruppen- oder Reisebüroreservierungen. Die jeweiligen Bestätigungen der vorgenommenen Reservierung lassen sich über eine im Betriebssystem enthaltene Textverarbeitung spezifisch für jedes Haus gestalten und sind in vielen Sprachen, je nachdem welche Sprachen eingegeben sind, abrufbar. Diese Bestätigungen lassen sich auch durch Telefax verschicken. Eine PC-Faxkarte wird in den PC gesteckt und rüstet diesen zusätzlich zu einem Telefaxgerät auf.

Auch hinter dem Empfangstresen muß peinliche Ordnung herrschen, und als erstes nach dem Dienstanstritt sollten alle Hilfsmittel, Formulare und Prospekte aufgefüllt werden. Im einzelnen sind dies: Schlüsselkarten, Express-Check-out-Formulare, Kreditkartenbelege, Vouchers, Registraturkarten, Welcome-Drink-Vouchers, Kostenübernahmeerklärungsformulare, Prospekte, Complementary Orders, Kugelschreiber usw. Ein flotter und zügiger Check-in erspart den Stammgästen das wenig beliebte Warten am Empfangstresen. Der Posten des Journalführers ist in unserer Zeit anachronistisch, und seine große Zeit geht langsam zu Ende.

Die Reservierung im Rahmen eines modernen Betriebssystems im Hotelempfang hat folgenden Umfang:

1. Einzelreservierungen, Gruppenreservierungen und Kontingentreservierungen
2. Belegungsübersicht
3. Automatische Preisfindung

4. Rückgriff auf History
5. Zimmerbuchungen
6. Kategoriebuchungen sowie
7. Automatische Bestätigung

Anfragen für Zimmerbestellungen erfolgen in den meisten Fällen persönlich, brieflich, telefonisch, telegrafisch, durch Fax oder Reservierungssysteme. Die sich aus den charakteristischen Angaben zur jeweiligen Anfrage ergebende Datenkombination läßt sich leicht per EDV bearbeiten, wie:

1. Zeitpunkt
2. Zimmerart (Einzel-, Doppelzimmer, Grand Lit oder Dreibettzimmer, Kinderbett usw.)
3. sanitäre Einrichtungen (Bad mit Toilette, Dusche oder keines von beiden)
4. Lage des Zimmers

oder zum Beispiel folgende Sonderabmachungen des Hauses wie:

- Day use – ein Tageszimmer, das in der Regel mit 50 % der Maximum-Rate berechnet wird
- Late Check-out – nach 18 Uhr Berechnung von 50 % des Zimmerpreises mit Ausnahme von Stammgästen. Diese Abmachung liegt in der Entscheidung des Shiftleaders
- Up-Grade – Stammgäste erhalten Zimmer in den oberen Stockwerken des Hotels, obgleich sie nur die Minimum-Rate bezahlen und in den Genuß einer Special-Rate kommen

Weitere Beispiele, die vom Betriebssystem leicht verarbeitet werden können:

- Check-out-List – Gäste, die nur eine Übernachtung gebucht haben, werden nach der Abreisezeit befragt, diese in der Registration card eingetragen und später in die Check-out-List übertragen
- Special-Service-Check-List – bei Reservierung mit Special-Service wird Zimmerkontrolle vor Ankunft des Gastes durchgeführt, um zu prüfen, ob alle Leistungsstandards ausgeführt wurden
- Extension – Aufenthaltsverlängerung im Hotel
- Seven-day-Forecast – Zählung und Erfassung der Reservierungen sieben Tage im voraus
- Out of order – Zimmer ist für eine gewisse Zeit nicht vermietbar (z. B. weil Handwerker dort Reparaturen ausführen)
- Skipper – Gast reist mit der Absicht ab, seine Rechnung nicht zu bezahlen usw.
- Await Arrival – zu erwartende Gruppe, wichtig für die Postverteilung

– Waiting-List = Warteliste ohne feste Zusage ist, somit eine rein provisorische Reservierung, die erst zur Wirkung kommen kann, wenn ein Zimmer plötzlich frei wird.

Alle Daten werden in die Rechenautomatik eingegeben. Auf dem Bildschirm erscheinen die gewünschten Informationen, und auf Abruf, wenn die gewünschte Form der Reservierung, ob mit oder ohne Sonderabmachung, nicht möglich ist, werden entsprechende Alternativen geliefert. Es wird also die bestmögliche Unterbringungsmöglichkeit für einen bestimmten Zeitraum in Sekundenschnelle ermittelt und unter Ausschluß jeder Fehlerquelle optimal ausgelotet. Der Gast erhält durch das Betriebssystem eine detaillierte Antwort durch das Personal im Reservierungsbüro angeboten. Fehler können nur infolge mangelhafter Eingabe vorkommen.

Die mit der Vermietung beauftragten Mitarbeiter oder Mitarbeiterinnen sind somit in der Lage, ein Zimmerverkaufsangebot schnellstens vorzulegen. Auch Nebenleistungen wie

a) die Bereitstellung einer Schreibkraft zu einer bestimmten Tageszeit

b) Reitunterricht

c) Massage

d) Besuch des Hausfriseurs bei Ankunft

e) Bereithaltung eines Leihwagens ab 2. Tag des Gesamtaufenthalts

f) Bestellung von Theaterkarten vor einer Premiere

g) Bestellung eines Blumenbuketts vor dem Theaterbesuch und vielerlei andere Wünsche können in den Datenspeicher übernommen werden.

Nach dem Eingang von Abmeldungen bereits fest zugesagter Hotelzimmerbestellungen werden diese wiederum sofort in die Anlage eingegeben und storniert, so daß der neueste Vermietungsstand jederzeit abrufbereit bleibt. Es sei denn, es wird eine No-show-Rechnung geschrieben.
Reservierungen, die nicht eingehalten werden und wenn der Gast ohne Abmeldung nicht erscheint, nennt man in der Fachsprache No-show. Bei einem Gerichtsverfahren lehnte ein Reisebüro die Bezahlung mit der Begründung ab, für die gegenseitige Geschäftsbeziehung bestehe der Brauch, daß Reisebüros grundsätzlich stornieren könnten. Die Klage wurde vom Oberlandesgericht in Frankfurt erfolglos abgewiesen. Der 17. Zivilsenat entschied, daß ein Reservierungsvertrag verbindlich ist und Reisebüros nur 4 Wochen vor Ankunft der Gäste stornieren können. Dieser Handelsbrauch gelte, solange keine anderen Geschäftsbedingungen ausgehandelt worden seien (AZ 17 U 155/84).
Durch eine vollautomatische Bearbeitung der sich stark unterscheidenden Bestätigungsschreiben wird die Korrespondenz noch weiter vereinfacht. Sofort oder abends bei günstigen Faxgebühren werden die programmierten Beantwortungsschreiben verschickt, um mit diesem Vorgang die Anzahl der nicht eingehaltenen Reservierungen auf ein erträgliches Mindestmaß herabzusetzen.

Die augenblickliche Belegung eines Hauses wird automatisch wie folgt festgestellt:

Leere Vermietungseinheiten
+ Abreisen

Summe
∕ Ankünfte

= Belegung

Diesen Vorgang nennt man in der Fachsprache Room count.

Jede Einzel-, Gruppen- oder Kontingentreservierung kann praktisch für viele Jahre im voraus niedergelegt werden. Selbst oft zweckmäßige Überbuchungen in vorher festgelegter Höhe sind möglich. Während der Reservierungseingabe können überholte Gästestammdaten auf den derzeitigen Stand gebracht werden. Früher eingegebene Gästedaten, die auch über die Eigenheiten des Gastes informieren, stehen hierfür sofort zur Verfügung. Die Zimmerverfügbarkeit ist für den gewünschten Zeitpunkt abrufbar. Mannigfaltige Möglichkeiten der List- und Druckprogramme gestatten eine transparente Auswertung vorhandener Daten. Alle Bestätigungen, Belegungsvorschau, Anreiselisten usw. können sowohl regelmäßig als auch auf Anforderung erstellt werden. Alle bekannten Rechnungsmodalitäten werden schon bei der Reservierung eingegeben, wie eine Sicherheitszahlung, die mit der Logissumme verrechnet wird (Deposit genannt), oder eine Vorauszahlung des vollen Logispreises (Prepayment genannt). Dies trifft auf Gäste ohne Gepäck zu, die nur dann von Erstklaßhäusern aufgenommen werden, wenn sie das Zimmer im voraus bezahlen.

Jede mit diesen Eingaben verbundenen Nebenarbeiten, die früher manuell erledigt wurden, sind heute in jeder gewünschten Form in Sekundenschnelle abrufbereit. Zum Beispiel ist jeder Zimmerwechsel (Room move) ohne jeden weiteren Aufwand ordnungsgemäß durchführbar. Ein Zimmerwechsel setzt immer voraus, daß alle davon betroffenen Abteilungen wie Hausdame, Zimmermädchen, Telefonzentrale, Portier, Empfangsmitarbeiter/in an der Hotelkasse, EDV-Eingabe und der Oberkellner von diesem Vorgang unterrichtet werden. Angaben der Gästekartei lassen sich in allgemeine und persönliche Daten trennen, wobei stets darauf zu achten ist, daß persönliche Daten nur einem dezidierten Mitarbeiterkreis über eingeschränkte Datenschutzmechanismen zugänglich bleibt. Man kann unumwunden sagen, daß es heute kaum noch einen Verwaltungsbereich im Hotel gibt, der nicht gebucht werden kann. Jede Leistung des Hauses, gleich welcher Art, kann sofort auf das Gästekonto ordnungsgemäß übernommen werden; ob dies eine Sicherheitszahlung, die mit der Logissumme später verrechnet wird (Deposit), oder eine Vorauszahlung des vollen Logispreises für den Aufenthalt (Prepayment) oder eine Streichung (Cancellation) ist.

Der Check-in sieht in den meisten Betriebssystemen am Markt folgende Untergliederung vor:

1. Vorbereitete Anreise
2. Ausgefüllte Meldescheine bei Gästen, die schon mindestens einmal im Haus gewohnt haben
3. Quick-Check-in
4. Gruppen-Check-in
5. Anreiselisten
6. Automatische Konteneröffnungen
7. Diverse Belegungsanzeigen

Wenn nicht nachdrücklich ein bestimmtes Zimmer reserviert wurde, schlägt das System ein freies, als sauber gemeldetes Zimmer vor, wobei die Wünsche des Gastes nach Art und Lage der Vermietungseinheit voll berücksichtigt werden. Doppelbelegungen sind ausgeschlossen. Der Übernachtungspreis wird sofort angezeigt und erscheint mit allen Einzelpositionen auf dem Bildschirm, unter Berücksichtigung aller Sondervereinbarungen. Auch der Gast, der weder Credit-Card noch Visitenkarte vorweisen kann, also im Haus unbekannt ist, hat den Logispreis für eine Nacht Vorkasse zu leisten (Prepayment = Vorauszahlung). Die Preisabsprache kann jederzeit wieder geändert werden. Das System kann auch die Rechnung in verschiedene Gruppen splitten. In Hochdruckzeiten kann der Check-in durch den sogenannten Quick-Check-in ersetzt werden, wodurch ein schnelles Einchecken von Gruppenreisenden möglich wird. Der Leistungsgutschein ist ein indirektes Zahlungsmittel von Reisebüros (Voucher genannt), der neben der Vouchernummer auch die Personenanzahl, die Namen der Gäste, die detaillierte Leistungsliste des Hotels und den Namen des Veranstalters enthält. Er kann bei Hochdruck auch nachträglich in stillen Zeiten bearbeitet werden. Auch Streichungen von Reservierungen (Cancellation genannt) sind schnell und mühelos durchzuführen. Bei jeder An- und Abreise wird die Registration card mit der Zeituhr gestempelt.

Mit dem Check-in werden in den Hotelsystemen die Gästekonten eröffnet. Pro Vermietungsvorgang sind bis zu fünf Gastkonten möglich, wobei alle Buchungen, die für den Gast anfallen, hier vorgenommen werden. Es ist die Eingabe von Einzel- wie auch Gruppenrechnungen durchführbar. Die beim Check-in anfallenden Buchungen für Übernachtung, Arrangements oder sonstige Extras werden einmal täglich vom System auf das jeweilige Gästekonto verbucht, können aber auch nachträglich wieder geändert werden. Manuelle Buchungen können stets vorgenommen werden. Die täglichen Vermietungs- und Nebenumsätze sind für das Back-Office ständig abrufbereit. Nach dem Check-in wird dem Gast der Zimmerschlüssel, an dem eine Marke angebracht ist, die mit einem Code versehen wurde, ausgehändigt. Diese Marke ist aus Plastik hergestellt, mit einem Kennloch versehen und dient dem Gast als Schlüssel, mit dem alle seine persönlichen Umsätze während seines Aufenthaltes im Hotel auf seinem persönlichen Konto gespeichert werden.

Vor Beschickung des Kontos mit den ersten Daten steckt der dafür verantwortliche Mitarbeiter am Hotelempfang die Schlüsselmarke in die sogenannten Lesegeräte, welche die gespeicherten Daten einer Zentrale übermitteln. Mit diesem Vorgang wurde neben der Kontoeröffnung auch gleichzeitig die Kreditgrenze für den Gast auf der für das Haus vertretbaren Höhe festgesetzt. Als erste Buchung auf das eröffnete Konto erfolgt der Zimmerpreis. Nach diesem Vorgang können alle Käufe und Inanspruchnahmen von Leistungen mit differenzierten Angaben aufgezeichnet und festgehalten werden. Alle Belastungen auf dem Gastkonto werden durch das Einführen der Plastikmarke in das entsprechende Lesegerät zu jeder Zeit verbucht. Diese Geräte werden über die Fernsprechnebenstelle auch in der Bar, dem Restaurant, dem Grill und in allen Verkaufsstellen des Hauses installiert, und alle Daten können dann in Sekundenschnelle auf dem Konto des Gastes registriert werden. Auch die Kosten für die Telefongespräche werden automatisch erfaßt und dem Konto des Gastes zugeführt.

Room-Cards

Wie die elektronische Datenverarbeitung, so erobert sich auch die Room-Card immer mehr Nutzungsfelder wie Schlüssel für die Zimmertür, Zutrittsüberwachung am Hoteleingang, desgleichen zur Tiefgarage oder dem Hotelparkplatz, Steuerung des Zutritts zum Schwimmbad, Sauna oder Fitneßraum und darüber hinaus als Kreditkarte für die Abrechnung von Übernachtung, Speisen und Getränken.

Die Ausnutzungsmöglichkeiten können, je nach Belieben des Hotels, erweitert oder eingeschränkt werden. Das Kartenschließsystem für die Gästezimmertüren, das mechanisch, ganz ohne Batterie oder Stromanschluß arbeitet, kann jederzeit um Sicherheits- und Organisationslösungen erweitert werden. Die Schlüsselaufbewahrung bzw. -verwaltung kann einem Computerprogramm angeschlossen werden, das von der An- bis zur Abreise des Gastes die Room-Cards sicher betreut. Die Room-Cards können bei Abwesenheit des Nachtportiers für die Zutrittsüberwachung des Hotels genutzt werden. Ein Kartenleser an der Eingangstür, in den nur die gültigen Room-Cards elektronisch eingegeben werden, steuert den Zugang auf sichere Weise. Dieses System ist auch für mittlere und kleinere Hotels brauchbar. Teillösungen können später bei Systemerweiterungen bis zur Komplettlösung übernommen werden.

Bei der Systemauswahl sollte der Betrieb besonders auf die Anfälligkeiten achten und bei älteren Anwendern Auskünfte über einen funktionierenden Pannendienst einholen.

Bei allen modulweise aufgebauten Softwaresystemen, die spezifisch für das jeweilige Haus eingerichtet werden, ist die Kontenverwaltung der Hotelgäste das sogenannte Kernstück des Front-Office-Programms. Der aktuelle Zimmerstatus ist jederzeit erstellt und abrufbereit. Die jeweilige Chef- oder die Etagenhausdame kann den Zimmerstatus über das Telefon an den PC geben. Lange Wege und umständliches Kontaktieren mit den zuständigen Mitarbeitern bzw. Mitarbeiterinnen entfallen total. Alle Nebenleistungen, wie Entnahmen aus der Minibar, können über die Telefonanlage an den PC zur Buchung weitergeleitet werden.

Nun sind wir schon mitten in der automatischen Hotelbuchhaltung, die wie folgt gegliedert ist:

1. Automatische Buchungen
2. Preiskontrolle
3. Konten- bzw. Rechnungssplitting
4. Aktuelle Kontostände
5. Kassenführung bzw. -abrechnung
6. Sonderkontenführung

Die Guesthistory übernimmt die wichtigsten Daten des Gastes in ihren Speicher wie z. B. An- und Abreisedatum, getätigte Umsätze, bevorzugte Zimmernummer, gewünschte Änderungen der Zimmermöblierung wie auch Aussagen über die Besonderheiten des Gastes, Reservierungsverhalten, No-show oder ähnliches. Diese Daten werden statistisch erfaßt.

Bei der Abreise des Gastes kommt der Check-out zur Wirkung, der sich wie folgt gliedert:

1. Kontoauszug
2. Gastrechnung
3. Splitting der Einzelrechnung in verschiedene andere Rechnungen
4. Währungsumrechnung
5. Änderung des Room-Status
6. Automatische Historyübernahme
7. Amtsberechtigungumschaltung

Alle Rechnungen und Kontoauszüge werden an der Kasse erstellt und bei Bedarf, ohne jede Wartezeit, ausgedruckt. Während des Check-out können Rechnungen und Kontoauszüge unter Beibehaltung der bereits gebuchten Daten und Einschluß der letzten Rechnungsbelastungen geändert werden. Der Ausdruck von Teilrechnungen in jeder Form kann leicht durchgeführt werden, nachdem jede Konteneröffnung ein Splitting bis zu fünf Konten möglich macht. Die Daten des beendeten Aufenthalts werden in die Guesthistory übernommen, wodurch alle Eingaben über die Zeit der Abreise hinaus im System gespeichert bleiben. Alle sich beim Check-out ergebenden Finanzdaten, wie Kasse, Debitoren, Abzüge usw., können automatisch in das Back-Office übernommen werden. Alle Tagesforderungen des Hotels an die noch nicht ausgecheckten Gäste (Guests ledger summary genannt) sowie die Debitorensumme (City Ledger genannt) sind über das Betriebssystem jederzeit verfügbar.

Den Abschluß bildet dann die sogenannte Administration, die sich gliedert in:

1. Automatischer Tagesabschluß
2. Vorjahresvergleich
3. Budgetkontrolle
4. Firmenstatistik
5. Marktsegmentreport
6. Telefonschnittstellen
7. Kassenschnittstellen

Der Tagesabschluß kann vollautomatisch ablaufen und die Restaurantsysteme und andere im Haus etablierten Systeme einschließen.

Im Back-Office ist die gesamte Verwaltung des Hotelunternehmens einbezogen, wie Finanzbuchhaltung, Lohn- und Gehaltsabrechnung, Anlagenbuchhaltung und die gesamte Kostenrechnung. Infolge der sofortigen Speicherung verkörpern die ausgewiesenen Werte den jeweils aktuellen Stand und ermöglichen somit eine schnelle betriebswirtschaftliche Auswertung. Das System übernimmt das Datenmanagement, überwacht und steuert die Ein- und Ausgaben und die ordnungsgemäße Speicherung der Daten.

Es steht außer Frage, daß alle Hotels ab einer gewissen Größenklasse drei sehr wichtige Hauptziele anstreben:

1. ein Höchstmaß an Zimmerbelegung
2. den bestmöglichen Service bei relativ niedrigen Kosten in allen Bereichen der Verwaltung
3. einen optimalen Einkauf bei Ausnutzung aller Marktvorteile

Wer diese drei Ziele konventionell zu erreichen versucht, muß mit laufenden Preissteigerungen rechnen. Eine Equipierung mit einem EDV- und Kommunikationssystem im Verbund kann schnell und zuverlässig die sich auftuenden vielen Probleme des Managements lösen helfen.

Der Kassierer

Am Posten des Kassierers hat sich außer der modernen, von Betriebssystemen gesteuerten Arbeitsweise kaum etwas geändert. Die Arbeiten werden von computergeschulten Mitarbeiterinnen oder Mitarbeitern schnell und zuverlässig erledigt. Die Rechnungen und Kontoauszüge sind jederzeit abrufbar und können ohne Wartezeiten sofort ausgedruckt werden. Noch während des Check-out können die Rechnungen und Kontoauszüge geändert werden. Alle Daten bleiben bei einem Splitting unberührt. Auch die Ausdrucke von Teilrechnungen mit anderen Adressen und einer Zusammenfassung von Buchungen sind ohne Schwierigkeiten möglich. Auch bei der Abreise bleiben alle Daten im System gespeichert und können zu jeder Zeit nachvollzogen werden.

Die wichtigsten Arbeiten sind:

1. Abrechnung und Inkasso der Hotelgästerechnung
2. Umgang mit Fremdwährungen
3. Bargeldloser Zahlungsverkehr – Kreditkarten, Travellerschecks, Abrechnungen mit Reisegesellschaften (Vouchers), Lay over (Abrechnungen mit Flugverkehrsgesellschaften) usw.
4. Durch das Betriebssystem gesteuerte Kassenführung

In der Nähe der Kasse hat jedes Zimmer ein kleines Fach – Kadex genannt – für Belege, die beim Check-out griffbereit sein sollen. Wichtige praktische Hinweise für die Kassenführung:

1. Zahle immer bargeldlos, wenn dies möglich ist
2. Keine Entnahme ohne Belege
3. Nie die Höhe des Wechselgeldes verändern
4. Die Kasse weitgehend unter Verschluß halten
5. Kurzfristige Verantwortlichkeit delegieren vermeiden

Für die nachfolgend aufgeführten Daten bzw. Unterlagen dazu gelten folgende Aufbewahrungsfristen (soweit diese auch die Empfangskasse betreffen):

Alle Angebote, auf die auch ein Auftrag erfolgte	7 Jahre
Bankauszüge und Belege	7 Jahre
Bilanzen	10 Jahre
Gutschriften bzw. Gutschriftsanzeigen	7 Jahre
Inkassobücher und Quittungen	7 Jahre
Kassenbelege	7 Jahre

Die wichtigsten Kriterien für den Kassierer zur besonderen Beachtung beim Umtausch von Eigenwährung in Fremdwährung:

1. Eindeutige Klarheit von seiten der Betriebsleitung über die Frage, welche Fremdwährungen überhaupt angenommen werden.
2. Bei der Umrechnung von Rechnungsbeträgen in Inlandswährung in Fremdwährung muß der niedrigere Kurs, also der Geldkurs, zur Anwendung kommen. Für die Umrechnung von Fremd- in Inlandswährung gilt der Briefkurs.

   Beispiel:
   US-Dollar Geld 1,7613 DM, Brief 1,7693 DM
   200 DM : Geldkurs 1,7613 = 113,55 US-Dollar
   80 US-Dollar x Briefkurs 1,7693 = 141,54 DM
3. Eine Vorratshaltung von Fremdwährungen in großen Mengen durch den Kassierer ist nicht zu empfehlen. Ist eine Vorratshaltung jedoch unumgänglich, dann können nur kleine Posten der gängigsten Währungen im Stock gehalten werden. Am gebräuchlichsten ist, wenn der Kassierer auf den eventuell vorhandenen Bankschalter in der Halle oder, wo dieser nicht vorhanden, an das nächste Geldinstitut verweist.
4. Der Kassierer muß sich täglich über die aktuellen Wechselkurse informieren.
   Mitarbeiterinnen bzw. Mitarbeiter an der Hotelkasse müssen oft auch aus dem Stand heraus Entscheidungen, wie auch immer, treffen. Ohne ausreichende schnelle Informationsmöglichkeit ist dies oft nicht leicht. Das Betriebssystem ist

jedoch in der Lage, schnell und präzise zu informieren, um dann auch als Verantwortlicher tragbare Entscheidungen treffen zu können.

5. Wo in nächster Nähe kein Bankschalter vorhanden ist, muß der Kassierer in Zeiten mit großen Kursschwankungen einen Währungsaufschlag erheben. Das heißt im Geldkurs

  – ein Abschlag in Höhe von 5 Prozent bei Währungen mit normalen Kursschwankungen,
  – bei Währungen mit extrem hohen Kursschwankungen bis zu 10 Prozent und manchmal auch mehr.

  Das heißt im Briefkurs

  – ein Aufschlag in Höhe von 5 Prozent bei Währungen mit normalen Kursschwankungen,
  – bei Währungen mit extrem hohen Kursschwankungen bis zu 10 Prozent und manchmal auch mehr.

6. Bei frühzeitiger Annahme von Gruppenbuchungen in Fremdwährungen den Tageskurs am Tag des Verzehrs vertraglich verbindlich fixieren. Die Anwendung eines drei- oder mehrmonatigen Terminkurses ist nicht zu empfehlen. Ein Teil des Risikos bleibt bei Anwendung des Terminkurses beim Verkäufer. Nie ein vermeidbares Risiko auf sich nehmen.

Bargeldloser Zahlungsverkehr mit Euroschecks[1], Travellerschecks und Kreditkarten

Der bargeldlose Zahlungsverkehr durch Euroschecks, Travellerschecks und Kreditkarten ist in allen Bereichen der Touristik und der Hotellerie enorm angestiegen. Euroschecks und Kreditkarten sind bis zu einem bestimmten Betrag garantiert. Schon allein aus diesem Grund soll dem eingetroffenen Gast eine Verzehrbegrenzung eingeräumt werden. Dieser Vorgang wird in der Hotellerie mit dem Ausdruck „Kreditlimit" belegt, der die Sache auch besser erklärt. Wenn also alle Leistungen diese Verzehrbegrenzung überschreiten, muß es dem Kassierer erlaubt sein, den Gast um eine Akontozahlung oder um Begleichung der Zwischenrechnung zu bitten. Bei der Annahme von Euroschecks sollte der Kassierer folgende Punkte ganz besonders beachten:

---

[1] Euroschecks:
  Garantie: Für in Europa und in den an das Mittelmeer grenzenden Staaten ausgestellte Schecks bis 400 DM oder bis zu dem in dem jeweiligen Land geltenden ec-Garantiehöchstbetrag.
  Es müssen übereinstimmen: Name des Kreditinstituts, Unterschrift, Konto- und Karten-Nr. auf ec-Scheck und eurocheque-Karte.
  Garantiefrist ab Ausstellungsdatum: Inlandsschecks 8 Tage, Auslandsschecks 20 Tage; Einreichung bei einem inländischen Geldinstitut oder der Deutschen eurocheque-Zentrale genügt.

1. Alle Euroschecks, die auf ein deutsches Bankinstitut bezogen sind, werden bis zu einem Wert von 400 DM garantiert.
2. Darauf achten, daß Euroschecks nicht vordatiert angenommen werden.
3. Euroschecks nur annehmen, wenn die Scheckkarte mit vorgezeigt wird. Nummer der Scheckkarte auf der Rückseite eintragen.

In allen Großhotels, die mit Kreditkarteninstituten arbeiten und die Annahme deren Karten erlauben, sollten am Hotelempfang die „Cancellation Bulletins" aufliegen, in denen alle Kreditkarten aufgeführt werden, deren Annahme nicht gestattet ist. Diese Listen werden von den Instituten kostenlos zur Verfügung gestellt.

Überzieht ein Gast den von einem Kreditkarteninstitut garantierten Betrag, sollte sofort bei der nächsten zuständigen Ortsfiliale des Kreditinstituts ein „Approval Code" erbeten werden. Dieser „Approval Code" bedeutet eine mehrstellige Zahl, die man auf den Kreditkartenabzug schreibt. Mit diesem Vorgang wird der überzogene Betrag anerkannt.

Wenn allerdings einem Hotelkassierer Kreditkarten vorgelegt werden, deren Namen auf dem „Cancellation Bulletin" stehen, muß er diese Karten nicht nur einbehalten, sondern auch zerschneiden und dem zuständigen Kreditinstitut zusenden. Das Akzept von Karten, deren Daten bereits verfallen sind, kann verweigert werden.

Reiseschecks, die von einem Hotelgast angenommen werden, müssen vor den Augen des Beauftragten unterschrieben und mit der Kontrollunterschrift verglichen werden. Schwierig wird die Situation, wenn vom Beauftragten von einem Nichthotelgast gestohlene Reiseschecks angenommen werden, die bereits eine gefälschte Unterschrift eingetragen haben. Alle Betriebe verbieten die Annahme solcher Schecks, die bereits beschriftet sind. Sollte auch noch der Hotelstempel von den Beauftragten benutzt werden, dann liegt bereits eine betrügerische Absicht vor.

Also: Bei der Annahme von Travellerschecks unbedingt darauf achten, daß die zweite Unterschrift nur in Gegenwart des Kassierers oder der beauftragten Person geleistet wird!

Der tägliche Arbeitsablauf im Großhotel heute

Der Supervisor trägt für den möglichst ohne Zwischenfall verlaufenden Check-in und Check-out der an- und abreisenden Gäste die volle Verantwortung.

Er beginnt seine täglichen Arbeiten mit der Übergabe vom Nachtdienst und verschafft sich über den augenblicklichen Stand und auch vorausschauend hierdurch einen Überblick. Seine Tätigkeit setzt er fort mit der Einweisung der Mitarbeiter/innen, um dem reibungslosen Ablauf der Empfangsarbeit hausinterne Maßstäbe zu verleihen. Der reibungslose Ablauf des Hotelempfangs ist ein wichtiger Bestandteil der Selbstdarstellung des Betriebes. Schleppende Empfangsarbeit trübt die positive Grundstimmung der Gäste ein. Die Sales Manager in Übersee oder in anderen Ländern unseres Kontinents berichten, daß es nicht gerade leicht ist, neue Kunden zu gewinnen oder gar verlorene Kunden wieder zurückzugewinnen.

Die Startposition für einen neuen Arbeitstag wird auf diese Weise täglich bezogen. Der Spätdienst des Tages vorher hat die EDV-Liste der ankommenden Gäste vor der Übergabe sorgfältig überprüft. Die besonderen Wünsche und Bedürfnisse eines angereisten Gastes werden bei der Reservierung erfaßt und in die Hausdamendatei weitergegeben. Zum Beispiel, wenn ein Gast sein Bett an einer anderen Stelle seines Zimmers stehen haben möchte, einen Schreibtisch am Fenster bevorzugt, ein längeres Bett zum Schlafen haben möchte und viele andere Wünsche dieser Art.

Suiten für very important persons (VIPs) wurden geblockt und somit reserviert gehalten. Am frühen Morgen wird die Liste der VIPs vom Betriebssystem selektiert und ausgedruckt. Für das moderne Hotel ist die tägliche VIP-Liste ein unerläßliches Hilfsmittel, mit der sich das Personal auf die Ankunft prominenter Gäste vorbereiten kann. Freiwillige Serviceleistungen des Hotels für VIPs, sogenannte Treatments – der Gast wird zum Zimmer geleitet, Früchtekorb, Champagner, Blumen, Begrüßungskarte des Generaldirektos –, sind in Listen festgehalten und liegen zur Information an der Rezeption. Zimmer von Gästen oder VIPs, die Sonderleistungen erhalten, wie z. B. Blumen, Champagner, Früchteteller, Gebäck usw., werden vor der Ankunft durch die Etagenhausdame oder den Zimmerservice kontrolliert. Diese Überprüfung nennt man in der Fachsprache Special service check-list.

Kein Hotel kann heute mehr von VIPs leben. Eigentlich sollten alle Stammgäste VIP-mäßig behandelt werden. Auch aus diesem Grunde ist eine sorgfältig geführte Guesthistory heutzutage geradezu lebensnotwendig geworden.

Die mit dem Kassenposten beauftragten Empfangsmitarbeiter/innen informieren sich über Gruppen, die das Hotel verlassen. Die Zählung der belegten Vermietungseinheiten (House count) wird zuverlässig über das Betriebssystem überprüft. Die schon sehr früh anreisenden Gäste werden bis zum Einzug in das Zimmer, wenn nötig, vorläufig vertröstet. Gäste, die eine Verlängerung wünschen, erhalten Information, ob dies an diesem Tag möglich ist. Zu Stoßzeiten (Messe, Kongresse usw.) können oft keine Zusagen gegeben werden.

An Tagen mit hoher Kapazitätsausnutzung muß der Supervisor besonders guten Kontakt zur Reservierungsabteilung und zur Hausdame halten. Vorher wird geklärt, welche Zimmer von ankommenden Gästen an diesem Tag benötigt werden. Diese Zimmer werden dann geblockt.

Bei Walk-ins wird kein Zimmer geblockt. Die Vergabe erfolgt, soweit noch Zimmer frei sind. Der Hotelgast bekommt dann das Zimmer zum ausgemachten Preis vermietet. Bei Besatzungsmitgliedern von Fluggesellschaften erfolgt die Vergabe der Zimmer wie bei abgesprochenen Gruppen. Die Zimmer werden vorher geblockt. Über Layover-Guests, das heißt Anmeldungen von Flugpassagieren, deren Flug aus Wettergründen nicht fortgesetzt werden kann und deren Übernachtungs- sowie teilweise auch Verzehrkosten von den Fluggesellschaften übernommen werden. Die jeweiligen

Serviceleistungen sind in Listen erfaßt und liegen an der Rezeption abrufbereit. Sowohl für Besatzungsmitglieder wie auch für Fluggäste (Lay-over) checkt der verantwortliche Mitarbeiter die Zimmer ein und erstellt eine Sammelrechnung.

Bei falschen Eingaben sind Korrekturen jederzeit möglich. Die meisten Betriebssysteme eröffnen bei jedem Check-in mehrere Konten bei jeder Einzelankunft, die dann auf Wunsch des Gastes zusammengefaßt oder aufgeteilt werden können. Der Spätdienst des Abends gibt vorher die Sammelrechnungen (Master accounts) für Gruppen, Besatzungsmitglieder und Fluggäste der Gesellschaften an die Kasse zum Einchecken. Sogenannte Reports – regelmäßige Berichte über Belegung, Umsatz usw. im Augenblick der Abfrage – können jederzeit ausgedruckt werden.

Auch der Spätdienstsupervisor erhält einen geordneten Überblick. Der Tagesdienst fällt die Entscheidung, in welcher Größenordnung die vorhandene Kapazität überbucht wird. Dies kann geradezu in Verkaufsstrategie einmünden. Nachdem die Zimmerkontingente von 10 bis 20 Zimmern auch vom Sales-Office vergeben werden können, muß die Reservierungsabteilung einen engen Arbeitskontakt mit diesem Betriebsbereich pflegen. Die Reservierungsabteilung verfügt über alle Listen und Informationen für alle Statistiken.

Ein reibungslos ablaufender Hotelempfang ist die beste Eigenwerbung eines Hotels, wofür vielfältige Reservierungsmöglichkeiten wie auch eine gepflegte Guesthistory zwingend notwendig sind. Computergestützt ist eine Leistungsoptimierung durch Anbindung weiterer technischer Einrichtungen immer möglich. Module lassen sich aufbauend nach den Ansprüchen des Hauses zusammensetzen. Solche Anlagen lassen sich auch mit einer bereits vorhandenen Fernsprechnebenstelle-Anlage verbinden, wodurch es der Hotelleitung möglich wird, Kosten zu reduzieren ohne jede Einbuße von Dienstleistungen, die dem Gast vertraut sind und die er einfach für die Zeit seines Aufenthalts erwartet. Dienstleistungen können durch Wegfall von sogenannten Routinearbeiten gesteigert werden.

Computergestützte Empfangsarbeit erleichtert die ständige Überprüfung der Verfügbarkeit von Zimmern oder auch von ganzen Zimmerblöcken, die Bestätigung derselben, die Bestätigung von Zimmerreservierungen sowie die Bearbeitung von rückgängig gemachten Buchungen. Irrtümer, wie die Verbuchung ein und desselben Hotelzimmers für zwei verschiedene Gäste zum gleichen Zeitpunkt, gerade diese Fehler passieren häufig während Stoßzeiten, werden von vornherein ausgeschaltet. Somit gestattet die rationelle und schnelle Erledigung der Routinearbeit dem Hotelpersonal am Empfang, sich mehr den interessanten Aufgaben, deren Ergebnis ausschließlich den Gästen wieder zugute kommt, zuzuwenden. Dieses Wecken von vielseitigen Interessen bringt den Mitarbeiter/innen letztlich auch mehr Befriedigung innerhalb ihrer beruflichen Aufgaben. Jeder wird lieber in einem Hotel beschäftigt sein, das ihm größeren Spielraum für reizvolle Aufgaben läßt, als in täglicher Routinearbeit gefangen zu sein und darin zu erstarren.

**Zusammenfassung der computergestützten Empfangsarbeit
vom mittelständischen Betrieb bis zum Großbetrieb**

1. Hotelprogramm, bei dem Reservierungen praktisch unendlich möglich sind
2. Einzelgruppen- und Firmenreservierungen mit Bestätigungsschreiben, auch in jeder gewünschten Fremdsprache, sind möglich
3. Ständige Überwachung der laufenden Anfragen
4. Tagesjournal
5. Berichtswesen zur Zimmer- und Gästeverwaltung
6. Verwaltung bis 100 Zimmerkategorien und deren Anpassung an 7 Sprachen
7. Zimmerstatistik
8. Gästekartei – Guesthistory
9. Reservierungsprotokoll
10. Restantenverbuchung
11. Überwachung der Debitoren
12. Sonderleistung bis annähernd 1000 Leistungsarten
13. Zimmerzustandsverwaltung
14. Telefonabrechnungssystem
15. Listen für Hausdame
16. Textverarbeitung
17. Restaurantsystem mit automatischer Übertragung der Bestellungen an die Produktions- und Ausgabestellen und Verbuchung auf der Gästerechnung
18. Auch Restanten können auf diese Weise gleich auf die Hotelrechnung geschrieben werden
19. EDV-gestützte Warenwirtschaft und Rezeptverwaltung
20. Alle Daten sollten auch vom Anwender selbst, das heißt ohne Mithilfe von EDV-Spezialisten, beliebig geändert werden können

Preisnachlässe

An manchen Tagen ist es für reisegewohnte Hotelgäste möglich, erhebliche Preisnachlässe an der Rezeption zu erzielen. Vor allem dann, wenn sich der Hotelaufenthalt in das Wochenende hinein erstreckt.

Mit Corporate Rates werden solchen Unternehmen Anreize gegeben, die nicht auf ein anspruchvolles Ambiente verzichten wollen. So erhalten oft Firmenreisende z. B. den begehrten VIP-Status, der schon mit dem Quick-Check-in beginnt und über die entsprechenden besseren Zimmerkategorien bis zum Champagner-Welcome-Drink, dem Früchtekorb bis zum Quick-Check-out reicht.

Als Gegenwert für Integrität der Gäste räumen Hotels das Up-Grading ein. Das heißt, ein oft wiederkehrender Gast erhält das bestverfügbare Zimmer einer bestimmten Kategorie ohne jeden Aufpreis. Wer in der Stammgastliste aufgenommen ist, wird bei Reservierungen immer bevorzugt behandelt, und alle seine Vorlieben werden in der

Guesthistory aufgezeichnet und laufend ergänzt. Auch bei einer Mitgliedschaft in Clubs, die zum Hotel gehören, ist Up-Grading eingeschlossen.

Sonderpreise werden auch bei Zugehörigkeit zu bestimmten Verbraucherkreisen, Gesellschaften, Vereinen oder Berufen, sogenannte Corporate Rates, eingeräumt.

Sonderpreise, die nach 22 Uhr gewährt werden, nennt man an der Rezeption Standby-Preise.

Bei allen Zusatzleistungen, wie die Benutzung des Schwimmbades, der Sauna, des Fitneßraumes oder einer Tennisanlage, sollte auf dem Zimmerpreisaushang stets die Formulierung stehen

„Im Zimmerpreis ist die Benutzung von . . . eingeschlossen."

Der Chefportier

Aufbau, Arbeitsabläufe organisieren, Kontrolle der Loge, Einteilung des Dienstes seiner Mitarbeiter, Ausbildungsstandards des Hallenpersonals entwickeln und durchführen, Gästebetreuung.

Die Schlüsselstellung in der Empfangshalle nimmt der Chefportier ein. Der Portier ist normalerweise ein reiner Männerberuf. In den Vereinigten Staaten von Amerika kennen wir jedoch auch Frauen in dieser Berufssparte. Allerdings ist in den USA der klassische Concierge-Dienst, so wie wir ihn in Europa kennen, wenig eingeführt. Zum Beispiel schreibt die Klassifizierung von 5-Sterne-Hotels sowohl in der Schweiz als auch in Frankreich vor, daß die Portierloge 24 Stunden am Tag besetzt sein muß. In der Luxusklasse ist somit der langgediente Chefportier ein absoluter Wertmaßstab an sich. In der First-class-Hotellerie ist es ratsam, die Portierloge in der Hotelhalle so anzulegen, daß von ihr aus die gesamte Halle mühlos überblickt werden kann. Das gleiche trifft auch für die Empfangsloge zu. Denn allen Mitarbeitern/innen auf beiden Posten ist die Aufsicht über die Hotelhalle überlassen. Die Aufgaben des Chefportiers sind vielfältig und dienen hauptsächlich, allen Hotelgästen den Aufenthalt im Hotel so angenehm wie möglich zu gestalten. Mit den eigentlichen Funktionen des Hotels, der Verpflegung der Gäste und der Vermietung von Hotelzimmern, hat der Chefportier wenig zu tun, mit Ausnahme der Schlüsselabgabe und -rücknahme und dem Gepäckservice. Die Aufgaben des Portiers liegen mehr in der möglichen Erfüllung aller Gästewünsche und Dienstleistungen besonderer Art, wie kleine Einkäufe, Botengänge,

Postverteilung sowie Postverwaltung, Hinweise auf besonders zu empfehlende Restaurants, Beschaffung von Theater-, Konzert-, Varieté- oder Revuekarten, Arztempfehlungen, Veranlassung von Ärztebesuchen, Organisation der Weckwünsche, Ticket buchen und eventuell auch komplette Reisen organisieren und buchen.

Wer, außer dem Portier, hat die Zeit und das Talent, sich um die oft komplizierten Sonderwünsche der Gäste zu kümmern? Nur auf diese Weise lassen sich vertrauensvolle Konnexionen zu Gästen aufbauen. Auch deshalb bleiben die exzellenten Portiers oft Jahrzehnte in ein und demselben Hotel. Ein eherner Garant für die Qualität der Gästebetreuung.

Man sieht also, dies ist eine Art von Gastfreundlichkeit, die weit über dem steht, was man gemeinhin mit Gastlichkeit umschreibt. Die Empfangsmitarbeiter/innen am Front-Desk hätten überhaupt nicht die Zeit, sich um all diese möglichen Gästewünsche, und deren gibt es noch viel mehr, zu kümmern. Zumal auch mancher Posten an der Rezeption wegen Kostenüberlastung einfach gestrichen wird. Gästewünsche sollen immer durch relativ schnell eingeleitete Handlungsweisen zügig erfüllt werden. Somit wird auch das entgegengebrachte Vertrauenspotential dem Chefportier gegenüber stabilisiert. Dann kommt der Zeitpunkt, wo der Gast den Portier letztlich besser kennt als den Generaldirektor.

Der Chefportier wächst sehr oft aus der aufsteigenden Rangordnung des Pagen, Schuhputzers oder Hoteldieners, Nachthoteldieners, Wagenmeisters, Hotelboten Kondukteurs, Assistenten des Chefportiers, Nachtportiers über den 2. Portier zum Chefportier, oder er leitete seinen beruflichen Aufstieg als Kellner im Restaurant ein. Durch diese vielen beruflichen Erfahrungen geschult, wird er, da er alle seine Aufgabenbereiche kennt, den ihm unterstellten Mitarbeitern/innen ein Vorbild sein.

Der Portierdienst teilt sich in Tag- und Nachtdienst auf. Im wesentlichen sind die Arbeiten des Nachtportiers die gleichen wie die des Tagesportiers:

Überwachung des Hoteleingangs, Aushändigung der Zimmerschlüssel, wenn dies nicht anders organisiert ist, aufgrund der Zimmerkarten an den Gast, Gepäckbeförderung, Versorgung der Fahrzeuge, Dienstleistungen als Annehmlichkeit für den Gast zu tätigen, Führen einer Weckliste, Erste Hilfe sowie 4 Telefonnummern fest im Kopf zu haben (diese sind die Nummern des Arztes, der diensttuenden Apotheke, des Polizeireviers, der Feuerwehr), tausend mögliche Wünsche eines Gastes erfüllen, Auskunft zu erteilen über Bahn-, Schiff- und Flugverbindungen, Platzreservierungen, Ausflüge, Überwachung des Weckbuches.

Ob der Gast alles für selbstverständlich nimmt? – Ganz sicher sogar! Verzichten will er nicht mehr darauf. – Und darauf kommt es an. Deshalb kommt er auch immer wieder und wird zum Stammgast. Der Portier ist der Diplomat unter den Hotelangestellten, und es darf keine Situation geben, die ihn in Erstaunen versetzen kann. Er muß souverän über allem stehen und mit einer Meisterschaft selbst die kleinsten Handreichungen erledigen. Er muß es sich zur Aufgabe machen, alle Menschen gut kennenzulernen.

Neben der fachlichen Meisterschaft ist aber auch die charakterliche Haltung bestimmend für das Bild des tüchtigen Porties. Es kommt nicht von ungefähr, daß sich aufgeschlossene Gäste immer gerne mit weltgewandten Portiers in großen Häusern über ihre vielschichtigen Erfahrungen unterhalten.

Auch diskrete Serviceleistungen, die man ablehnt oder akzeptiert, sollen nicht unausgesprochen bleiben. Vermittlungstätigkeiten, die in eine bestimmte Richtung zielen, wie Vergabe von Telefonnummern, Adressen oder Empfehlungen von „geneigten" Damen, führen manchesmal bis in die Bereiche von sittenwidrigem Verhalten und dürfen keinesfalls zur ständigen Nebenerwerbsquelle absinken. Auch die Vermittlung einer verdeckten, vornehmen Art des „Anschaffens" kann eine enorme Rufschädigung bzw. Imageverlust eines Hotels nach sich ziehen. Eine verträgliche Abgrenzung zu finden, ist eine psychologische Aufgabe, vor die der Portier manchesmal täglich gestellt wird.

Eine der bekanntesten Erscheinungen unter den bedeutenden Hotelportiers unseres Jahrhunderts war der Chefportier des Londoner Hotel Ritz am Piccadilly, George Criticos. Er kannte fast alle Großen dieser Welt und war eng vertraut mit einer Reihe von Berühmtheiten. Um ihn hat sich schon eine Legende gebildet. Man behauptet, er habe Hunderttausende als Trinkgeld verdient, jedoch drückte er in seinen Memoiren seine Resignation darüber aus, daß Aga Khan und viele andere ihn in ihren Testamenten bedenken wollten und offenbar ihr Versprechen vergessen hatten.

Leider gibt es keine festgeschriebenen und staatlich beglaubigte, geregelte Ausbildungswege für Hotelportiers. Es steht jedem frei, Portier zu werden, wenn er die wichtigsten Grundvoraussetzungen vorweisen kann, nämlich sehr gute Sprachkenntnisse, Menschenfreundlichkeit und gemeinschaftsfähiges Verhalten im Umgang mit Gästen, auch wenn diese besonders schwierig sind.

In Paris ist das „International Concierge Institut" – ICI – eine Art Schule für internationale Chefportiers – etabliert. Sucht der Chefportier-Nachwuchs eine Anstellung in einer Pariser Nobelherberge, ist ihm zu empfehlen, dieses Institut zu besuchen. Es ist mehr als nur Basiswissen über die Hotellerie im allgemeinen gefragt. Auch in Deutschland finden von Fall zu Fall Seminare des ICI unter der Schirmherrschaft von „Die Goldene Schlüssel e. V.", Hochstraße 21, 81669 München, statt.

Der Portier

Vertreter des Chefportiers, Überwachung des Dienstablaufes, Aufsicht über Hallenpersonal, Führen der Anwesenheitsliste, Gästebedienung.
Sein Arbeitsbereich ist die Zusammenfassung der nachfolgenden Berufe.

Der Portier ist der Vertreter des Chefportiers und arbeitet in gleicher Weise wie der Chefportier. Auch er muß Flugpläne und Kursbücher lesen und Plätze für die nächste Maschine in alle Weltstädte rund um den Erdball reservieren können, das Theaterprogramm im Kopf haben und wissen, wann die Sightseeing-Omnibusse abfahren. Auch die Nachfrage nach einem 3- oder 4-Sterne-Restaurant darf ihn keineswegs in Verlegenheit bringen. Kontakte zu Konzert-, Theater- oder Kinokassen sind selbstverständlich wie auch zu Ärzten, Krankenhäusern und ambulanten Pflegediensten. Er muß in gleicher Weise Kontakte zu den Kollegen der internationalen Häuser oder Grandhotels der Stadt, in der er arbeitet, pflegen wie sein Chef.

Die Ausfertigung von Dienstplänen für das dem Chefportier unterstellte Hauspersonal darf ihm keine Schwierigkeiten bereiten, wie auch das Ausfüllen von Zollerklärungen oder gar das Frankieren und Versenden von Gästepost. Auch er muß die Fäden alle in der Hand haben und seine Höflichkeit und Hilfsbereitschaft nach innen wie auch nach außen, Gästen oder Kollegen, zuteil werden lassen. Bei all diesem Wissen für und über den Gast bleibt die interne Information über den Aufenthalt der Gäste eine reine Verschlußsache. Diskretion ist auch für ihn oberstes Gebot.

Der Nachtportier

Verantwortlich für reibungslosen Ablauf der Nachtschicht, Hoteldiener- und Pagenkontrolle, Schlüsselkontrolle, Gästebedienung.
Der Nachtportier heißt heute in der Regel **Night Auditor**. Auch die Bezeichnung **Empfangsherr/ -dame im Nachtdienst** findet in der Hotelpraxis von Fall zu Fall Verwendung.

Für die Bezeichnung Nachtportier steht in modern organisierten Häusern auch der Terminus „Night Auditor". Die Bezeichnung „Empfangsdame oder Empfangsherr im Nachtdienst" kommt in der Rangordnung des Hotelempfangs anstelle von „Night Auditor" auch oft vor. Allgemein kann man sagen, daß die Benennung der einzelnen Posten von Haus zu Haus unterschiedlich sind.

Der Nachtportier ist verantwortlich für den reibungslosen Ablauf der Nachtschicht. Seine Aufgaben lassen sich in etwas reduzierter Form ähnlich dem Portier beschreiben.

Der Assistent des Chefportiers

Überprüfung und Ergänzung des gesamten Arbeitsmaterials, Hoteldiener- und Pagenkontrolle, Gästebedienung.

Die Hauptaufgabe des Assistenten konzentriert sich im wesentlichen auf die Überprüfung des gesamten Arbeitsmaterials, der ständigen Kontrolle der Hoteldiener und Pagen sowie einer gepflegten Gästebedienung. Sowohl der Chefportier wie auch der nachgestellte Portier übertragen ihm Arbeiten, die er bereits fehlerlos abwickeln kann.

Der Postverteiler

Ankommende und abgehende Gästepost, Pakete usw. bearbeiten, Messages-Verteilung, Nachsendung von Fundsachen, Portokasse verwalten, Briefmarkenverkauf, Führung der Postbücher, Gästebedienung.

Der Postverteiler sortiert unverzüglich die eingehende Post und verteilt sie auf die entsprechenden Postfächer der Gäste und die hausinterne Post an die Generaldirektion oder an die entsprechenden Abteilungen, wenn diese aus der Anschrift herauszulesen sind. Diese Verteilungsaufgabe hört sich sehr einfach an, setzt aber sehr große Gewissenhaftigkeit voraus.

Bei Namensgleichheit oder -ähnlichkeit beispielsweise könnten einem weniger zuverlässigen Postverteiler durch Verwechslung sehr leicht Fehler unterlaufen. Es ist möglich, daß dem betroffenen Gast dadurch große Nachteile erwachsen. Liegt ein Verschulden des Postverteilers vor, so hat die Hotelleitung die Verantwortung für den möglichen Schaden des Gastes zu tragen und ist unter Umständen zur Ersatzleistung verpflichtet. Der Posten des Assistenten des Chefportiers und des Postverteilers wird sehr oft in Personalunion ausgeübt.

Gleichzeitig übernimmt der Postverteiler auch die Verteilung von ankommenden Messages, Nachsendung von Fundsachen, Führung der Postbücher und der Postkasse, den Briefmarkenverkauf und übernimmt zeitweilig, wenn dies die Diensteinteilung erlaubt, auch die Bedienung von Gästen.

Der Kondukteur

 Abholen der Gäste von Bahnhof, Flugplatz etc. , Erledigung von Zollformalitäten, Besorgen von Flugscheinen, Schiffspassagen, sonstige Fahrkarten, Betreuung des hoteleigenen Wagenparks, Führen eines Fahrtenkontrollbuches, Besorgungen für Gäste und Hotelleitung.

Es ist vorwiegend seine Aufgabe, Hotelgäste, die sich für einen bestimmten Tag angemeldet haben und darum baten, vom Bahnhof, Flughafen oder Kai abgeholt zu werden, mit dem hoteleigenen Fahrzeug zum Hotel zu bringen. Heute bezeichnet man diese Dienstleistung als hoteleigener Shuttle, wenn er periodisch, mit geringem Zeitabstand – alle 20 oder 30 Minuten – zum Beispiel Zubringerdienste von einem Flughafen zum Hotel durchführt.

Die gleiche Arbeit wie bei der Ankunft führt der Kondukteur auch bei der Abreise der Gäste durch. Der Kondukteur sollte deshalb nicht nur ein streckenkundiger, zuverlässiger Kraftfahrer und womöglich ein ebenso guter Wagenpfleger sein, sondern er muß sich auch in allen Fahr-, Flug- und Schiffahrtsplänen des jeweiligen Ortes und darüber hinaus sehr gut auskennen. Die wichtigsten Ankunfts- und Abfahrtszeiten müssen ihm jederzeit geläufig sein.

Weiterhin muß er auf Wunsch Fahrkarten, Flugscheine und Schiffspassagen buchen oder auch umbuchen lassen können. Endlich muß er auch mit den Formalitäten der Zollabfertigung vertraut sein, da er sich bei Ankunft und Abfahrt der Gäste um deren Gepäck zu kümmern und es möglichst rasch zu verladen hat. Für einen zuverlässigen und geschickten Hotelmitarbeiter ist der Posten des Kondukteurs ein äußerst interessantes Aufgabengebiet.

Der Hotelbote

Alle Botengänge für Gast und Hotel.

Der Hotelbote ist ein gewiefter, flinker Hotelmitarbeiter, der vordringlich Gästekommissionen schnell und reibungslos zu erledigen hat. Den Ort oder die Stadt sollte er wie seine Westentasche kennen. In der Zeit, in der keine Botengänge zu erledigen sind, untersteht der Hotelbote dem Chefportier oder dem Portier direkt, der ihn im Hallendienst für alle notwendigen Arbeiten einsetzen kann. Der Hotelbote ist ein unentbehrlicher Helfer im Empfangsdienst.

Der Hoteldiener

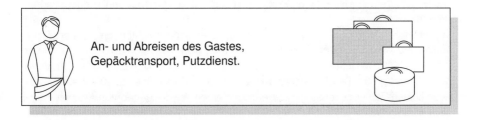

An- und Abreisen des Gastes, Gepäcktransport, Putzdienst.

Im Betriebsablauf eines Hotels hat auch der Hoteldiener sehr wichtige Funktionen, angefangen beim Schuhputzen über den Transport von Gepäck zum Zimmer und vom Zimmer zum Wagen, zur Bahn oder zum Flughafen bis zur Einweisung des Gastes in sämtliche technische Details eines Hotelzimmers.
Für das Gesamtbild ist es sehr wichtig, daß die Portiers und Hoteldiener ein gutes kollegiales Verhältnis haben, denn jede Trübung wird der Gast spüren. Wie wenig wissen oft die Gäste, daß sie die gute Fürsorge in einem Hotel in erster Linie außer dem Portier auch dem Hoteldiener, der treuen Seele des Hauses, zu verdanken haben, der doch aufgrund der Anweisungen der Portiers die ausübende oder die handelnde Kraft ist.

Frühmorgens bei den Abreisen heißt es auf der Hut sein. Die Gäste wollen schnell ihr Gepäck zu ihren Autos gebracht bekommen, des weiteren wollen andere schleunigst zum Bahnhof oder zum Flughafen gebracht werden. Es ist hier eine Frage der Betriebsorganisation, wie die Hausdiener eingeteilt werden, um die Gäste mit eigenen Fahrzeugen, mit oder ohne Kondukteur, an die Bahn oder zum Flughafen zu bringen. Der Portier wird diese Einteilung übernehmen und genau darauf achten, daß das weggeschickte Personal wieder schnellstens zurückkommt, um andere Aufgaben erfüllen zu können.

Neben einer guten Menschenkenntnis verfügt der langjährig tätige Hoteldiener meist über einen gesunden Humor, mit der er über manche schwierige Situation hinwegkommt. Der Gast fühlt sich wohler in Begleitung eines aufmerksamen Mannes, der sich zu unterhalten und dem Gast noch den letzten Eindruck des Hauses, welches er gerade verlassen hat, zu vermitteln versteht. Neben diesen Eigenschaften liegt es nahe, daß der Hausdiener eine gute Kameradschaft mit seinen Kollegen pflegt, weil doch der eine auf den anderen manchmal angewiesen ist.

In unseren Häusern besteht, im Gegensatz zu amerikanischen Verhältnissen, keine Verpflichtung, den Hoteldiener zu honorieren. Aber welcher Gast wird seinen treuen Helfer ohne ein gutgemeintes Trinkgeld aus seinen Diensten entlassen, es sei denn, er mietet sich einen „Bellboy", der ihm sein Gepäck auf sein Zimmer bringt. Für jedes Gepäckstück muß der Gast beim Portier einen bestimmten Betrag bezahlen. Der „Bellboy" untersteht dem Portier direkt und kann nur über diesen angefordert werden. Abschließend muß ausdrücklich darauf hingewiesen werden, daß dieser Abschnitt lediglich einen Abriß über die Funktionen des Empfangsdienstes skizziert, aber nicht einen unabänderlichen Maßstab für Personalbedarf und Stellenbesetzung festlegt. Diese richten sich vielmehr ausschließlich nach den vorhandenen Betriebsverhältnissen.

Je kleiner der Betrieb und je geringer die Repräsentationspflichten, um so mehr Funktionen und Arbeitsvorgänge werden einem Mitarbeiter zugleich übertragen und von ihm ausgeführt. In Betrieben geringeren Umfangs, die über kein Empfangsbüro verfügen, fällt der größte Teil der beschriebenen Arbeiten dem Portier zu. Kleinbetriebe, die auch keinen Portier beschäftigen, übertragen einen Teil der genannten Arbeiten sogar dem Oberkellner.

Das Grandhotel hat bei der Auswahl seines Personals erheblich größere Schwierigkeiten als jeder andere Hoteltyp. Eines der wichtigsten Kriterien ist Gastfreundschaft (Hospitalité). Sie ist die ideale Grundlage für die Arbeit an diesem Platz, wird jedoch nur selten den Gästen vermittelt.

Der Nachthoteldiener

 Gäste auf das Zimmer bringen und abholen, Gepäcktransport, Beschriftung der Hinweistafeln in der Halle, Putzarbeiten.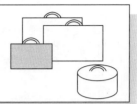

Wie Hoteldiener.

Der Wagenmeister

 Sorgt für einen reibungslosen Verkehrsablauf vor der Anfahrt, Auskünfte, Empfang der Gäste, Hilfe bei Gepäcktransport, Hissen der Fahnen, Taxiruf.

Der Wagenmeister ist für den reibungslosen Verkehrsablauf vor der Hotelanfahrt verantwortlich. Er ist die erste Kontaktperson zum ankommenden Hotelgast, und deshalb muß er verstärkt seine Persönlichkeit, Höflichkeit und Freundlichkeit mit allen Registern ins Spiel setzen, weil der erste Eindruck sich sehr nachhaltig im Bewußtsein des ankommenden Gastes festsetzt. Der Wagenmeister gibt den ersten Anstoß für den nun sich organisiert fortentwickelnden Hotelempfang. Er kümmert sich um das Gepäck sowohl bei der Ankunft wie auch bei der Abreise, kümmert sich um den Taxiruf und erteilt Auskünfte jeder Art. Vor der Ankunft politischer VIP-Gäste setzt er die Flagge des betreffenden Landes.

Der Schuhputzer

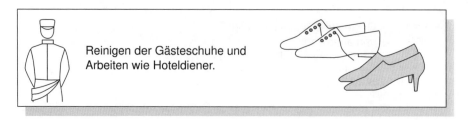

Reinigen der Gästeschuhe und Arbeiten wie Hoteldiener.

Außer der Reinigung der Gästeschuhe wird der Schuhputzer auch für Arbeiten herangezogen, die sonst die Hoteldiener erledigen.

Die Arbeit des Schuhputzers beginnt schon am frühen Morgen mit dem Schuhputzen. Klein- und Mittelbetriebe verzichten sehr oft auf diesen Service und stellen zur kostenlosen Benutzung Schuhputzautomaten zur Verfügung.

In vielen Jahren seiner Tätigkeit hat sich der Schuhputzer für diese Arbeit eine Fertigkeit angeeignet, die oft nicht zu übertreffen ist. Seine Arbeiten absolviert der Schuhputzer in einem Nebenraum des Etagenoffices. Eine Schuhpoliermaschine hilft ihm, diese Arbeit rationell zu erledigen, zumal am frühen Morgen jede verfügbare freie Hand gebraucht wird.

Der Page

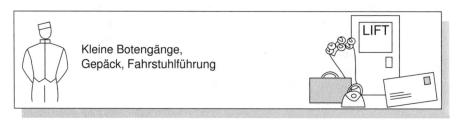

Kleine Botengänge, Gepäck, Fahrstuhlführung

Es gibt den Pagen nicht mehr so häufig, wie dies in früheren Jahren üblich war. Die Hauptaufgaben des Pagen sind: Botengänge, laufende Reinigung der Aschenbecher in der Hotelhalle, Türdienst, Ausrufen der Gäste und kleine Serviceleistungen in der Hotelhalle. Pagen sind für die Bequemlichkeit der Gäste und für kleine Handreichungen da. Es ist aber auch wichtig, daß diese oft sehr cleveren kleinen Helfer über die betrieblichen und örtlichen Verhältnisse genau Bescheid wissen. Hotelboten und

Pagen sind grundsätzlich als Nachwuchskräfte zu betrachten. Ihrer Auswahl ist besondere Sorgfalt zu widmen. Bei der Feststellung der Tauglichkeit der Bewerber sind besonders in Betracht zu ziehen: Regsamkeit, Intelligenz, Charakter und Erziehung.

Allgemeines zum Personal im Empfangsdienst

In der gehobenen Klasse der Fünfsternehotels ist der Personalaufbau in der Hotelhalle und den Etagen in der gleichen Weise gültig wie vorausgegangen beschrieben und wird sich auch in der nächsten Zeit kaum ändern. Dagegen machen sich in der Klasse der Vier- und Dreisternehotels starke Bemühungen um Änderungen bemerkbar, die bis zur Beeinträchtigung der bisher herkömmlichen Personalstruktur führen. Zum Beispiel die bereits an anderer Stelle erwähnte Ablösung des Chefportiers durch sogenannte Infohostessen, die den Auskunftsbereich der Portierloge übernehmen, oder die Zusammenfassung der Posten des Hotelboten und Pagen in Hoteldiener sowie das Umdelegieren der Postverteilung vom Postverteiler auf andere Empfangsangestellte. Die seitherige Differenzierung dieser Posten wird besonders auch im Hinblick auf einen strafferen Personaleinsatz und -führung aufgegeben.

Als noch wenig bekannte Berufsbezeichnung gilt der Shiftleader im Empfangsdienst. Shiftleader läßt sich mit Schichtführer/in übersetzen und ist nach dem stellvertretenden Empfangschef den Angestellten am Empfang übergeordnet. Er ist maßgebend für einen störungsfreien und folgenlosen Ablauf der Empfangsarbeit hinter dem Tresen und eine übersichtliche, ordnungsgemäße Kassenabrechnung sowie -übergabe verantwortlich

In der gehobenen Mittelklasse von Hotels und darunter werden im personellen Bereich im Empfangsdienst die Formalisierung und Schematisierung in nächster Zeit noch zunehmen. Dies ist die Folge eines langsamen, aber ständigen Drangs zur Kostensenkung. Wo der Schlußpunkt gesetzt werden muß, wird sich in Zukunft zeigen.

Die Etage

An die verantwortungsvolle Tätigkeit einer 1. Hausdame werden sehr hohe Anforderungen gestellt. Neben einer ausgezeichneten hauswirtschaftlichen Ausbildung und einer guten Allgemeinbildung wird vor allem die Fähigkeit erwartet, eine Vielzahl von sehr unterschiedlich qualifizierten Mitarbeitern so anzuleiten, daß der Betriebsablauf gut in Takt bleibt und die Abgrenzung von Zuständigkeiten deutlich geklärt ist. Das ihr unterstehende Hauspersonal sollte gerecht eingeteilt werden, ihr persönlicher Führungsstil sollte untadelig sein, und ihr vorbildliches Auftreten gegenüber den Gästen muß auf die Mitarbeiter zurückstrahlen und für diese nachahmenswert sein. Besonders in Großhotels wird eine Hausdame ohne fundierte Sprachkenntnisse nicht auskommen.

Die Hausdame

Die Hauptaufgabe einer Hausdame besteht vorrangig darin, durch das Zusammenstellen der täglichen, wöchentlichen und monatlichen Arbeitspläne nach bestimmten hauseigenen Gesichtspunkten den Mechanismus des Betriebsablaufes gut in Gang zu halten. Sie sollte sich nicht scheuen, in entstandene Ablauflücken selbst einzuspringen. Die Einteilung von Sonderarbeiten, wie Grundreinigung oder auch Großputz einiger Zimmer, der abwechselnd immer ansteht, muß reibungslos in vorhandene Diensteinteilungspläne eingebaut werden.
Die Funktion der Oberaufsicht des Etagenpersonals ist nur ein kleiner Teil der Aufgaben der Hausdame. Ebenso wichtig ist die überlegte und durchdachte Durchsetzung von Fürsorge, Betreuung, Sauberkeit und Gepflegtheit unter den Zimmermädchen sowie Putzkräften hinsichtlich der Hotelzimmerpflege. Die Angeleiteten sollen im Sinne der Hotelleitung die angeordneten Verrichtungen insbesondere auch mit Rücksicht auf den Erhalt der Betriebsanlage erledigen. Um diese weitgespannte, auch erzieherische Aufgabe positiv zu bewerkstelligen, benötigt die Housekeeping-Abteilung die volle Unterstützung der Hotelleitung. Auch den Gästen gegenüber sollen Freundlichkeit, Aufmerksamkeit, Entgegenkommen und Herzenswärme bestimmend sein. Die Höflichkeit gegenüber den Gästen ist der Prüfstein für alle Führungskräfte in der Etage. Die wichtigsten weiteren Aufgaben der 1. Hausdame kann man wie folgt zusammenfassen: Überprüfung der VIP-Extras, Gästezimmerartikel, Dekoration und Schmuck, Entwickeln eines Renovierungsplans, Vorausplanung von Ersatzbeschaffung, Verwaltungskontrolle und Rechnungskontrolle der Putzmittel, Lageranforderungen festlegen, Aufträge an Fremdfirmen vergeben, Inventur überwachen, laufende Überprüfung von Brandschutzvorkehrungen und Überwachung der gesetzlichen und hausinternen Richtlinien für Unfälle.

Die Zimmerkontrolle in großen Häusern kann von der Hausdame nur stichproben-
weise durchgeführt und muß weitestgehend an die Etagenhausdame delegiert werden. Die wichtigsten Punkte für die Überprüfung der Hotelzimmer sind:

Überprüfung auf Sauberkeit (Überwachung oder Kontrolle)
des Sanitärteils eines Zimmers,
des Bades, der Toilette und des Waschbeckens,
Überprüfung der Handtücher nach ihrer Stückzahl,
Überprüfung der Auslegetücher im Bad,
der Trink- bzw. Zahnputzgläser,
des Lippenstift- bzw. Rasierpapiers,
der Hygienebeutel,
des Toilettenpapiers,
der Fenster und Fensterbänke,
der allgemeinen Staubentfernung,
der Fußboden- und Teppichpflege,
der Kleiderbügel und Ascher, des Papierkorbs
und allem anderen losen Zimmerzubehör,
der Schreibmappe,
der Werbung und Ankündigung des Hauses bzw.
des Vorhandenseins der Frühstücks- bzw. sonstiger Karten,
des obligatorischen Nähzeugs,
der Schließfähigkeit der Fenster,
der Zugvorrichtung der Gardinen,
der Lichtanlage und Bettlampe, des Radios und Fernsehapparats
und sonstiger elektrischer Anlagen,
der Schränke und aller im Raum vorhandenen
Borde oder kleinen Schränkchen sowie
der richtigen Einstellung der Raumheizung bzw.
der Ent- und Belüftung, wenn vorhanden.

Die Hausdame verwaltet die Wäsche, kontrolliert die Wäscherei und kümmert sich
auch im weiteren Sinne um kostensparenden Personaleinsatz, veritable Kontrollver-
fahren, um haushälterische Arbeitstechniken, Mitarbeiterschulung und hausspezifi-
sche Motivation der Untergebenen. Die Hausdame ist eine Allroundfachkraft, ausgestattet mit einem geschulten Blick für jedes Detail.
Gerade die Überwachung auch der vielen kleinen Arbeiten erfordert immer wieder die
volle Aufmerksamkeit der verantwortlichen Hausdame, und nur wenn man viel Liebe
für den Beruf als auch großes Verantwortungsbewußtsein in seine Stellung einbringt,
stellt sich der Erfolg ein.

Die Zimmermädchen

Die Hausdame leitet die Zimmermädchen an, die von Hausmädchen für grobe Etagenarbeiten unterstützt werden. Wenn die Räume wieder bezugsfertig sind, meldet dies das zuständige Zimmermädchen an die Hausdame. Diese wiederum gibt eine Gesamtmeldung an den Empfang weiter. Arbeitet das Hotel mit einem EDV-Betriebssystem, kann der eintreffende Gast in jedem Zimmer anhand einer sogenannten Codeliste über das Zimmertelefon, z. B. durch Wählen bestimmter Zahlenfolgen, sein Zimmerfrühstück zu einem bestimmten Zeitpunkt bestellen und darüber hinaus jede gewünschte Art von Morgenzeitungen abrufen. Diese Informationen werden mit den damit verbundenen Kosten für die Bestellung von einem Blattschreiber ausgedruckt, und diese Kosten laufen automatisch auf das Konto des Gastes. Mit der Codeliste kann der Gast aber auch alle anderen angebotenen Dienstleistungen des Hauses abrufen. Durch diesen Service entfällt ein ständiges Inanspruchnehmen des Etagen- bzw. Empfangspersonals. Diese Mitarbeiter können sich dann mehr ihren eigentlichen Aufgaben zuwenden.

In der Regel wird einem Zimmermädchen ein Reinigungspensum von 15 Gästezimmern pro Tag zugeteilt. Für Grobarbeiten, Reinigung der Flure und Wäschebestückung des Zwischenlagers in den Etagen kommen auf 10 Zimmermädchen etwa 3 weitere Hausmädchen. Für etwa 70 Gästezimmer teilt man 1 Abendzimmermädchen zum Abdecken der Betten, Aufräumen der Zimmer und zur Erledigung weiterer Gästewünsche ein.

Ein Haus mit 210 Gästezimmern beschäftigt demnach folgende Anzahl von Zimmermädchen und Hilfspersonal:

14 Zimmermädchen am Tag
 5 Hausmädchen für grobe und sonstige allgemeine Arbeiten
 3 Zimmermädchen am Abend
_____
22 Zimmermädchen

Der Empfangsangestellte und seine Bewerbung in Fachblättern

In kurzen, prägnanten Worten das Wichtigste zu diesem Thema:

1. Der in der Zeitung aufgegebene Text soll den Interessenten ganz informieren.
   a) Welche Erwartungen werden gestellt?
   b) Welche Vorkenntnisse sind vorhanden?
   c) Welche Arbeitsbedingungen erwartet man?
   d) Der Typ des Hauses, in welchem man gerne arbeiten möchte, muß deutlich aus den Worten erkennbar sein.

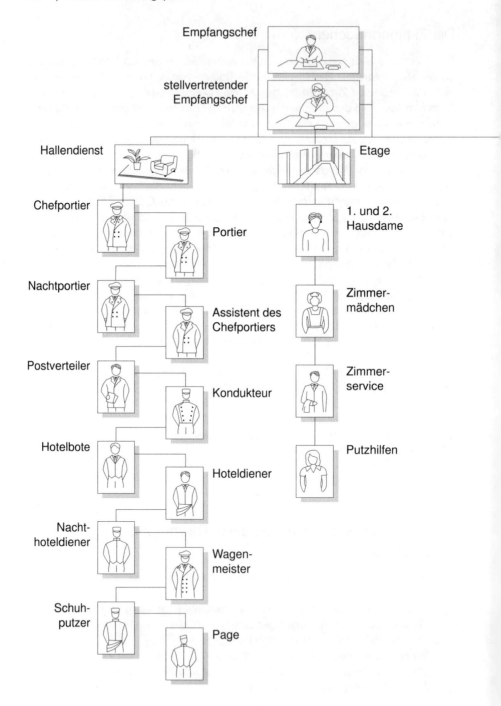

Empfangschef

stellvertretender Empfangschef

Hallendienst

Etage

Chefportier

Portier

1. und 2. Hausdame

Nachtportier

Assistent des Chefportiers

Zimmermädchen

Postverteiler

Kondukteur

Zimmerservice

Hotelbote

Hoteldiener

Putzhilfen

Nachthoteldiener

Wagenmeister

Schuhputzer

Page

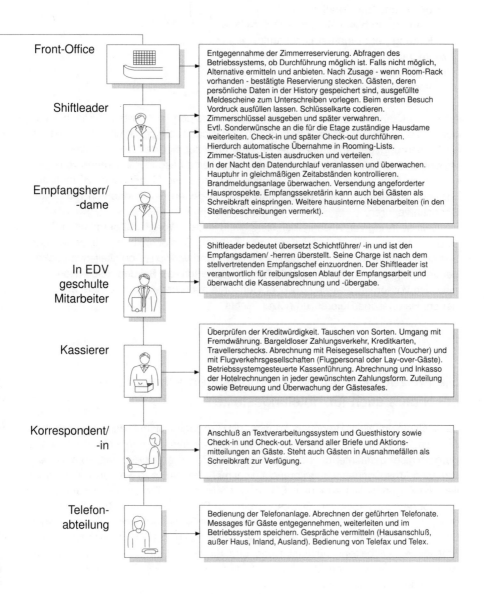

Front-Office

Entgegennahme der Zimmerreservierung. Abfragen des Betriebssystems, ob Durchführung möglich ist. Falls nicht möglich, Alternative ermitteln und anbieten. Nach Zusage - wenn Room-Rack vorhanden - bestätigte Reservierung stecken. Gästen, deren persönliche Daten in der History gespeichert sind, ausgefüllte Meldescheine zum Unterschreiben vorlegen. Beim ersten Besuch Vordruck ausfüllen lassen. Schlüsselkarte codieren.

Shiftleader

Zimmerschlüssel ausgeben und später verwahren. Evtl. Sonderwünsche an die für die Etage zuständige Hausdame weiterleiten. Check-in und später Check-out durchführen. Hierdurch automatische Übernahme in Rooming-Lists. Zimmer-Status-Listen ausdrucken und verteilen. In der Nacht den Datendurchlauf veranlassen und überwachen. Hauptuhr in gleichmäßigen Zeitabständen kontrollieren. Brandmeldungsanlage überwachen. Versendung angeforderter Hausprospekte. Empfangssekretärin kann auch bei Gästen als Schreibkraft einspringen. Weitere hausinterne Nebenarbeiten (in den Stellenbeschreibungen vermerkt).

Empfangsherr/
-dame

Shiftleader bedeutet übersetzt Schichtführer/ -in und ist den Empfangsdamen/ -herren überstellt. Seine Charge ist nach dem stellvertretenden Empfangschef einzuordnen. Der Shiftleader ist verantwortlich für reibungslosen Ablauf der Empfangsarbeit und überwacht die Kassenabrechnung und -übergabe.

In EDV
geschulte
Mitarbeiter

Kassierer

Überprüfen der Kreditwürdigkeit. Tauschen von Sorten. Umgang mit Fremdwährung. Bargeldloser Zahlungsverkehr, Kreditkarten, Travellerschecks. Abrechnung mit Reisegesellschaften (Voucher) und mit Flugverkehrsgesellschaften (Flugpersonal oder Lay-over-Gäste). Betriebssystemgesteuerte Kassenführung. Abrechnung und Inkasso der Hotelrechnungen in jeder gewünschten Zahlungsform. Zuteilung sowie Betreuung und Überwachung der Gästesafes.

Korrespondent/
-in

Anschluß an Textverarbeitungssystem und Guesthistory sowie Check-in und Check-out. Versand aller Briefe und Aktions- mitteilungen an Gäste. Steht auch Gästen in Ausnahmefällen als Schreibkraft zur Verfügung.

Telefon-
abteilung

Bedienung der Telefonanlage. Abrechnen der geführten Telefonate. Messages für Gäste entgegennehmen, weiterleiten und im Betriebssystem speichern. Gespräche vermitteln (Hausanschluß, außer Haus, Inland, Ausland). Bedienung von Telefax und Telex.

2. Die Anzeige muß zweckmäßigerweise folgende Angaben enthalten:
   a) Gewünschter Betrieb, Typ des Hotels
   b) Bevorzugter Platz
   c) Genau umrissene Art der Tätigkeit
   d) Gewünschtes Monatsgehalt
   e) Bezahlung der Reisekosten
      Klärung, ob gültig für Hin- und Rückreise
   f) Klärung der Frage der Unterkunft
   g) Vertragsdauer
   h) Kündigungsschutz
   i) Versorgung bei Krankheit oder Unfall

Allgemein kann man sagen, daß der Text für Anzeigen (am besten in Fachblättern) durch geschickte Anordnung übersichtlich und leicht lesbar sein muß. Zuviel Text verwirrt. Erfahrungsgemäß bringen die Anzeigen mit der eigenen Anschrift mehr Erfolg als eine chiffrierte Annonce. Es ist ratsam, wenn keine besonderen Gründe vorliegen, den vollen Namen mit Anschrift zu nennen. Für manche Firmen ist es zu mühsam, chiffrierte Anzeigen zu bearbeiten, und sehr oft gehen einem dadurch die besten Chancen verloren.

Bei Beantwortung von Anschreiben steht ein in kurzen Worten mit prägnanten Daten aufgesetzter Lebenslauf als Anlage im Vordergrund. Das Schreiben sollte ohne Übertreibungen Allgemeinbildung, Fachkenntnisse, handwerkliche Fertigkeiten, zurückliegende Erfolge und abschließend die Referenzen enthalten. Bei den Referenzen sollte man sich vorher vergewissern, ob der Genannte auch bereit ist, eine Referenz abzugeben. Halbherzige Referenzen nützen nichts.

Die Freizügigkeit auf dem europäischen Arbeitsmarkt, besonders auch für Hotelangestellte

Beschäftigte in allen Branchen können die Freizügigkeit auf dem europäischen Arbeitsmarkt für sich in Anspruch nehmen. Sie werden gegenüber eingesessenen Bürgern nicht benachteiligt und können zu jeder Zeit ihre Familien nachkommen lassen. Eine Arbeitsgenehmigung braucht nicht mehr beantragt zu werden, dafür garantiert die Zugehörigkeit zu einem EG-Land. Lediglich die Einstellungserklärung des Arbeitgebers muß vorliegen. Dieses Vorrecht für Staatsbürger eines EG-Mitgliedslandes schließt auch das Recht auf freie Ausübung der Gewerkschaftstätigkeit und Wählbarkeit in den Betriebsrat genauso wie die Familienunterstützung, Mutterschaftsgeld, Krankengeld, Arbeitslosenunterstützung und Sterbegeld ein. Die Angleichung der Ausbildungsstufen in den EG-Mitgliedsstaaten übernahm das Europäische Zentrum für die Förderung der beruflichen Bildung in Berlin.

Die Zuständigkeit innerhalb der Betriebsabteilungen eines Großstadthotels besonders im Hinblick auf den Hotelempfang

Eigentümer oder dessen Vertreter

Generaldirektor

Stellvertreter des Generaldirektors (oft auch Abteilungsleiter)

Assistent des Generaldirektors

Chefsekretärin

Schreib- und Hilfskräfte in der Hauptverwaltung

I. Verwaltung

1. Buchhaltung
   Lohnbuchhaltung
2. Generaleinkauf-Leiter
   Einkaufsbüro
3. Personalchef
   Personalbüro
4. Food-and-Beverage-Leiter
   Food-and-Beverage-Büro
5. Bankettchef (meist auch Stellvertreter des Generaldirektors)
6. Veranstaltungsbüro
   Sales-Abteilung,
   Werbung, PR
7. Generalablage
   Hilfskräfte

II. Empfangsabteilung

1. Empfangschef/in
   Stellvertr. Empfangschef/in
2. Front-Office
   Shiftleader
   EDV-geschulte
   Empfangsherr/-dame
   Mitarbeiter/innen
   Kassierer/in
   Telefonabteilung
   Korrespondent/in
3. Hallendienst
   Chefportier*
   Info-Hosteß*
   Portier
   Nachtportier
   Assist. d. Chefportiers*
   Postverteiler*
   Kondukteur*
   Hotelbote*
   Hoteldiener
   Nachthoteldiener
   Wagenmeister
   Schuhputzer*
   Page*
4. Etage
   1. Hausdame
   2. Hausdame, auch Etagenhausdame
   Zimmermädchen
   Zimmerservice
   Hausmädchen für grobe Etagenarbeiten

* vorwiegend in der Fünf-Sterne-Hotelklasse

I. Restaurant

Restaurantgeschäftsführer
1. Oberkellner
2. Oberkellner
Weinkellner
Chef de rang
Demichef de rang
Commis de rang
Abräumer oder Abräumerinnen

II. Bankettservice

III. Bar

Keeper
Barcommis

IV. Etagenservice

Etagenchef
Zimmerkellner
Etagencommis

V. Office

Silberputzer
Gläserspüler
Hilfspersonal

VI. Keller

Kellermeister
Hilfspersonal

I. Küche

Küchendirektor
Stellvertreter des Küchendirektors
Leiter der Brigade
Annonce
Brigade
Chef de partie
Saucier
Rotisseur
Entremetier
Potager
Poissonnier
Grillardin
Tournant
Pâtissier
Communard
Commis de cuisine

II. Kaffeeküche

Kaffeeköchin
Hilfskräfte

III. Lager

Lagerverwalter
Hilfskräfte

Werkstätten (Die Werkstätten unterstehen dem stellvertretenden Direktor, der auch meist Bankettchef ist. Die Werkstätten werden meist für Veranstaltungen herangezogen, deshalb ist diese Zuordnung zu empfehlen.)

Blumenbinderin
Schreiner (Bauschreiner)
Elektriker
Techniker für Lautsprecheranlagen,
Simultananlagen usw.
Möbelschreiner
Maler
Heizungstechniker

Der Gast bestellt

Um es vorwegzunehmen: Hotelgäste von heute stellen an die moderne Hotelkultur sehr hohe Ansprüche. Sie wollen nicht nur gut untergebracht sein, sondern auch den Eindruck gewinnen, daß man sich um sie bemüht, daß man sie verwöhnt. Die moderne Hotellerie knüpft an alte Regeln an und entspricht dieser Forderung in vollem Umfang. Das gehört zu ihren festen Punkten im Programm der Gästebetreuung.

Die verschiedenen Arten der Zimmerbestellung

Im Front-Office nahm man früher bei Anfragen nach Hotelzimmern das Ankunftshilfsbuch zur Hand und informierte sich nach dem momentanen Stand der freien Zimmer. Dieses Ankunftshilfsbuch war eine Kladde, die mit Bleistift geführt wurde, sie diente vordringlich zur Vormerkung der täglich eingehenden

a) Anmeldungen durch Telefax, die heute häufigste Form für Anfragen oder direkte Bestellungen
b) telefonische Anmeldungen bzw. Anfragen
c) telegraphische Anmeldungen bzw. Anfragen ohne Rückantwort
d) telegraphische Anmeldungen bzw. Anfragen mit Rückantwort
e) Anmeldungen bzw. Anfragen durch Telex
f) briefliche Anmeldungen bzw. Anfragen
g) persönliche Anmeldungen bzw. Anfragen

Für die vielen Möglichkeiten von Zimmerbestellungen bietet das EDV-Betriebssystem blitzschnell Auskünfte über die Durchführbarkeit einer geplanten Reservierung und bietet entsprechende Alternativen an, wenn dies in der gewünschten Form nicht möglich ist. Die Bestätigung der Reservierung kann in ganz kurzer Zeit in der Sprache, in der diese gewünscht wird, übergeben oder verschickt werden.

Das Ankunftshilfsbuch wird somit ein Relikt der Vergangenheit. Es ist jedoch keineswegs verkehrt, wenn Mitarbeiter im Empfang auch über frühere Arbeitsmethoden informiert werden. Es gibt auch heute noch Mittelbetriebe, die immer noch ähnliches in ihrer Empfangsorganisation haben. Die Anmeldearten lassen sich in zwei Gruppen einteilen und bündeln:

1. die schriftliche Anmeldung bzw. Anfrage:
durch Telefax
durch Telegramm
durch Telex
durch Brief
durch vorgedrucktes Formular

Ankunftshilfsbuch

Es gibt auch heute noch Klein- und Mittelbetriebe, die noch mit solchen oder ähnlichen Organisationen arbeiten.

Datum:

Name des Gastes	am	Art der Bestellung	durch	Ankunftszeit		Personenzahl	Zimmerart	Zimmernummer	Preis	Tage Aufenthalt	Abreise	Vorgang abgelegt unter	Bemerkung

Durch EDV-Betriebssysteme wird das Formularwesen am Empfang auf das Notwendigste reduziert.

Internationaler Hotelschlüssel
für telegrafische Zimmerbestellungen

Der vom Schweizer Hotelier-Verband herausgegebene *Hotel-Telegrafenschlüssel* hat heute nur noch eine untergeordnete Bedeutung. Es ist aber doch empfehlenswert, daß an jedem Hotelempfang ein Exemplar vorhanden ist, damit bei etwaigen Bestellungen dieser Art eine Entschlüsselung möglich ist.

Alba	1 Zimmer mit 1 Bett	**Calde**	3 Zimmer mit 2 + 2 + 1 = 5 Betten
Aldua	1 Zimmer mit 1 großen Bett	**Caduf**	3 Zimmer mit je 2 Betten
Arab	1 Zimmer mit 2 Betten	**Danid**	4 Zimmer mit je 1 Bett
Abec	1 Zimmer mit 3 Betten	**Diroh**	4 Zimmer mit je 2 Betten
Belab	2 Zimmer mit je 1 Bett	**Emble**	5 Zimmer mit je 1 Bett
Birac	2 Zimmer mit 2 + 1 = 3 Betten	**Ercaj**	5 Zimmer mit je 2 Betten
Bonad	2 Zimmer mit je 2 Betten	**Felaf**	6 Zimmer mit je 1 Bett
Ciroc	3 Zimmer mit je 1 Bett	**Feral**	6 Zimmer mit je 2 Betten
Carid	3 Zimmer mit 2 + 1 + 1 = 4 Betten		

Kind	Kinderbett	**Pass**	Aufenthaltsdauer: 1 Nacht
Sal	Wohnraum	**Stop**	mehrere Nächte
Bat	Privatbad	**Box**	Box für 1 Fahrzeug
Serv	Dienstbotenzimmer	**Garag**	Gewöhnl. Garage für 1 Fahrzeug
Belvu	Zimmer mit guter Aussicht	**Train**	Abholung vom Bahnhof
Inter	Zimmer zum Hof	**Quai**	Abholung vom Hafen
Tranq	Zimmer sehr ruhig gelegen	**Aero**	Abholung vom Flugplatz
Ordin	Zimmer ohne fließendes Wasser	**Aeroz**	Abholung vom Autobus-
Best	Art der Zimmer: sehr gut		Endpunkt vom Flugplatz
Bon	gut		
Plain	einfach		

Ankunft

	morgens	nachmittags	abends	nachts
Sonntag	**Pobab**	**Polyp**	**Rabal**	**Ranuv**
Montag	**Pocum**	**Pomel**	**Racex**	**Rapin**
Dienstag	**Podyl**	**Ponow**	**Radok**	**Raqaf**
Mittwoch	**Pogok**	**Popuf**	**Rafyg**	**Ratyz**
Donnerstag	**Pohix**	**Porik**	**Ragub**	**Ravup**
Freitag	**Pojaw**	**Posev**	**Rahiv**	**Rawow**
Sonnabend	**Pokuz**	**Povah**	**Rajod**	**Razab**

heute morgen	heute nachmittag	heute abend	heute nacht
Powys	**Pozum**	**Ramyk**	**Razem**

Abbestellung von Zimmern: **Anul**

2. die mündliche Anmeldung bzw. Anfrage:
durch Telefon
durch persönliches Erscheinen am Hotelempfang

Allgemeine grundsätzliche Anmerkungen

Vor der Beschreibung der einzelnen Anmeldearten muß gesagt werden, daß es bei jedem Anspruch auf die Benutzung eines Gastzimmers, gleich welcher Art und für welche Zeit, darauf ankommt, ob ein rechtsgültiger Vertrag abgeschlossen ist und welchen Inhalt dieser Vertrag hat.

Das Hotel bietet seine Gästezimmer durch den Empfang an, ein Vertrag kommt erst dann zustande, wenn der Antrag angenommen wird. Wenn ein Gast bei der Rezeption Anfrage hält, ganz gleich welcher Art, ob an einem betreffenden Tag noch Übernachtungsmöglichkeiten frei sind, besagt diese Anfrage gar nichts. Sie bleibt unverbindlich. Dem Hotelier steht es frei, Auskunft zu erteilen. Wenn der Gast aufgrund der Erklärung des Hoteliers oder seiner Vertreter, in unserem Fall des Empfangschefs, die Zimmer verbindlich bestellt, ist ein Vertrag zustande gekommen. Dieser ist für beide Teile rechtsverbindlich. Hier beginnt die Verpflichtung des Hauses, das sich bereit erklärt hat, das bestellte Zimmer zu dem ausgemachten Preis zur Verfügung zu halten. Das Hotel bestätigt die Vereinbarung.

Der Beherbergungsvertrag, der ein Teil des Gastaufnahmevertrages ist, kommt nur dann zustande, wenn auf ein vorausgegangenes Angebot eine Annahme erfolgt.

Angebote durch Hotelführer und Prospekte sind immer unverbindlich.

Die verbindliche Zusage, an eine bestimmte Person gerichtet, kann, wenn es im Text zum Ausdruck kommt, unverbindlich werden, z. B. durch zeitliche Befristung.

Wird der Gast persönlich angesprochen, so muß er sich sofort entschließen, in besonderen Fällen kann man es zeitlich beschränken. Bei brieflicher, telefonischer oder sonstiger Zusage dauert die Bindung an diese nur so lange, wie eine Antwort unter normalen Umständen zu erwarten wäre!

a) Die Bestellung per Telefax

Anmeldungen oder Anfragen durch Telefax ist heute die häufigste Form für Anfragen oder direkte Zimmerbestellungen. Die Rückantwort kann in Minutenschnelle sofort zurückgefaxt werden. Ohne große Umstände ist der bestellende Gast direkt, und dies auch noch preisgünstig, mit dem Hotel seiner Wahl verbunden. Eine durchschnittlich lange Bestätigung oder Alternativangebot kann in Sekundenschnelle übertragen werden, und zwar mit beträchtlicher Gebührenersparnis.

Bei Beantwortung durch das Front-Office stellt dieses zunächst das Angebot des Hotels dar. Dieses Angebot sollte folgende Punkte enthalten:

1. Anzahl der unterzubringenden Personen
2. Art der vorhandenen Zimmer

3. Preis der Zimmer auch unter Berücksichtigung von Sonderabmachungen
4. Zuschläge oder Abschläge

Das Angebot wird dann verbindlich, wenn der Besteller umgehend zusagt.

Die Bestellung

Herr Hans Müller aus Stuttgart bestellt per Fax für die Zeit von 2. 1. bis 10 1. ein Einzelzimmer.

Nachfolgend der Faxtext des Herrn Müller.

Hans Müller
Olgastraße 191
70180 Stuttgart

Stuttgart, den 12. 12.

An das Hotel Europa

10707 Berlin

Ich beabsichtige, in der Zeit vom 2. 1. bis 10. 1. in Ihrem Hause zu wohnen, und bestelle für die genannte Zeit ein Einzelzimmer.

Ich bitte Sie höflich, mir diese Bestellung zu bestätigen.

Mit freundlichem Gruß

(Hans Müller)

Hotel Europa
10707 Berlin   Berlin, den 14. 12.

Herrn Hans Müller
Olgastraße 191

70180 Stuttgart

Sehr geehrter Herr Müller,
aufgrund Ihrer Bestellung vom 12. Dezember d. J. bestätigen
wir Ihnen die Buchung Ihres Einzelzimmers für die Zeit vom
2. 1. bis zum 10 1.

Wir danken Ihnen für Ihre Bestellung und wünschen Ihnen
eine gute Anreise.

Mit freundlichen Grüßen

(Direktion)

Das erste Beispiel des Hotels Europa gibt dem Gast nicht die völlige Klarheit seiner Bestellung. Zu diesem Zwecke ist es ratsam, den Brief mit folgendem Text abzufassen:

Sehr geehrter Herr Müller,
wir danken Ihnen für Ihre Bestellung vom 12. Dezember d. J.
und haben Ihrem Wunsch, in unserem Hause zu wohnen,
entsprochen.

Wir reservieren für Sie ein Einbettzimmer mit fließend Wasser.

    Anreise: 2. 1.
    Abreise: 10. 1. = 8 Nächte.

Der Zimmerpreis beträgt 90 DM inklusive Frühstück, 15 Prozent
Bedienungsgeld und 15 Prozent Mehrwertsteuer.

In Erwartung Ihrer Ankunft begrüßen wir Sie
mit freundlicher Empfehlung

Dieser Brief erfordert viel Zeit und birgt immer noch Fehlerquellen in sich.
Ist kein EDV-Betriebssystem vorhanden, ist es vorteilhaft, Vordrucke, die auch in mehreren Sprachen abgefaßt sein können, zu verwenden. Allerdings macht ein persönliches Schreiben immer den besten Eindruck.

Kann aus irgendeinem Grunde, und sei er noch so wichtig, der Gast seine Zusage
nicht einhalten, so ist das Hotel berechtigt, das Zimmer zu berechnen. Dies gilt für den
gesamten vorbestellten Zeitraum. Berechnen darf es den vollen Zimmerpreis zuzüglich sämtlicher im Haus üblichen Zuschläge. Natürlich wird das Haus bemüht sein, die
betreffenden Zimmer neu zu vermieten. In diesem Falle werden dem Gast die Tage
abgezogen, an denen dies möglich war. In Pensionsbetrieben ist noch hinzuzusetzen,
daß der entgangene Rohgewinn (= Umsatz minus Wareneinsatz) aus Verpflegungs-
leistungen in Anrechnung gebracht werden kann. Die rechtliche Grundlage hierzu
sind die Bestimmungen des sogenannten Werkslieferungsvertrages.

Beispiel
Der Pensionspreis beträgt 140 DM. Bei diesem Preis entfallen auf die reine Vermie-
tung 84 DM, der Restbetrag von 56 DM entfällt auf den Verpflegungsbetrieb. In Punkt
4b aus den Rechten und Pflichten des Gastaufnahmevertrages (Geschäftsbedingun-
gen im Hotel- und Gaststättengewerbe) heißt es, daß die Einsparungen nach Erfah-
rungssätzen bei der Übernachtung 20 Prozent und bei der Pensionsvereinbarung
40 Prozent des Pensionspreises bei Nichtinanspruchnahme der vertraglichen Lei-
stungen betragen. Dem Gast können demnach bei No-show[1] 140 DM ⅟ 56 DM =
84 DM in Rechnung gestellt werden.
Das Bedienungspersonal hat einen Anspruch auf die hausüblichen Prozente, die
bereits in dem Betrag von 84 DM enthalten sind.

---

[1] Reservierungen, die nicht eingehalten werden und wenn der Gast ohne Abmeldung nicht erscheint, nennt
man in der Fachsprache **No-show.**
Bei einem Gerichtsverfahren lehnte ein Reisebüro die Bezahlung mit der Begründung ab, für die gegenseitige Geschäftsbeziehung bestehe der Brauch, daß Reisebüros grundsätzlich stornieren können.
Die Klage wurde vom Oberlandesgericht in Frankfurt erfolglos abgewiesen. Der 17. Zivilsenat entschied, daß
ein Reservierungsvertrag verbindlich ist und Reisebüros nur 4 Wochen vor Ankunft der Gäste stornieren können. Dieser Handelsbrauch gelte, solange keine anderen Geschäftsbedingungen ausgehandelt worden
seien (AZ 17 U 155/84).

Organisationsschema eines Hotelempfangs ohne EDV-Betriebssystem

Anfragen bzw. Anmeldung

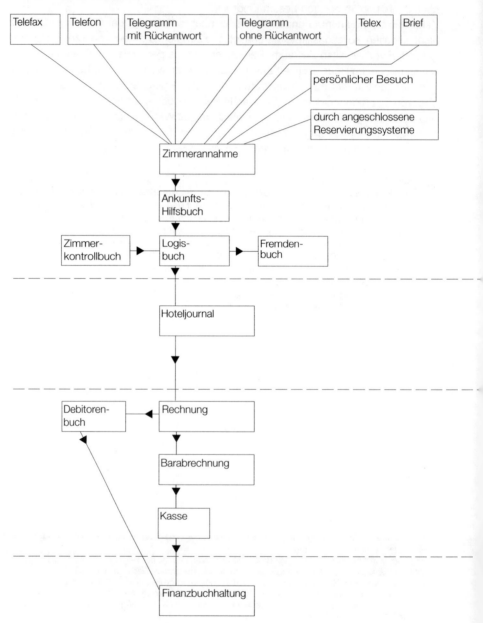

Organisationsschema eines Hotelempfangs mit EDV-Betriebssystem

Anfragen bzw. Anmeldung

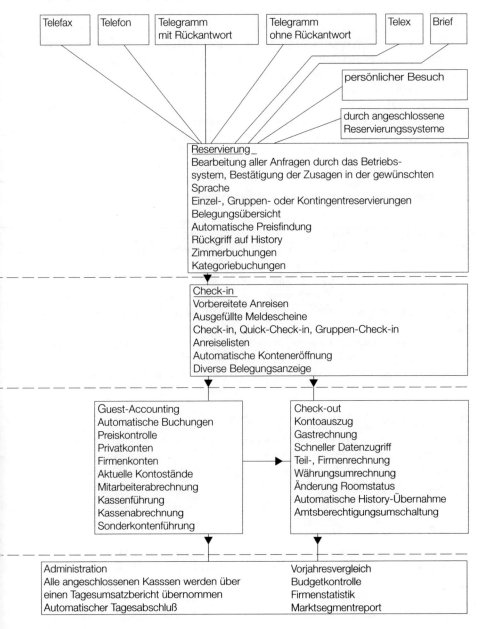

Telefax | Telefon | Telegramm mit Rückantwort | Telegramm ohne Rückantwort | Telex | Brief

persönlicher Besuch

durch angeschlossene Reservierungssysteme

Reservierung
Bearbeitung aller Anfragen durch das Betriebs-
system, Bestätigung der Zusagen in der gewünschten
Sprache
Einzel-, Gruppen- oder Kontingentreservierungen
Belegungsübersicht
Automatische Preisfindung
Rückgriff auf History
Zimmerbuchungen
Kategoriebuchungen

Check-in
Vorbereitete Anreisen
Ausgefüllte Meldescheine
Check-in, Quick-Check-in, Gruppen-Check-in
Anreiselisten
Automatische Konteneröffnung
Diverse Belegungsanzeige

Guest-Accounting
Automatische Buchungen
Preiskontrolle
Privatkonten
Firmenkonten
Aktuelle Kontostände
Mitarbeiterabrechnung
Kassenführung
Kassenabrechnung
Sonderkontenführung

Check-out
Kontoauszug
Gastrechnung
Schneller Datenzugriff
Teil-, Firmenrechnung
Währungsumrechnung
Änderung Roomstatus
Automatische History-Übernahme
Amtsberechtigungsumschaltung

Administration
Alle angeschlossenen Kasssen werden über
einen Tagesumsatzbericht übernommen
Automatischer Tagesabschluß

Vorjahresvergleich
Budgetkontrolle
Firmenstatistik
Marktsegmentreport

b) Die telefonische Bestellung

Bei einer telefonischen Vorbestellung, wie überhaupt bei jeglichem telefonischen Kontakt, gilt immer der Grundsatz, den Gast am Telefon nie lange warten zu lassen. Das EDV-Betriebssystem bietet hier schnelle Information über die Verfügbarkeit der Gästezimmer. Jedoch auch bei einfacheren Empfangsorganisationsmitteln muß diese Information immer auf dem neuesten Stand bereitliegen. Sollte es einmal schwierig sein, sich schnell die richtigen Daten zu verschaffen, so wird man sich nach der Telefonnummer des Gesprächspartners erkundigen und einen Rückruf in Kürze anbieten.

Bei Bestellungen von unbekannten Gästen ist es ratsam, einen Zeitpunkt zu vereinbaren, bis zu dem das Zimmer garantiert freigehalten wird. Erfolgt bis dahin keine Ankunft, ist zu empfehlen, das Zimmer weiterzuvermieten. Erfolgt die Bestellung durch einen Stammgast, müssen solche Vorsichtsmaßnahmen nicht getroffen werden.

c) Die telegraphische Bestellung ohne Rückantwort

Die telegraphische Bestellung ohne Rückantwort ist auch bei keiner schriftlichen Zusage für das Front-Office verbindlich. Ein gutgeführtes Haus kann es sich nicht leisten, auch wenn es das Jahr über gut belegt ist, Gästeanfragen zu ignorieren und als nicht erhalten zu betrachten. Schlecht ist es auch, ohne jede Rücksichtnahme auf geäußerte Wünsche einfach ein Zimmer anzuweisen, das den Gast dann enttäuscht. Der erste Eindruck, den ein Gast bekommt, wäre somit kein guter. Wenn ein Hotelaufenthalt schon mit einem Mißklang beginnt, bedarf es großer Anstrengungen des gesamten Personals, dieses Mißtrauen wieder abzubauen.

Peinliche Minuten müssen Empfangsmitarbeiter/innen beim Empfang eines solchen Gastes durchstehen. Grundsätzlich sei allen Mitarbeiter/innen am Empfang gesagt: „Versprecht Zimmerreservierungen nur dann, wenn es das Haus auch halten kann."

d) Die telegraphische Bestellung mit Rückantwort

Die telegraphische Bestellung mit Rückantwort ist in der Behandlung einfacher, weil der Besteller eine unmittelbare Bestätigung bzw. Alternativvorschlag oder eine Absage erwartet. Ist eine Zusage vom Front-Office gegeben, dann gilt diese als verbindlich.

e) Die Bestellung durch Telex

Die Anmeldung durch Telex ist erst nach Bestätigung verbindlich. Meist erfolgt eine Bestellung durch Telex, ähnlich wie bei Telefax, kurzfristig, so daß oft keine Zeit zur Rückantwort bleibt. Erfolgen in solchen Fällen die Bestellungen zu spät, so daß nicht geantwortet werden kann, dann trägt der Gast das Risiko allein. Ein Zwang zur Unterbringung des Gastes besteht nicht, weil es nicht zum Abschluß eines Vertrages kam.

Sind jedoch bei einer solchen kurzfristigen Anmeldung noch Zimmer frei, dann muß die Bestellung vermerkt werden, damit der Besteller belangt werden kann, wenn seine Ankunft nicht erfolgt.

Dieser Vorfall wäre dann ein typischer „No-show".

Im Hause unbekannte Gäste, die weder eine Kreditkarte noch eine Visitenkarte vorweisen können, nennt man in der Fachsprache Walk-in. Solche Hotelgäste zahlen den Logispreis für eine Nacht als Vorkasse. Von solchen Grundsätzen sollte man nur dann abrücken, wenn die äußere Erscheinung und das Reisegepäck untadelig sind.

f) Die schriftliche Bestellung

Eine schriftliche Bestellung wird auch wieder durch einen Brief mit einer Zusage bzw. einen Alternativvorschlag oder eine Absage bestätigt.

Bei einer schriftlichen Zusage ist die Zimmerbestellung verbindlich.

g) Die persönliche Bestellung

Die persönliche Bestellung, die durch den Gast selbst oder einen Beauftragten erfolgt, ist eine sichere Anmeldung. Aber es ist zu empfehlen, sich die Bestellung mit Unterschrift bestätigen zu lassen.

Sollte aus der verbindlichen Bestellung ein No-show werden, ist es leicht, das Zimmer in Rechnung zu stellen. Ausflüchte sind kaum möglich.

Bei persönlichen Bestellungen ist besonders wichtig:

- Leserlich zu schreiben, möglichst in Druckbuchstaben, bei komplizierten Namen buchstabieren lassen.
- Ist es ein Stammgast, die Daten in der Guesthistory oder Gästekartei herauszusuchen.
- Das Ankunftsdatum mit dem Wochentag abzustimmen.
  Immer den Wochentag mit dem Ankunftstag zu verbinden.
- Zimmerkategorie eindeutig zu klären (Einzelzimmer, Doppelzimmer, Grandlit).
- Bei Ankunftsdatum das Monatskürzel für jedermann verständlich oder, besser, den Monatsnamen auszuschreiben.

Abschließend sei hier noch gesagt, daß es unerläßlich ist, daß in den Unterkunftsverzeichnissen, nach denen der Gast oft sein Zimmer bestellt, Wahrheit und Klarheit herrscht. Der Gast legt größten Wert darauf, daß die angegebenen Preise in einem Hotelführer auch den Tatsachen entsprechen und daß die Abkürzungen in den verschiedenen Verzeichnissen auch die gleiche Bedeutung haben. Ein Gast, der durch eine Werbeschrift oder eine Anzeige irregeführt wird, ist nicht mehr auszusöhnen mit den vorhandenen Leistungen. Diese können so gut sein, wie sie wollen, er wird verärgert abreisen und mit Mundpropaganda dafür sorgen, daß noch weitere Gäste das betreffende Haus meiden.

Zimmervormerkung

Monat _____

Zimmervormerkung Januar – Februar – März – April – Mai – Juni – Juli – August – September – Oktober – November – Dezember

Zimmer-Nr.	Tag	1.	2.	3.	4.	5.	6.	7.	8.	9.	10.	11.	12.	13.	14.	15.	16.	17.	18.	19.	20.

HUGO MATTHAES DRUCKEREI UND VERLAG GMBH & CO. KG, STUTTGART 7/94

(Begriffsmerkmale für gastgewerbliche Beherbergungsbetriebe, siehe auf Seite 26.) Der Empfangschef oder seine Mitarbeiter/innen machen nur solchen Gästen eine Zusage, die Gewähr geben, durch ihr Auftreten sich dem Rahmen, in dem das Haus geführt wird, anzupassen. Die Ablehnung kann also nach dem Ermessen des Empfangsverantwortlichen erfolgen, sie ist nicht abhängig von einem bestehenden Rechtszustand, darf aber nicht in einer beleidigenden Form gegeben werden. Diplomatie ist hier ganz besonders zu empfehlen. Bei aller Menschenkenntnis kann sich auch einmal ein geschulter Empfangschef irren. Nach einer entsprechenden Aufklärung von anderer Seite kann er handeln, wenn ein Gast, dem die Unterkunft verweigert wurde, wieder einmal im gleichen Haus nach einem Zimmer Nachfrage hält.

In wenigen Worten sei gesagt, wie bereits schon beschrieben, eine kurzfristige Abbestellung eines durch einen Beherbergungsvertrag bestellten Zimmers hat auf den Vertrag selbst keine Rechtswirkung. Durch ein Schreiben oder ein Telefonat erklärt der Gast dem Empfang, daß er infolge einer wichtigen Reise seinen Aufenthalt verschieben muß und demnach das für in 2 Tagen bestellte Zimmer wieder abbestellen möchte. Trotz der mündlichen oder schriftlichen Erklärung bleibt der Beherbergungsvertrag bis zu dem Zeitpunkt geschlossen, an dem der Empfangschef erklärt, daß er auf die Einhaltung des Vertrages verzichtet, weil er die Möglichkeit hat, das bestellte Zimmer anderweitig zu vermieten. Gibt der Empfangschef oder Hotelier selbst keine solche Erklärung ab, wird der Gast nicht von der Entrichtung des vereinbarten Zimmerpreises für den festgelegten Zeitraum entbunden. Der Erfüllungsanspruch bleibt bestehen. Mögen die Gründe noch so schwerwiegend sein, die ihn an der Ausübung des ihm zustehenden Gebrauchsrechts hindern, er muß den geforderten Preis bezahlen. Das Haus hat Anspruch auf den vollen Betrag zuzüglich des Bedienungsgeldes. Selbstverständlich, wenn das Zimmer auf 4 oder 5 Tage bestellt, und dem Empfang es möglich war, es an 2 Tagen davon zu vermieten, muß der vereinnahmte Betrag von der Rechnung abgesetzt werden. Der Gast ist hier auf die Anständigkeit der Geschäftsführung angewiesen.

Zentrale Hotelzimmer-Reservierungsstellen

Die in den USA entwickelten Einrichtungen von großen zentralen Hotelzimmer-Reservierungsstellen ergaben durch eine Marktanalyse, daß die Weiterentwicklung dieses Teils der Hotellerie auch bei uns von Jahr zu Jahr an Bedeutung gewonnen hat.

Schon Anfang der 70er Jahre stellte das Bundesministerium für Wirtschaft und Finanzen Bundesmittel für die Einrichtung einer zentralen Zimmerreservierung für Klein- und Mittelbetriebe des Beherbergungsgewerbes zur Verfügung. Seit 1977 ist die „Allgemeine Deutsche Zimmerreservierung" – kurz ADZ genannt – bei der Deutschen Zentrale für Tourismus e. V. – kurz DZT genannt – Beethovenstraße 69, 60325 Frankfurt am Main, Tel. (0 69) 75 72-0, angeschlossen und somit weitgehendst auch dem Reservierungsservice gegenüber dem Ausland verpflichtet.

Auch andere Reservierungssysteme, wie beispielsweise das der IHA-Betriebe[1], haben heute gute Buchungsaufkommen zu verzeichnen. Der Kreis der an der ADZ beteiligten Betriebe erhöht sich laufend. Für den Einzelbetrieb, ob Groß-, Mittel- oder Kleinbetrieb, ist es kaum möglich, in dieser Weise nach außen hin aufzutreten. Erst im kettenartig bzw. verbundartigen Auftreten der Betriebe liegt die Chance und der Ausgleich der Wettbewerbsvorteile großen Hotelkonzernen gegenüber. Durch eine zentrale Zimmerreservierung werden den einzelnen Häusern oft Gästekreise erschlossen, die für den eigenständig operierenden Betrieb kaum oder sehr schwer erreichbar sind.

Die allgemeinen Betriebsregeln für die Zusammenarbeit zwischen Beherbergungsbetrieben und ADZ werden nachfolgend auszugsweise aufgeführt:

Die Selbständigkeit der Beherbergungsbetriebe bleibt bei der Zusammenarbeit mit der ADZ erhalten, denn die teilnehmenden Betriebe können ihre Zimmer wie bisher auch selbst vermieten. Mindestbettenzahl oder andere Beschränkungen für eine Beteiligung an der ADZ gibt es nicht.

Für den Vermittlungsservice eines Kontingents wird eine Erfolgsprämie in Höhe von 3 % an die ADZ abgeführt. Wenn allerdings Eingang in die Verkaufskataloge gewünscht wird, ist ein Jahresbetrag von 100 DM bis max. 200 DM an die ADZ zu bezahlen. Im übrigen brauchen keine Aufnahmegebühren, Monatsbeiträge oder dergleichen bezahlt werden.

Die ADZ meldet den Beherbergungsbetrieben unverzüglich jede vorgenommene Reservierung. Da die meisten Gäste über Reisebüros vermittelt werden, steht dahinter die Bezahlung über Voucher. Somit ist dies immer eine sehr gute Garantie für die Belegung des Zimmers durch den Gast. Bei Direktbuchungen durch den Kunden muß eine 50%ige Anzahlung (Deposit) geleistet werden. Somit halten die Beherbergungsbetriebe die reservierten Zimmer unter allen Umständen frei, wenn die Belegung durch einen Voucher garantiert wurde. Die Beherbergungsbetriebe verpflichten sich, die ADZ umgehend zu benachrichtigen, wenn ein Gast das Buchungsdatum ändern möchte oder sich ein No-show ereignet.

Die Aufnahme in die Verkaufskataloge, die als Marketinginstrument eingesetzt werden, erfolgt über Ausschreibungen, zumeist über die regionalen Fremdenverkehrsverbände.

---

[1] IHA-Betriebe: Wettbewerbsfähige Häuser, gleichgültig in welcher Preiskategorie, jedoch in der satzungsmäßig festgelegten Größe von mindestens 20 Zimmern. Mitgliedschaft kann erworben werden durch:
Herrn Bernd Geyer, geschäftsführendes Vorstandsmitglied IHA-Hotels Deutschland e. V., Kronprinzenstraße 37, 53173 Bonn, Telefon (02 28) 36 50 40, Telefax (02 28) 35 62 01.

Wichtige Hinweise:

– Alle Übernachtungspreise sind Inklusivpreise einschließlich Aufschläge.
– Alle an die ADZ gemeldeten Preise sind verbindlich, in der Regel für 1 Jahr.
– Die für die Verkaufskataloge gemeldeten Preise sind in gleicher Weise für 1 Jahr gültig und enthalten neben der Erfolgsprämie für die ADZ auch die Reisebüroprovision von 10 %.

Die ADZ verpflichtet sich, Beanstandungen von Gästen über die an der ADZ beteiligten Beherbergungsbetriebe diesen unverzüglich zur Kenntnis zu geben. Eine korrekte Abwicklung von Beanstandungen hat einen entscheidenden Einfluß auf zukünftige Zusammenarbeit mit der ADZ.

Die mit der ADZ zusammenarbeitenden Beherbergungsbetriebe verpflichten sich zur rechtzeitigen Unterrichtung über eventuelle Baumaßnahmen im Hotel oder in dessen näherer Umgebung, die den Aufenthalt der Gäste beeinträchtigen könnten.

Hotelführer des Jahres 1994 listen Hotelbetriebe in Deutschland nach der neu entwickelten „Touristischen Industrie-Norm" auf und liefern zukünftig vereinheitlichte, vergleichbare Informationen sowohl für Gäste als auch für Reisebüros. Diese Hotelkategorisierung basiert auf der eigenen Einschätzung. Nicht die Sterne, wie im internationalen Hotelgeschäft, sind das Richtmaß, sondern Buchstaben von A bis E. Die höchste Wertung ist A.

Adressen von weiteren wichtigen Hotelzimmer-Reservierungsdiensten. Neben diesen genannten Adressen gibt es weitere Reservierungsbüros, deren Adressen man aus den Telefonbüchern entnehmen kann.

ADZ (Allgemeine Deutsche
Zimmerreservierung)
DZT-Serviceabteilung
Corneliusstraße 34
60325 Frankfurt/M.
Telefon (0 69) 74 07 67, Telex 416666
Telefax (0 69) 75 10 56

Arabella Hotels
Zentrale Verkaufs- und
Reservierungsabteilung
Arabellastraße 5
81925 München
Telefon (0 89) 92 32-44 44, Telex 524316
Telefax (0 89) 92 32-25 25 49

Arabella Alpenhotel
am Spitzingsee Oberbayern
Spitzingstraße 5
83727 Schliersee-Spitzingsee/Obb.
Telefon (0 80 26) 79 80
Telefax (0 80 26) 79 88 79

Austrotel Hotels
Isenburger Schneise 40
60528 Frankfurt/M.
Telefon (0 69) 6 78 12 34
Toll free (01 30) 44 33
Telex 4189246, Telefax (0 69) 67 48 61

Best Western Deutschland
Unitels Hotelkooperation GmbH
Mergenthalerallee 2–4
65760 Eschborn
Telefon (0 61 96) 47 24-0
Toll free (01 30) 44 55
Telefax (0 61 96) 47 24 24

CARRERA HC Reservationsbank
(Buchungen für: Hotels Minotel,
Kempinski, Scandic)
Borsigallee 17
60388 Frankfurt/M.
Telefon (0 69) 42 08 90 89, Telex 4189554
Telefax (0 69) 41 25 25

Deutsche Interhotel AG
Interhotel-Reservierungsservice
Lützowstraße 38
10785 Berlin
Telefon (0 30) 26 47 40 10, Telex 183785
Telefax (0 30) 26 47 40 99

Dorint Hotel GmbH
Kaldenkirchener Straße 2
41063 Mönchengladbach
Telefon (0 21 61) 81 80
Toll free (01 30) 66 05
Telex 852371
Telefax (0 21 61) 81 81 00

Flair Hotels e.V.
Weideweg 7
97359 Schwarzach am Main
Telefon (0 93 24) 8 51
Telefax (0 93 24) 33 15

Forte Hotels
Reservierungs- und Verkaufsbüro
Deutschland, Österreich, Schweiz und
Niederlande
Neue Mainzer Straße 22
60311 Frankfurt/M.
Telefon (01 30) 29 44 (Res.), (0 69) 23 91 90
(Verkauf)
Telex 416553, Telefax (0 69) 23 33 88

Forum Hotels International
Moselstraße 4
60329 Frankfurt/M.
Telefon (0 69) 27 40 14-0
Einzelreservierung (01 30) 85 39 55
Gruppenreservierung (01 30) 81 10 00

Gast im Schloß Reisen GmbH
(European Castle Hotels)
Postfach 30
34388 Trendelburg
Telefon (0 56 75) 3 31 + 10 11
Telex 994812, Telefax (0 56 75) 10 12

Golden Tulip International B.V.
Nordstraße 2
40477 Düsseldorf
Telefon (02 11) 4 91 12 14
Telefax (02 11) 4 91 06 79

Herzog HC GmbH
Borsigallee 17
60388 Frankfurt/M.
Telefon (0 69) 42 08 90 89
Telex 4189554
Telefax (0 69) 41 25 25

Hilton International Co.
Kaiserstraße 47
60329 Frankfurt/M.
Telefon (0 69) 27 30 11 20
Toll free (01 30) 81 81 46
Gruppen-Reserv. (0 69) 27 30 11 30
Toll free (01 30) 24 24, Telex 4189575

Holiday Inn Worldwide International
Reservation Office
Hainer Weg 48
60599 Frankfurt/M.
Telefon (01 30) 56 78, Telex 412617
Telefax (0 69) 60 90 03 32

HRS – HOTEL RESERVATION SERVICE
Robert Ragge GmbH
Drususgasse 7–11
50667 Köln
Telefon (02 21) 20 77-0, Telex 8881151
Btx *HRS#, Telefax (02 21) 20 77-6 66

Hyatt Hotels & Resorts
Große Eschenheimer Str. 43
60313 Frankfurt/M.
Telefon (0 69) 29 02 67
Toll-Free: Einzelreserv. (01 30) 29 29
Gruppenreserv. (01 30) 23 62
Telex 4185585

Inter*Continental und Forum Hotels
Moselstraße 4
60329 Frankfurt/M.
Telefon (0 69) 27 40 14-0
Einzelreservierungen Tel. (01 30) 85 39 55
Gruppenreservierungen Tel. (01 30) 81 10 00
Telefax (0 69) 27 40 14 14

Intermar Hotelgesellschaft mbH
Verkauf und Zentrale Reservierung
Kurhausstraße 87
23795 Bad Segeberg
Telefon (0 45 51) 80 45 22
Telefax (0 45 51) 80 46 02

ITT Sheraton Sales Centre Germany
Flughafen Terminal Mitte
60549 Frankfurt/M.
Telefon (0 69) 69 77-21 40
Telex 414115, Telefax (0 69) 69 77-22 30

Kempinski Hotelbetriebs-AG
Am Forsthaus Gravenbruch 9–11
63263 Frankfurt-Neu-Isenburg
Telefon (0 61 02) 5 00 20
Telefax (0 61 02) 50 02 48

Landflair Hotels
Postfach 506
91428 Bad Windsheim
Telefon (0 98 46) 5 20

Landidyll Hotels & Restaurants
Hofweg 5
90765 Fürth
Telefon (09 11) 30 58 50
Telefax (09 11) 30 37 98

Leading Hotels of the World
Berliner Straße 44
60311 Frankfurt/M.
Telefon (0 69) 2 99 87 70, (01 30) 21 10
Telefax (0 69) 29 28 84

Lindner Hotels AG Zentralverkauf
Emanuel-Leutze-Straße 17
40547 Düsseldorf
Telefon (02 11) 53 09-1-0
Toll free (01 30) 58 53
Telefax (02 11) 5 30 91 30

Maritim Staatsbadhotel
Parkstraße 53
32105 Bad Salzuflen
Telefon (0 52 22) 18 10
Toll free (01 30) 69 69
Telex 9312173
Telefax (0 52 22) 1 59 53

Marriott Hotels & Resorts
Geleitsstr. 25, 05. OG
60599 Frankfurt/M.
Einzelres. Telefon (01 30) 85 44 22
Gruppenres. Telefon (0 69) 61 06 31–35
Telex 416029, Telefax (0 69) 61 08 16

Minotels Deutschland
Landshuter Allee 38
80637 München
Telefon (0 89) 18 44 15
Telefax (0 89) 18 44 16

Mövenpick Hotels International
Verkaufsbüro Deutschland
Wiesenhüttenplatz 28–38
60329 Frankfurt/M.
Telefon (0 69) 2 69 70
Reservierung (01 30) 85 22 17
Telefax (0 69) 2 69 78 84

Münchner Hotel Verbund GmbH
Verkauf, Reservierung und Marketing
für komfortable Stadthotels
der 2- bis 4-Sterne-Kategorie
in und um München
Kathi-Kobus-Straße 22
80797 München
Reservierung Telefon (0 89) 1 29 30 30
Verkauf/Marketing Telefon (0 89) 1 29 70 29
Telex 5213847, Telefax (0 89) 1 29 90 99
Btx * 228952100#

Preferred Hotels & Resorts Worldwide
Reservierungsbüro Frankfurt
Hahnstraße 40
60528 Frankfurt/M.
Toll free (01 30) 86 00 33
Telefax (0 69) 6 66 20 00

Prima Hotels
Berliner Straße 44
60311 Frankfurt/M.
Telefon (0 69) 28 92 55-6
Toll free (01 30) 85 42 78
Telex 411592
Telefax (0 69) 29 28 84

Pullman International Hotels
(Buchungen für: Hotels Altea, Arcade,
Pullman)
Karlstraße 16
60329 Frankfurt/M.
Telefon (0 69) 23 08 58
Telex 413727
Telefax (0 69) 23 10 00

Queens Hotels Deutschland
QUEENS LINE
Reservations
Isenburger Schneise 40
60528 Frankfurt/M.
Telefon (0 69) 6 78 12 34
Toll free (01 30) 44 33
Telex 4189246
Telefax (0 69) 67 48 61

RAMADA International
Hotels & Resorts
Verkaufsdirektion
Steucon-Center II
Mergenthalerallee 77
65760 Eschborn/Ts.
Telefon (0 61 96) 96 02-15
Telex 4072698
Telefax (0 61 96) 48 17 94
Einzelres. (01 30) 81 23 40

Relais & Châteaux Informationsbüro
c/o Fürstenhof Celle
Hannoversche Straße 55
29221 Celle
Telefon (0 51 41) 20 11 64
Telefax (0 51 41) 2 71 19

Rema-Hotels
Kaiserstraße 46
42781 Haan/Rhld.
Telefon (0 21 29) 5 30 91
Telex 8515003
Telefax (0 21 29) 5 30 97

Reservierungsdienst Berlin
Wilhelmsaue 99
10713 Berlin
Telefon (0 30) 8 22 18 79
Telefax (0 30) 8 21 02 92

RESYcom Worldwide Hotel Reservations
Postfach 20 32 61
Osterstraße 157
20222 Hamburg
Telefon (0 40) 4 91 66 15
Telex 2161193
Telefax (0 40) 49 90 34

Resinter
(Buchungen für: Hotels Mercure, Ibis, Novotel)
Westendstraße 47
60325 Frankfurt/M.
Telefon (0 69) 74 00 41
Telex 411053
Telefax (0 69) 74 60 60

Ringhotels
Belfortstraße 6-8
81667 München
Telefon (0 89) 48 27 20, 4 48 59 59, 4 47 06 04
Reservation: (0 89) 4 48 92 06
Telex 5216817
Telefax (0 89) 4 47 12 27
Btx *ringhotel #

Romantik Hotels & Restaurants
International GmbH & Co. KG
Postfach 11 44
63786 Karlstein a. M.
Telefon (0 61 88) 9 50 20
Telefax (0 61 88) 60 07

Scandic Hotel Reservation Office
Kaiserleistraße 45
63067 Offenbach
Telefon (0 69) 8 00 71 60
Telex 4032135
Telefax (0 69) 80 07 16 16

Sheraton Reservation Office
Brussels Sheraton & Towers
29th floor, Place Rogier 3
B-1210 Brussels
Telefon (01 30) 35 35

Silencehotels Service GmbH
Haubachstraße 80
21073 Hamburg
Telefon (0 40) 38 28 75
Telefax (0 40) 3 89 41 75

SRS – Steigenberger
Reservation Service
Hahnstr. 40
60528 Frankfurt/M.
Telefon (0 69) 6 64 19-1 01
Toll free (01 30) 44 00
Telefax (0 69) 66 62 00

Supranational Hotels
Worldwide Reservations
Am Malzbüchel 6–8
50667 Köln
Telefon (02 21) 9 24 08 40
Toll free (01 30) 69 69
Telex 8881316
Telefax (02 21) 9 24 08 30

The Leading Hotels
of the World
Berliner Straße 44
60311 Frankfurt/M.
Telefon (0 69) 29 02 78
Toll free (01 30) 85 21 10
Telex 411592
Telefax (0 69) 29 28 84

TOP International Hotels
Alt-Niederkassel 76
40547 Düsseldorf
Telefon (02 11) 57 80 75
Telex 8581443
Telefax (02 11) 57 80 74

Utell International
Nordstraße 2
40477 Düsseldorf
Telefon (02 11) 4 91 00 55
Telefax (02 11) 4 91 06 79

Vom manuellen über den halbautomatischen zum vollautomatischen Datenaustausch

In allen gastgewerblichen Vermietungsbetrieben, ob Hotel, Kurhotel, Sanatorium, Pension oder auch Krankenanstalt, kommt es vorrangig darauf an, spezifische Betriebssysteme so zu entwickeln, daß die jeweils anfallenden Daten betriebsgerecht, mit dem geringstmöglichen Kostenaufwand, gesteuert werden können. Die gesamte Hotelorganisation wurde vor wenigen Jahren und stellenweise bis heute noch manuell oder halbautomatisch betrieben. Viele Betriebe haben mittlerweile zur EDV gewechselt. Eine Organisationsgliederung, ganz gleich, wie sie betrieben wird, kann folgendermaßen geordnet sein

Manuell oder halbautomatisch:	Mit EDV-Betriebssystemen:
1. Front-Office	*Front-Office*
11 Terminierung, Reservierung Belegung	Reservierung
12 Rechnungsstellung	Check-in
13 Karteiführung	Check-out
14 Extraabrechnung	Guesthistory
15 Telefonabrechnung	Auswertungen
16 Nebenabrechnung wie Wäsche, Taxiauslagen, Theaterkarten	*Externe Verbindungen* Telefonanlage Minibar Pay-TV Schließsysteme
2. Kurabrechnung	Teil des Betriebssystems, das spezifisch
21 Kurverordnungskarte	für dieses Umsatzsegment entwickelt wird.
22 Kurabrechnung	
23 Kurzeiteinteilung	
3. Restaurant/Food + Beverage	*Restaurant/Food + Beverage*
31 Restaurant	Restaurantkassensysteme
32 Bankett	Sonstige Kassensysteme
33 Tagungen/Kongresse	Warenwirtschaft
34 Bonkontrolle	Bankett
35 Warenwirtschaft	Bankett-Terminübersicht
36 Stehkartei	Veranstaltungskalender
37 Sichtkartei	für jede Art Veranstaltung und alle damit verbundenen Daten und Texte. Menükonfiguration mit Rezepturprogramm als Verbindung zur Warenwirtschaft.

4. Back-Office
41 Finanzbuchhaltung
42 Journalbuchhaltung
43 Durchschreibebuchhaltung
44 Maschinenbuchhaltung
45 Elektronische Datenverarbeitung
46 Kassenbuch
47 Wareneingangsbuch
48 Lohn- und Gehaltsbuchhaltung

Back-Office
Lohn- und Gehaltsabrechnung
– variable Lohnarten
– permanente Lohnarten
– Zeiterfassung
– Aushilfen
Dialog-/Einzelabrechnung
Datenträgeraustausch
– automatische Verbuchung

Anlagenbuchhaltung
– Anlagengruppen
– freie Bewegungsarten
– Verbuchungen Zu-/Abgänge
  nach Bilanzrichtlinien
– Integration in Buchhaltung
– automatische Abstimmung
– Anlagespiegel

Finanzbuchhaltung
Debitoren
– Kreditoren
– Sachkonten
– Bilanz/G&V
– Mahnungen/Bankeinzug
– Überweisungen/Schecks
– Datenträgeraustausch
– abweichendes Geschäftsjahr

Kostenrechnung
– Kostenstellen
– Verdichtung von Gruppen
– freier Berichtsaufbau
– beliebige Statistiken
– Umlagen und Verteilung
– automatisch aus der Buchhaltung
– Budget und Forecast
– Vorjahresvergleiche und Planung
  der Folgejahre
– Werte auch im Dialog anzeigbar
– umfangreiche selektive Auswertung

5. Schriftverkehr

Textverarbeitung
- Individuelle Briefe
- Mailings
- Kunden-, Lieferanten-
  und Personalstamm
- Separater Adreßstamm
- Selektionen
  u. v. m.

6. Planung und Gestaltung
61 Ausstattungsverzeichnis
62 Verbesserungen
63 Neueinrichtungen
64 Analysen

Planung und Gestaltung
Bestandteil der Anlagenbuchhaltung,
Ausstattungsverzeichnis nach Zimmernummern und auch anderer Räume
Termine und Kosten der letzten Renovierung, laufende Reparaturen werden festgehalten.
Alle Daten können zur aktuellen Bewertung bzw. zur Planung neuer unterneh-
merischer Entscheidungen herangezogen
werden.

Sowohl in betriebswirtschaftlicher als auch steuerlicher Hinsicht soll die durchdachte Organisationsgliederung eine lückenlose und leichtverständliche Übersicht garantieren. Die Handhabung soll betriebsspezifischen Zuschnitt bekommen und jede Überfrachtung von Betriebsteilen mit zusätzlichen Verwaltungsarbeiten vermeiden.
In Stichworten:

- Maximale Übersicht
- Geringer Zeitaufwand
- Einfache Handhabung
- Genauigkeit im Ergebnis
- Sicherheit in der Durchführung

Dies sind die Leitgedanken moderner Hotelverwaltung. Die Erfahrung wird immer mehr zeigen, daß gastgewerbliche Unternehmen gut beraten sind, die sich die moderne und zeitgemäße EDV-Technik zunutze machen. Man sollte in solchen Betriebsteilen beginnen, die einen sicheren Rationalisierungsgewinn garantieren.

Manuelle und halbautomatische Organisationssysteme

Die seither gebräuchlichste Art von Empfangsbuchhaltung

Die alten Hotelbuchhaltungssysteme sind ein Stück Hotelgeschichte geworden, auf das alle früheren und heute tätigen Empfangsmitarbeiter/innen stolz sein können. Dieses Fachbuch beschäftigt sich jedoch auch deshalb damit, weil es immer noch Betriebe gibt, die mit alten Systemen arbeiten.

Außerdem zeigt uns dieser Rückblick sehr deutlich, wie einfach, übersichtlich und interessant heute die Bewältigung der vielen Arbeiten im Front-Office mit einem EDV-Betriebssystem sein kann.

Der ankommende Gast erhält, nachdem er die Formalitäten erledigt hat, ein Konto im Hoteljournal eingeräumt. Vor der Zimmernummer wird ein Vermerk mit einem Farbstift gemacht, der besagen soll, daß der Gast an diesem Tag angekommen ist. Das Konto des abreisenden Gastes wird ebenfalls mit einem andersfarbigen Vermerk versehen, um später den Übertrag von Spalte 31 auf Spalte 26 des nächsten Tages zu unterlassen.

Die Buchungen werden wie folgt durchgeführt, wobei zu beachten ist, daß der Eintragung in die Rechnung der Vorzug vor der Eintragung in das Journal zu geben ist (Muster siehe S. 130):

In Spalte 1:	Laufende Nummer.
In Spalte 2:	Zimmernummer des Gastes.
	Mietet der Gast 2 Zimmer, so werden beide Nummern (beispielsweise 145/146) eingetragen.
In Spalte 3:	Name des Gastes.
In Spalte 4:	Personenzahl ohne Begleitperson.
In Spalte 5:	Anzahl der Begleitpersonen.
In Spalte 6:	Anzahl der abgegebenen Standardfrühstücke. Mit dieser Zahl erst kann der Inklusivumsatz vom Frühstücksumsatz bereinigt werden.
In Spalte 7:	Inklusivpreis (Logis, Frühstück, Bedienung, Mehrwertsteuer).
In Spalte 8:	Preis der Garage.
In Spalte 9 u. 10:	In Spalte 9 bis 10 ist die Rubrikenkolonne „Kaffeeküche" untergebracht. Hier wird sämtlicher Verzehr aus der Kaffeeküche eingetragen. Die Summen für die Spalten 9 bis 10 werden aus den Hilfsbüchern entnommen, welche vom Oberkellner oder Etagenkellner geführt werden. Gleichzeitig ist so eine Kontrolle mit dem Etagenbogen leicht möglich.
	In Spalte 9 wird der im Frühstückszimmer eingenommene sonstige Verzehr eingetragen, sofern er aus der Kaffeeküche kommt. Der Frühstückspreis selbst ist im Endpreis enthalten.

In Spalte 11:	Verzehr aus der Kaffeeküche in sonstigen Räumen. Die Untergliederung ist notwendig, um feststellen zu können, aus welchem Hilfsbuch die Zahlen entnommen werden müssen.
In Spalte 12:	Summe aus den 3 vorausgegangenen Spalten. Diese Spalte wird dann mit den anderen Summenspalten in der Spalte „Tagesrechnung" – 25 – zusammengezogen.
In Spalte 13:	In Spalte 13 bis 17 ist die Rubrikenkolonne „Hauptküche" untergebracht. Hier wird ebenfalls sämtlicher Verzehr, genau wie in der Rubrikenkolonne „Kaffeeküche", detailliert nach Räumen, eingetragen. Ebenfalls wieder, um die Möglichkeit zu haben, schnell festzustellen, aus welchem Hilfsbuch der Betrag entnommen werden muß, bzw. um eine Kontrolle mit dem Etagenbogen durchführen zu können.
	Spalte 13 = Restaurantverzehr, der aus der Hauptküche gekommen ist.
In Spalte 14:	Barverzehr aus der Hauptküche.
In Spalte 15:	Café, hier wird der Patisserieverzehr untergebracht.
In Spalte 16:	Etage, Verzehr aus der Hauptküche, welcher im Hotelzimmer eingenommen wurde.
In Spalte 17:	Summenspalte der Rubrikenkolonne „Hauptküche und Patisserie". Auch diese Summenspalte wird mit den anderen Summenspalten in der Spalte „Tagesrechnung" zusammengezogen.
In Spalte 18:	Hier wird sämtlicher Verzehr aus dem Keller, also sämtlicher getränkesteuerpflichtige Getränkeverzehr, eingetragen, inkl. Sektsteuer und Getränkesteuer.
In Spalte 19:	Bierverzehr.
In Spalte 20:	Getränkesteuerfreie Getränke[1].
In Spalte 20a:	Addition aller Getränke.
In Spalte 21:	Die vom Zimmerdienst ausgestellten Bons für Bäder müssen hier eingetragen werden.
In Spalte 22:	Die aus dem Wäschebuch entnommenen Posten werden hier eingetragen.
In Spalte 23:	Spalte für Tabakwaren.
In Spalte 24:	Telefongespräche. Das Telefonbuch führt der Telefondienst.
In Spalte 25:	Die Spalten 25 bis 29 enthalten die Abrechnungsspalten. Die Tagesrechnung wird in der Spalte 25 zusammengezogen, d. h., sämtliche Summenspalten, wie 7, 8, 12, 17, 20 a, 21, 22, 23, 24, werden addiert und das Ergebnis in der Spalte 25 eingetragen.
In Spalte 26:	Übertrag vom Vortag.

---

[1] Die Getränkesteuer wird an nur wenigen Plätzen noch erhoben.

Lfd. Nr.	Zimmer-Nr.	Name	Personen	Begleitung	Anzahl d. eingen. Frühstücke	Logis Inklusivpr.	Garage	Kaffeeküche				Hauptküche – Patisserie					Getränke-steuerpfl. Getränke	Bier	Getränke-steuerfreie Getränke	Summe
								Frühstücks-zimmer	Etage	sonstige Räume	Summe	Restaurant	Bar	Café	Etage	Summe				
1	2	3	4	5	6	7	8	9	10	11	12	13	14	15	16	17	18	19	20	20a

Bäder	Wäsche	Zigaretten Zigarren	Telefon	Tages-rechnung	Übertrag v. gestern	Total	Kasse	Debitoren	Abzüge	zu übertragen	Bemerk.	Zimmer-Nr.
21	22	23	24	25	26	27	28	29	30	31	32	33

In Spalte 27:	Total, d. h. die Addition aus Spalte 25 und 26.
In Spalte 28:	Kasse. Wenn der abreisende Gast seine Rechnung beglichen hat, wird hier der Rechnungsbetrag eingetragen. Bezahlt der Gast nur einen Teil seiner Rechnung, dann wird der Rest in der Spalte Debitoren vermerkt und in das Debitorenbuch, welches als Hilfsbuch extra geführt wird, übertragen. Zimmernummer, Name und auch die Personenangabe werden durchgestrichen.
In Spalte 29:	Debitorenspalte. Der noch schuldige Restbetrag wird vermerkt.
In Spalte 30:	Hier werden die Abzüge eingetragen, also Beträge, welche dem Gast zuviel berechnet wurden und erst am Schluß bei Rechnungsausstellung berücksichtigt werden.
In Spalte 31:	Hier erscheint nun der Betrag, welcher in das Hoteljournal für den nächsten Tag übertragen wird.
In Spalte 32:	Bemerkungen.
In Spalte 33:	Die Zimmernummer zur Gegenkontrolle, ob man auch auf der richtigen Seite bzw. die Eintragung in das richtige Konto macht.

Das Hoteljournal, welches ein Waren- und Umsatzjournal zugleich ist, wird täglich aufaddiert. Nach der letzten Eintragung wird ein Strich gezogen und Spalte für Spalte zusammengezählt. Anschließend überträgt man die Posten aus Spalte 31 in das Journal für den nächsten Tag in Spalte 26 und beginnt von neuem. Der Nachteil dieser Art eines Hoteljournals liegt unzweifelhaft darin, daß jeder neuankommende Gast in der Reihenfolge des Eintreffens eingetragen wird, während in modernen Systemen die Konten und Zimmernummern geordnet sind.

Abschließend verbucht der Journalführer bei allen über Nacht bleibenden Gästen die Logisbeträge und stellt den Übertrag auf morgen fest. Sämtliche Preise werden brutto gebucht.

Die Spalten werden nun addiert und die Summen durch die senkrechte Addition nochmals überprüft.

Nachdem man festgestellt hat, daß die Additionen stimmen, kann der Übertrag in das Tagesjournal für den nächsten Tag vorgenommen werden. Bei dieser Art von manueller Buchhaltung steht es außer Frage, daß der Zeitaufwand sehr groß ist und in keinem Verhältnis zu einer betriebsgerechten Funktion des Hotelempfanges steht. Diese Art von Hotelbuchhaltung kann wirklich als antiquiert bezeichnet werden.

Die wesentlichsten Aufgaben der Gästeabrechnung bestehen im allgemeinen darin, alle Leistungen des Gastes rasch und lückenlos zu erfassen, zu berechnen und zu kontrollieren, übersichtlich gegliedert auf der Rechnung aufzuführen, zu addieren, mit den Zahlen zu verrechnen und schließlich die Gesamtsummen gegliedert und buchungsgerecht für die Finanzbuchhaltung bereitzustellen.

Weil die im manuell geführten Hoteljournal aufgeführten Leistungen horizontal in Spalten gegliedert sind, wirkt sich die breite Auffächerung auf das Format des Journals nachteilig aus. Außerdem fehlt auch die sich zwangsläufig bei anderen Systemen ergebende Übereinstimmung zwischen Original und Kopie.

Die hervorstechendsten Nachteile sind:

1. Die Addition der Spalten kostet viel Zeit.
2. Das Aufdecken von Additionsfehlern ist sehr mühsam.
3. Übertragungsfehler.
4. Die Rechnungen bleiben oft ungebucht bis zum Abend liegen.

Bei Einsatz von Hotelbuchungsmaschinen entfallen diese Nachteile weitestgehend. Die tagsüber gebuchten Beträge werden bis zur Gesamtabrechnung in Zählwerken der Maschine gespeichert, und es ist durch die Betätigung einer Mechanik möglich, die Zwischenergebnisse zu jeder Zeit abzulesen. Buchungsmaschinen[1] erlauben es, die Zwischen- und Endergebnisse mehrerer oder aller Zählwerke zusammenzufassen. Die einzelnen Buchungen werden in chronologischer Reihenfolge mit vollem Tages-datum, Buchungs- und Zimmernummer, Betrag, Addierwerksbezeichnung und ergänzenden Symbolen auf den Journalstreifen aufgenommen. Auch Saldovorträge, neue Salden, Zwischenablesungen und Nullstellungen werden zwangsläufig auf das Journal gedruckt. Dieser Journalstreifen aus der Buchungsmaschine entspricht damit allen Forderungen, die an das Hoteljournal gestellt werden. In der Praxis gibt es einen Erfahrungswert, wie lange man mit einer Schnellbuchungsmaschine für ein mit 250 Gästen voll belegtes Haus braucht: am Tag etwa 120 Minuten. Diese Systeme wurden von modernen EDV-Betriebssystemen weitgehendst abgelöst.

---

[1] Eine der bekanntesten Hotelbuchungsmaschinen, die Generationen von Empfangsmitarbeitern beste Diens-te geleistet hat, war die NCR 2152. Sie wird seit Jahren nicht mehr hergestellt und wurde von den modernen elektronischen Systemen abgelöst.

Der Gast im Hotel
Organisatorisches

Die Verwaltungsarbeit im Hotelempfang befindet sich immer noch in einer sogenannten Übergangsphase von manueller Führung zu halbautomatischer oder vollautomatischer bis zur EDV-gestützten Abrechnung und Hotelbuchhaltung. Um jedoch ein EDV-Betriebssystem besser durchschauen und verstehen zu können, ist die kurze Darstellung der Steuerung dieser Arbeiten in den Jahren vor EDV bis heute unerläßlich. Es stellt sich auf diese Weise eine bessere Transparenz der Verwaltungsvorgänge ein, die letztlich im Hotelempfang, wie auch immer, unerläßlich sind.

Der Gast möchte sein Zimmer aufgrund seiner Anfrage und Bestellung haben. Es wurde für ihn anhand der Belegungsunterlagen reserviert.

(Muster: Ankunftshilfsbuch Seite 106)

Sind die Reservierungen zu einem bestimmten Datum abgeschlossen, dann werden diese an dem betreffenden Tag in das Logisbuch[1] übertragen. Gleichzeitig werden die belegten Zimmer auf der Zimmerstrichliste, die jeden Tag angelegt wird, abgestrichen. Mit Hilfe dieser Liste hat der Empfangschef zu jeder Zeit die Möglichkeit, sich über solche Zimmer, die bereits vermietet sind, einen klaren Überblick zu verschaffen. Das Logisbuch gilt eigentlich als Vorlage für das Hoteljournal[2]. Es werden in diesem Buch nur die Ankünfte und die Abreisen vermerkt. Die vom Vortag belegten Zimmer sind ja kontenmäßig schon im Hoteljournal erfaßt und werden lediglich übertragen. Das Logisbuch ist täglich abzuschließen, und seine Hauptbedeutung liegt darin, eine genaue Kontrolle über die Neuankünfte und Abreisen zu haben und mit dem Hoteljournal in Übereinstimmung zu bringen. Darüber hinaus kann anhand dieses Buches das Empfangspersonal leicht Auskunft geben, in welchem Zimmer ein Gast, nach dem gefragt wurde, untergebracht ist. Beim Übertrag in das Hoteljournal ist zu beachten, daß dieser nicht nach den Zimmernummern, sondern nach dem Eingang bzw. nach der Eintragung fortlaufend erfolgt.

Hier sind durch neuzeitliche Hotelbuchführungssysteme wesentliche Vereinfachungen aufgezeigt.

---

[1] Muster des Logisbuches siehe Seite 134.
[2] Muster des Hoteljournals siehe Seite 130.

Logisbuch

Die Eintragungen werden aus dem Ankunftshilfsbuch übernommen.

Ankunft/Datum: _____

Abreise/Datum: _____

Zimmer-Nr.	Anzahl der Zimmer	Gäste	Kinder	Angestellte	Zimmerpreis	Pension	Garage	Bemerkung

Zimmer-Nr.	Anzahl der Zimmer	Gäste	Kinder	Angestellte	Zimmerpreis	Pension	Garage	Bemerkung

Das Logisbuch dient zur Feststellung

1. der An- und Abreisen,
2. der belegten Zimmer bzw. Betten,
3. der Tageseinnahmen aus der Zimmervermietung.

Die Eintragungen werden in das Hoteljournal übernommen. Im Gegensatz zum Ankunftshilfsbuch wird das Logisbuch in Reinschrift geführt. In das Ankunftshilfsbuch werden alle Eintragungen mit Bleistift gemacht, um sich bei eventuellen Änderungen mit dem Radiergummi helfen zu können.

Als Gegenkontrolle zum Logisbuch wird von den verantwortlichen Etagendamen das sogenannte Zimmerkontrollbuch geführt.

Das Zimmerkontrollbuch, welches vom Zimmermädchen geführt und nach Kontrolle durch die Etagenhausdame an den Empfang weitergereicht wird, hat folgende Einteilung:

Datum	Betten besetzt	Betten leer	Bäder besetzt	Bäder leer	Etage Zi-Nr.: von bis

Diese kleine Zimmerstatistik ist ein rein zahlenmäßiger Nachweis und ermöglicht dem Empfang, eine Gegenkontrolle zu führen und Fehler, die sich im Laufe des Tages eingeschlichen haben, sofort auszubügeln.

Changement (Laufzettel) (In der Fachsprache Room change)

Hotel Dorina
Konstanz/B.   Datum _____

Zimmerwechselbeleg

Herr/Frau/Frl. _____   wechselt von Zi.-Nr. _____
(Name des Gastes)

in Zi.-Nr. _____

Das Changement bestätigt _____
                                              (Journalführer)

Etagenkellner _____   Z-Mädchen d. alten Zi. _____

Etagenhausdame _____   Z-Mädchen d. neuen Zi. _____

Portier _____   H-Diener d. alten Zi. _____

Telefonzentrale _____   H-Diener d. neuen Zi. _____

Bestätigung des Frontbüros   _____
                                              Empfangschef

Der/die Empfangsmitarbeiter/in überwacht also neben dem Ankunftshilfsbuch, welches bereits beschrieben wurde, gleichzeitig die Führung des Logisbuches. Durch eine Gegenkontrolle mit dem Zimmerkontrollbuch können Fehler, wie sie zum Beispiel bei einem Changement entstehen, schnell aufgedeckt werden. Changement heißt, daß einem Gast auf Wunsch, in Übereinstimmung mit dem Empfang, ein anderes Zimmer zugewiesen wird. Dieses Changement wird eingeleitet durch einen Laufzettel, der von allen Personalangehörigen, die mit dem Gast zu tun haben, unterschrieben werden muß. Sodann wird eine Umbuchung im Logisbuch vorgenommen, die dann in das Hoteljournal übertragen wird (Muster des Laufzettels siehe Seite 128).

Der Room-Rack

Der Room-Rack ist ein ergänzendes Hilfsmittel, um momentane Zimmerbelegungen übersichtlich darstellen zu können. Der Anwender dieses Arbeitsmittels kann somit mit einem Blick feststellen, welche Zimmer im Augenblick belegt sind, welche Zimmer gerade frei sind, alle Zimmer, die am gleichen Tag noch frei werden, und eine Gesamtübersicht, welche Zimmer an die am Tage anreisenden Gäste noch vermietet werden können. Der Room-Rack ist allerdings nur für kurzfristige Anzeigen brauchbar. Langfristige Bestellungen werden in anderer Weise festgehalten.
Die Anzeige am Room-Rack erfolgt so:

Keine Einsteckkarte – Zimmer ist frei.

Einsteckkarte mit Namen und Datum der Abreise blockiert das Zimmer.

Einsteckkarte schräg aufgestellt, mit Namen und Abreisedatum, heißt „Zimmer ist bis dahin reserviert".

Einsteckkarte nur mit Namen und schräg aufgestellt heißt „Reservierung ist ab heute vorgesehen – Abreisedatum muß bei Ankunft erfragt werden".

Einsteckkarte mit Namen und abgeknickter rechter Ecke heißt „Reist heute ab".

Einsteckkarte in der Mitte geknickt und aufrecht eingesteckt heißt „Zimmer ist noch nicht gereinigt". Einsteckkarten können nur entfernt werden, wenn diese geknickt waren.

Einsteckkarte mit Namen des Gastes und zwei Daten bedeutet „Zimmer ist blockiert, es kann jedoch von . . . bis . . . vermietet werden".

Der Room-Rack wird je nach Anordnung des Empfangschefs zwei- bis dreimal täglich kontrolliert.
Die EDV-Betriebssysteme haben dieses wichtigste Arbeitsmittel eines Hotelempfangs früherer Zeiten weitgehendst abgelöst. Der Informationsablauf ist in den modernen Betrieben unserer Zeit den schnell arbeitenden EDV-Betriebssystemen überlassen.
Es gibt auch heute noch Betriebe, die trotz elektronischer Datenverarbeitung den Room-Rack weiter benutzen.

Der Empfang des Gastes (Arrivée)

Der Ablauf des Gästeempfangs. Die meisten Hotelgäste fahren mit ihrem eigenen Wagen. Gleich aber, wie der Gast eintrifft, ob mit einem hoteleigenen oder seinem Wagen, vom Moment der Vorfahrt an müssen alle Funktionen des Empfangsprogramms reibungslos, gekonnt und stilvoll, dabei auch gastlich, verbindlich und zwanglos abgewickelt werden.

Die Ankunft des Gastes wird vom Wagenmeister mittels Signalanlage (Klingel oder Lichtruf oder beides kombiniert) der Portierloge gemeldet. Wo der Posten des Wagenmeisters nicht besetzt ist, muß die Loge in der Halle so angeordnet sein, daß der Portier die Vorfahrt vollständig überblicken und damit jede Ankunft rechtzeitig wahrnehmen kann. Der Portier verständigt sofort den Hausdiener, der sich unverzüglich nach draußen begibt und sich des Gepäcks der Gäste annimmt. Der Empfangschef geht dem neuangekommenen Gast entgegen und begrüßt ihn, begleitet ihn dann in die Halle zur Rezeption. Und bereits von dem Moment an, da er dem Gast entgegengeht, beginnt für den Empfangschef die große Aufgabe, die gekonnt sein will und langjährige Erfahrungen voraussetzt: den Gesamteindruck, den der Gast auf ihn macht, so zu analysieren, daß er schon beim Herantreten an die Rezeption ein festumrissenes Konzept dafür hat, wie beide Belange – die Bedürfnisse, Wünsche und augenscheinlichen Möglichkeiten des Gastes einerseits und die kaufmännischen Vorteile des Hauses andererseits – sinnvoll aufeinander abgestimmt werden können. Daß und wie er vom Empfangschef taxiert wird, darf der Gast natürlich nicht merken. Er freut sich vielmehr darüber, daß er wie ein wirklicher Bekannter, als ein gerngesehener Gast des Hauses begrüßt wird, auch dann, wenn er nicht Stammgast ist. Ob er es aber wird, das entscheidet sich oft in diesen ersten Minuten und hängt fast ausschließlich vom Format des Empfangschefs und vom Können der Empfangspersonen ab.

Das kleine Handgepäck des Gastes wird inzwischen von dem herbeigerufenen Pagen oder Hotelboten abgenommen, der sich daraufhin in angemessenem Abstand abwartend verhält.

Mehr als 50 Prozent aller Hotelgäste sind abergläubisch. Ein geschulter, international geleiteter Hotelempfang sollte stets bemüht sein, dieser unausrottbaren Tatsache gerecht zu werden. Eine ausgezeichnete Idee ist die in der Praxis anzutreffende auswechselbare Nr. 12 (auf der Rückseite Nr. 13), um auch dem Gästetyp, der unbedingt ein Zimmer Nr. 13 mieten möchte, seinen Wunsch erfüllen zu können. Der größte Teil der abergläubischen Gäste lehnt die Nr. 13 jedoch kategorisch ab. Selbst solche Zimmernummern, die in der Quersumme die 13 ergeben, wie z. B. 85, 148, 274, 382 usw., werden nicht akzeptiert.

Freitag, der 13., ist für manche Gäste einer der schlimmsten Tage. Psychologen stellen sich die Frage, wo die Ansicht herrührte, daß dieses Datum stets ein sogenannter schwarzer Freitag sein müsse? Kommt es daher, daß an einem Freitag Christus gekreuzigt wurde und seitdem dieser Tag als Unglückstag gilt, oder ist es der Tatbestand, daß 13 die Zahl der Personen war, die beim letzten Abendmahl mit Jesus am Tisch saßen und dieser 13. der Verräter Judas war?

Keiner kennt den Grund, aber für den Hotelempfang ist es Fakt. Man richtet sich danach. Auch Flugverkehrsgesellschaften kennen dieses Problem.

> Richard Kirn, ein bekannter Frankfurter Journalist, betreute bis zu seinem Tode im Jahre 1979 das „Tagebuch" der „Frankfurter Neue Presse". Über die Zimmernummer 13 schrieb er: „Der Mann am Empfang hatte meine Karteikarte in der Hand. Ich sah flüchtig hin und sagte: ‚Nun, da hab' ich ja schon 10mal bei Ihnen gewohnt.' Aber er, mit geübtem Blick, berichtigte mich: ‚Genau 12mal.' Dann war es also das 13. Mal, und das war mir gar nicht recht. Ich bin nicht sehr abergläubisch, aber die 13 ist mir verhaßt. Ich muß sehen, daß ich möglichst bald wieder in diesem Haus einkehre, denn dann ist es das 14. Mal, und das ist dann wieder ganz normal."
> Gerhard Bronner, Wiener Kabarettist, über die Zahl 13: „Ich habe schon viele abergläubische Menschen gesehen. Aber noch keiner war so abergläubisch, daß er auf sein dreizehntes Monatsgehalt verzichtet hätte."

Alleinreisende Damen sollten aus Gründen ihrer Sicherheit möglichst in der Nähe von Treppen oder geräuschlosen Aufzügen untergebracht werden.

Mitunter gehen anspruchsvolle Gäste auf das klare Zimmerangebot des Empfangschefs nicht sofort ein, sondern lassen sich vor Erledigung von Formalitäten die in Frage kommenden Zimmer zunächst zeigen.

Durch diesen an sich wichtigen Dienst am Kunden wird entweder der Empfangschef oder ein Empfangsgehilfe unnötig und unzweckmäßig aufgehalten. Es ist daher aus Gründen der Zeitersparnis und der Rationalisierung zu empfehlen, dem Gast an der Rezeption einige Abbildungen der entsprechenden Zimmer vorzulegen, damit ihm Wahl und Entschluß erleichtert werden.

Wenn man sich jedoch zu diesem Verfahren der Bildvorlage entschließt, das übrigens in vielen Häusern angewandt wird, dann sollte man noch einen Schritt weiter gehen und die Zimmer auf Farbfotos abbilden.

Sobald der Gast eines der angebotenen Zimmer akzeptiert hat, werden die notwendigen Formalitäten erledigt. Dabei ist es erfreulich festzustellen, daß in fortschrittlichen Ländern die Vorlage des Ausweises der Vergangenheit angehört. Die aufgehobene Vorlage des Ausweises war vorher in der Tat in psychologischer Hinsicht für den Empfang ein belastendes Moment. Der Begriff „Gastlichkeit" wurde schon beim Eintreffen des Gastes empfindlich gestört. Obwohl aber grundsätzlich in fast allen Fällen die Ausweispflicht gefallen ist, hat das Hotel die Möglichkeit, durch eine verlangte, aber äußerst diplomatisch ausgeführte Vorlage des Ausweises die Richtigkeit der Angaben auf dem Meldeformular[1] zu überprüfen. Es liegt im Ermessen des Hauses, die Ausweispflicht beizubehalten, um sich so gegen Zechpreller, Diebe usw. zu schützen. In den meisten Fällen verzichtet lichtscheues Gesindel, wenn ein Ausweis vorgelegt werden muß, auf das Wohnen in dem betreffenden Haus.

---

[1] Fachsprache: **Registration card**

Das Fremdenbuch

Die Spalten 1 bis 13 stehen auf gegenüberliegenden Seiten im Fremdenbuch, so daß eine durchgehende Eintragung aller Angaben ermöglicht wird.

Lfd. Nr.	Tag der Ankunft	Zim-mer Nr.	Name (bei Frauen auch Geburtsname)	Vorname	Beruf	Geburts-		
						Tag	Monat	Jahr
1	2	3	4	5	6	7		

a) Geburtsort b) Kreis c) Staat (wenn Ausland)	Staats-ange-hörig-keit	a) Wohnort, Straße b) Kreis c) Staat (wenn Ausland)	In Begleitung der Ehefrau a) ja oder nein b) Vorname, geb. c) Geburtsdatum d) Geburtsort	der Kinder Zahl	Personalausweis Kennkarte, Reisepaß a) Nummer b) Ausstellende Behörde c) Datum der Ausstellung	Tag der Abreise
8	9	10	11		12	13
a)_____ b)_____ c)_____		a)_____ b)_____ c)_____	a)_____ b)_____ c)_____ d)_____		a)_____ b)_____ c)_____	
a)_____ b)_____ c)_____		a)_____ b)_____ c)_____	a)_____ b)_____ c)_____ d)_____		a)_____ b)_____ c)_____	
a)_____ b)_____ c)_____		a)_____ b)_____ c)_____	a)_____ b)_____ c)_____ d)_____		a)_____ b)_____ c)_____	
a)_____ b)_____ c)_____		a)_____ b)_____ c)_____	a)_____ b)_____ c)_____ d)_____		a)_____ b)_____ c)_____	

Fremdenbuch (Abbildung verkleinert)

Lieferung durch: HUGO MATTHAES DRUCKEREI UND VERLAG GMBH & CO. KG, Postfach 10 31 44, 70027 Stuttgart. Bestellnummer 2/FV.

Einzelpersonen haben nach wie vor den vorgelegten Meldeschein eigenhändig und wahrheitsgetreu auszufüllen. Bei Eheleuten sind die Personalien beider Ehepartner anzugeben, und die in Begleitung befindlichen minderjährigen Kinder sind nur der Zahl nach zu nennen. Bei Reisegesellschaften über 10 Personen schreibt z. B. das Hessische Meldegesetz vom 14. Juni 1982 vor, daß nur der Reiseleiter der Verpflichtung zu Abs. 1 unterliegt, wenn er über eine Liste mit den Namen der Mitreisenden verfügt: diese brauchen nur der Zahl nach unter Hinzuziehung der Angaben über das Herkunftsland benannt werden.

> Über die Eintragepflicht in Hotels in den zwanziger Jahren weiß ich ein kleines Geschichtchen von Karl Valentin zu erzählen. Karl Valentin gastierte im Jahre 1929 mit seiner bekannten Szene „Im Photoatelier" wieder einmal in Berlin. Entgegen seiner angeborenen Knausrigkeit stieg er in einem der bekanntesten Luxushotels ab. Der Empfangsangestellte bat um seine Eintragung in das vorgelegte Fremdenbuch, und Karl Valentin fing an, sich das Buch genau anzusehen, und las die Seite, auf der er sich eintragen sollte, von der ersten bis zur letzten Zeile. Der vielbeschäftigte Empfangsangestellte, der auch von anderen Gästen stark in Anspruch genommen wurde, begann diesen langwierigen Vorgang bereits unwillig zu beurteilen und fragte den Komiker mit leicht gespielter Entrüstung, ob er sich nun wohl einschreiben wolle. Karl Valentin, ein Komiker ganz besonderen Genres, der von Alfred Kerr so beschrieben wurde: „Er besteht aus drei Dingen – aus Körperspaß, aus geistigem Spaß und aus gewaltloser Geistigkeit!", antwortete ganz geschäftsmäßig in seiner trockenen bayerischen Art, jedoch ohne seine typischen grüblerischen Wortklaubereien: „Glauben Sie denn wirklich, ich setze meinen Namen unter etwas, was ich nicht gelesen habe?"

Nachfolgend der Wortlaut des Hessischen Meldegesetzes vom 14. Juni 1982 (GVBl. I S. 126) als Beispiel. Die Regelung der Meldepflicht ist Sache der Bundesländer. Das Bundesmeldegesetz (siehe Anhang) ist ein Rahmengesetz und den Ländergesetzen übergeordnet. Jedoch müssen die Ländergesetze die Bestimmungen des Bundesmeldegesetzes enthalten, sind aber sonst frei gestaltbar.

§ 26

Meldepflicht in Beherbergungsstätten

(1) Wer in Einrichtungen, die der gewerbs- oder geschäftsmäßigen Aufnahme von fremden Personen dienen (Beherbergungsstätten), für nicht länger als 2 Monate aufgenommen wird, unterliegt nicht den Meldepflichten nach § 13 Abs. 1 und Abs. 2 Satz 1. Sobald sein Aufenthalt die Dauer von 2 Monaten überschreitet, hat er sich innerhalb einer Woche bei der Meldebehörde anzumelden.

(2) Die beherbergten Personen haben am Tage der Ankunft einen Meldeschein handschriftlich auszufüllen und zu unterschreiben. Mitreisende Ehegatten können auf dem Meldeschein gemeinsam aufgeführt werden,

der von einem von ihnen auszufüllen und zu unterschreiben ist. Minderjährige Kinder in Begleitung der Eltern sind nur der Zahl nach anzugeben. Bei Reisegesellschaften von mehr als 10 Personen trifft die Verpflichtung nach Satz 1 nur den Reiseleiter, sofern er über eine Liste mit den Namen der Mitreisenden verfügt. Er hat die Mitreisenden der Zahl nach unter Angabe ihres Herkunftslandes anzugeben.

(3) Die Abs. 1 und 2 gelten entsprechend, wenn Personen in Zelten, Wohnwagen oder Wasserfahrzeugen auf Plätzen übernachten, die gewerbs- oder geschäftsmäßig überlassen werden.

(4) Abs. 2 gilt nicht für

1. Einrichtungen mit Heimunterbringung, die der Jugend- und Erwachsenenbildung, der Ausbildung oder der Fortbildung dienen,
2. Betriebs- und Vereinsheime, wenn dort nur Betriebs- oder Vereinsmitglieder und deren Familienangehörige beherbergt werden,
3. Jugendherbergen des „Deutschen Jugendherbergswerks e. V.",
4. Niederlassungen von Orden und Exerzitienhäuser der öffentlich-rechtlichen Religionsgesellschaften.

§ 27
Meldescheine für Beherbergungsstätten

(1) Der Leiter der Beherbergungsstätte oder sein Beauftragter hat Meldescheine bereitzuhalten und darauf hinzuwirken, daß der Gast seine Verpflichtung nach § 26 Abs. 2 erfüllt.

(2) Die Meldescheine müssen Angaben enthalten über

1. den Tag der Ankunft und den der voraussichtlichen Abreise,
2. den Familiennamen,
3. den gebräuchlichen Vornamen (Rufnamen),
4. den Tag der Geburt,
5. die Anschrift,
6. das Herkunftsland.

(3) Die Meldescheine sind von der Beherbergungsstätte für die Dienststellen der Vollzugspolizei sowie für die örtlich zuständigen Meldebehörden zur Einsichtnahme bereitzuhalten. Sie sind 1 Jahr aufzubewahren, vor unbefugter Einsichtnahme zu sichern und innerhalb eines weiteren halben Jahres zu vernichten.

(4) Für Zwecke der Erhebung des Kurbeitrages und für die Fremdenverkehrsstatistik dürfen weitere Angaben erhoben, gespeichert und Durchschriften der Meldescheine gefertigt werden. In diesem Fall ist der Meldepflichtige im Meldeschein hierauf hinzuweisen.

Die Führung des Fremdenbuches kann aus innerbetrieblichen oder organisatorischen Gründen erfolgen. Dies liegt in der Entscheidung des einzelnen Betriebes.

Quintessenz

Die letzten 18 Seiten dieses Fachbuches sind ein Rückblick in Zeiten vor der Etablierung moderner EDV-Betriebssysteme am Hotelempfang. Der Leser erkennt sehr deutlich, daß der organisatorische Grundkonsens erhalten geblieben ist und die manuelle Arbeit in gestraffter Form im Computer verarbeitet wird. EDV eröffnet jedem Hotelbetrieb, gleich welcher Größe, einen viel intensiveren Einblick in das betriebswirtschaftliche Geschehen. Allerdings sind sich Anwender von Betriebssystemen darin einig, daß durch einen nach oben gepowerten Einsatz von EDV ein Stück Empfangskultur, die sich in langen Jahren entwickelt hat, verlorengeht. Der menschliche Kontakt von Gastgeber zum Gast wird vernachlässigt. Wenn es um die Kultur im Umgang mit dem Gast geht, ist der Chefportier mehr denn je aufgerufen, das Interesse am Menschen, der Kunde und Gast ist, weiterzupflegen.

Der Zimmerausweis

Auf dem Zimmerausweis bleibt, neben den sachlichen Vermerken, wie Zimmernummer mit Preis und Datum, Raum für Hinweise aus dem allgemeinen Gastaufnahmevertrag, ferner für besondere im jeweiligen Hause übliche Regelungen, wie beispielsweise (siehe S. 147):

> Die Inanspruchnahme der Zimmer vor 9 Uhr oder später als 18 Uhr berechtigt die Hotelleitung zur Berechnung eines weiteren Tages.

oder

> Die Hotelleitung haftet nach den gesetzlichen Bestimmungen über den unentgeltlichen Verwahrungsvertrag für Geld, Wertpapiere und Schmucksachen nur, wenn sie ihr zur Aufbewahrung übergeben werden.

Wertgegenstände, wie Schmuck, Fotoapparate, wertvolle Pelze usw., sind als Kostbarkeiten im Sinne des § 701 BGB anzusehen.

Hierfür haftet der Gastwirt nur bis zu einem Betrag von 1500 DM. Der Beherbergungsbetrieb muß bei Verlust aller eingebrachten Sachen, unter Ausnahme des Vorgenannten, bis zum Hundertfachen des Beherbergungspreises für einen Tag, mindestens jedoch bis zu einem Betrag von 1000 DM und höchstens bis zu einem Betrag von 6000 DM haften. Beschränkungen müssen aber so ausgelegt werden, daß jeder Geschädigte bis zu einem Betrag von 1500 DM versichert ist. Auch die Tatsache, daß der Höchstdeckungsbetrag der Versicherung je Zimmer und Tag 1500 DM vorsieht, ändert daran nichts. Wird einem Ehepaar im Hotel Geld oder Schmuck gestohlen, so haftet der Gastwirt jedem Ehegatten einzeln bis zur Höchstgrenze. Nach dem Bürgerlichen Gesetzbuch ist der hundertfache Übernachtungspreis für einen Tag, mindestens aber bis zu 1000 DM und höchstens bis zu 6000 DM zu zahlen. Bei Geld, Wertpapieren oder Kostbarkeiten ist 1500 DM die Höchstgrenze (Oberlandesgericht Hamm – 11 U 61/72).

Der Gastwirt haftet unbeschränkt, wenn der Verlust oder die Beschädigung von eingebrachtem Gut von ihm oder seinem von ihm beauftragten Personal zugefügt wurde oder es sich um eingebrachtes Gut handelt, welches ihm zur Aufbewahrung übergeben wurde. Laut § 701 BGB Abs. 4 erstreckt sich die Ersatzpflicht nicht auf Fahrzeuge und Sachen, die in einem Fahrzeug belassen wurden, sowie auf lebende Tiere.

Aus: Welt der Gastlichkeit 12, Dezember 1992:

Checkliste
für die Betriebshaftpflichtversicherung
von Hotel- und Gaststättenbetrieben

Generell sollten neben dem Grundrisiko sowie den Zusatzrisiken (z. B. Kegel-/ Bowlingbahnen, Schwimmbäder, Rasenmäher, Sauna, Ärzte usw.) versichert sein:

– Beschädigung und Abhandenkommen durch Restaurantgäste zur Aufbewahrung übergebener Sachen
– Bewachte und unbewachte Garderobe
– Gäste-Kfz auf Parkplätzen, in Garagen usw. (Verschuldenshaftung)
– Gewässerschäden am Grundwasser sowie stehenden und fließenden Gewässern (z. B. durch Öl, Reinigungsmittel usw.)
– Schäden durch allmähliches Einwirken z. B. von Temperatur, Feuchtigkeit usw.
– Abwasserschäden durch Austritt von Schmutzwasser usw.
– Mietsachschäden an gemieteten/gepachteten Gebäuden und Räumen
– Bearbeitungs- und Tätigkeitsschäden einschließlich Außer-Haus-Lieferungen
– Be- und Entladeschäden an Fremdfahrzeugen
– Auslandsschäden
– Produkthaftung
– Tierhaltung

– Haus- und Grundbesitzerhaftpflicht
– Privathaftpflicht

Zusätzlich bei Beherbergungsbetrieben:

– Die begrenzte Gefährdungshaftung (ohne Verschulden) für Beschädigung und Abhandenkommen eingebrachter Sachen der Logiergäste bis zum 100fachen des Beherbergungspreises je Gast (Festlegung der Deckungssumme nicht je Zimmer)
– Zusatzdeckungssumme für die darüber hinausgehende Verschuldenshaftung für Beschädigung und Abhandenkommen eingebrachter Sachen der Logiergäste
– Zusatzdeckungssumme für die Aufbewahrung von Geld, Wertpapieren und Kostbarkeiten der Logiergäste

Spezielle Risiken wie z. B.:

– Beschädigung und Abhandenkommen bei Tagungen in das Hotel eingebrachter Sachen

- Vertragliche Haftungsübernahme für Abhandenkommen und Beschädigung von Musikinstrumenten oder sonst. Eigentum der Musiker
- Beschädigung oder Vernichtung von Gäste-Kfz auch ohne Verschulden des VN und seiner Mitarbeiter, falls

für den Gast nicht anderweitig Versicherungsschutz besteht
- Eigenständige Nebenbetriebe wie Bäckerei, Konditorei, Weinhandel usw.
- Bauherrenhaftpflicht

Auf einen Blick

In nachfolgender Tabelle vermittelt die Allianz-Versicherung einen Überblick über ein optimales Versicherungspaket, wie es aus den Erfahrungen ihrer Mitarbeiter heraus für die Risikosituation im Gastronomiegewerbe richtig ist. Natürlich ist und bleibt Sicherheit eine Frage der individuellen Gegegenheiten und der subjektiven Einschätzung.

Deshalb läßt diese Bewertung der einzelnen Versicherungsleistungen Spielräume offen.

Risiko	Versicherungslösung	Dringlichkeit Muß	Soll
Feuer	Feuerversicherung	X	
Einbruchdiebstahl	Einbruchdiebstahlversicherung	X	
Leitungswasserschaden	Leitungswasserversicherung	X	
Stillstand im Gastbetrieb	Betriebsunterbrechungsversicherung*		X
Glasbruch	Glasversicherung für Geschäftsbetriebe		X
Haftpflicht	Haftpflichtversicherung	X	
Fremdschaden bei Feuer	Feuerhaftungsversicherung		X
Angeordnete Betriebsschließung	Betriebsschließungsversicherung		X

* im Zusammenhang mit einer Feuer-, Einbruchdiebstahl- und Leitungswasserversicherung abzuschließen.

Quelle: Allianz Versicherung

Der Gesamtverband der Deutschen Versicherungswirtschaft e. V. (GDV), Walter-Flex-Straße 3 in 53113 Bonn – Abtl. Presse und Information –, hat unter dem Titel „Versicherung für Selbständige" eine 50 Seiten starke Broschüre herausgegeben. In dieser kostenlosen Schrift wird expliziert, welche Versicherungen bei einer Firmengründung unerläßlich sind. Der Leser dieser Schrift geht dann wohlvorbereitet in das Gespräch mit dem Versicherungsfachmann. Mit den kurz gefaßten und präzisen Empfehlungen kann er sich auf das Beratungsgespräch sehr präzise vorbereiten und somit ein Über-, Unter- oder Falschversichern vermeiden.

Vom Zimmerausweis soll ein Werbemoment ausgehen. Jedes Mehr an Klauseln wäre also von Übel. Vor allem dann, wenn versucht wird, die Haftpflicht der Hotelleitung völlig außer Kraft zu setzen. Abgesehen davon, daß ein solcher Versuch im Widerspruch zu den gesetzlichen Bestimmungen steht, wird mancher Gast aus solchen Klauseln sittenwidrige Vertragspunkte herauslesen und niemals wiederkommen. Bei der Gastaufnahme besonders pfiffig und klug sein zu wollen, mag rein juristisch mitunter erfolgreich sein, mit Gästewerbung aber hat das nichts zu tun.

Die Angabe des Zimmerpreises auf dem Zimmerausweis genügt nicht. Das Haus ist verpflichtet, dem Gast im Zimmer die Möglichkeit zu bieten, durch einen Preisaushang festzustellen, ob der auf dem Zimmerausweis genannte Preis der gleiche ist wie der Preis auf dem Aushang.

Der Hotelzimmerpreis in der Preisangabenverordnung

Dem Hotelgast und Besucher von Gaststätten und Restaurants gibt diese Vorschrift eindeutige Klarheit über die Preise. Die Inhaber von Beherbergungsbetrieben sind nach dieser Verfügung verpflichtet, in jedem Hotelzimmer leicht einsehbar einen Preisaushang anzubringen, auf dem der Zimmerpreis – als Einzel- oder Doppelzimmer – einschließlich Bedienungsgeld und Mehrwertsteuer als Inklusivpreis ausgewiesen ist. Die Einbeziehung des Frühstücks ist nicht zwingend vorgeschrieben. Weiter muß auf dem Preisaushang ersichtlich sein, ob die Vermietung in der Haupt-, Vor- oder Nachsaison angeboten wird.

Die Preisangabenverordnung fordert auf dem Zimmeraushang auch die Preisangabe für die Gebühreneinheit bei Benutzung des Telefons. Im Gegensatz zur Post muß der Gastwirt für jede von Gästen verursachte und verrechnete Gebühreneinheit Mehrwertsteuer bezahlen und hat außerdem beträchtliche Kosten durch den Einbau einer Telefonanlage, deren ständigen Wartung und Service zu tragen, was sich auf den Gebührenpreis pro Telefoneinheit niederschlagen muß.

Somit wurde in der Preisangabenverordnung eindeutig der allgemeine Grundsatz festgeschrieben, wonach das Gastgewerbe Bedienungsgeld und sonstige Zuschläge im ausgezeichneten Endpreis mit einzurechnen hat.

Die Zusammenfassung mehrerer Leistungen wie Zimmer, Frühstück und den Zuschlägen ist zulässig und erwünscht. Jedoch besteht für den Frühstückspreis hierzu keine Verpflichtung. Wenn jedoch der Zimmer- und der Frühstückspreis zusammengefaßt werden, ist eine Aufgliederung nur zulässig, wenn sich der Gast darauf beschränken kann, nur 1 Leistung in Anspruch zu nehmen und auch nur für diese zu bezahlen.

Siehe auch Zimmeraushang nächste Seite, Bestell-Nr. GV-35.

Endpreis   Inclusive rates   Prix inclusif

Zimmer Nr. Room No. Chambre No.

_____

	Hauptsaison*	Nebensaison
	*Peak season**	*Inbetween-*
	*Saison**	*season*
		Hors saison

Der Übernachtungspreis (Zimmer, Frühstück,
Service, Mehrwertsteuer) beträgt
Price per night (room, breakfast, service charge, and VAT)
Prix de la chambre (chambre, petit déjeuner, service et TVA)

Einbettzimmer   DM _____ _____
Single rooms/pour 1 personne

Zweibettzimmer   DM _____ _____
Double rooms/pour 2 personnes

Als Aufschlag zum Zimmerpreis berechnen wir für
Additional to the price per night
Supplémentaire au prix de la chambre

Vollpension   DM _____ _____
Full-board/Pension complète

Halbpension   DM _____ _____
Half-board/Demi-pension

Telefon/*Telephone/Téléphone* DM _____ _____
Preis einer Gebühreneinheit
Price for one unit/Prix par unité

In den Preisen sind alle Steuern und Abgaben enthalten.
All taxes and other charges are included
Toutes taxes et autres impôts sont inclus

* Diese Preise gelten für die Zeit vom   bis
 These prices are valid for the time from *to*
 Ces prix sont valables pour la période du *au*

HUGO MATTHAES DRUCKEREI UND VERLAG GMBH & CO. KG, STUTTGART, GV-35

Die Preisanschriftpflicht in der Schweiz

Die Schweiz hat nunmehr mit ihrer sogenannten Preisanschriftpflicht, wie der offizielle Titel dieser gesetzlichen Verfügung heißt, nachgezogen. Seit 1976 müssen alle Schweizer Vermietungsbetriebe eine transparente Preispolitik betreiben. Vor dieser Zeit waren nur die Tessiner Hoteliers aufgrund eines kantonalen Gesetzes an eine Preiskundmachung gebunden.

Die Preise müssen dem Gast am Empfang mündlich oder schriftlich mitgeteilt werden. Auch im Hotelzimmer müssen die Preise durch einen Aushang dem Gast zugänglich gemacht werden. Betriebe, die dieser Preisanschriftpflicht nicht nachkommen, machen sich strafbar.

Das Gesetz schreibt weiter vor, daß die im Preis nicht eingerechneten Bedienungsgelder deutlich beziffert sein müssen. Erhöht ein Hotelier seine Preise, dann ist er verpflichtet, seine Aushänge in den Zimmern zu ändern, und auch an der Rezeption müssen dem Gast die neuen Preise mitgeteilt werden.

Der Zimmerausweis und seine Funktion

Die freibleibenden Seiten des Zimmerausweises sind meist mit Reklameaufdrucken von Banken, Reisebüros, Blumengeschäften, Friseuren usw. versehen. Auf diese Zimmerausweise sollten fortschrittliche Hotels und Gasthöfe nicht verzichten, zumal sie vom Gast besonders dann sehr geschätzt werden, wenn sie ihn bereits mit kurzen Stichworten über Eigenheiten des Orts informieren und somit die Eigenschaft eines

Name des Hotels **Straße, Ort** Telefon, Telegrammadresse, Telex Fax-Nummer Name des Gastes _____ _____ Ankunft _____ Zimmer-Nr. _____ Zimmer-Endpreis _____ DM	Der Inklusivpreis gilt für eine Übernachtung pro Vermietungseinheit. „In dem Inklusivpreis sind der Zimmerpreis einschließlich Frühstück, Bedienungsgeld und Mehrwertsteuer enthalten." Die Hotelleitung haftet nach den gesetzlichen Bestimmungen über den unentgeltlichen Verwahrungsvertrag für Geld, Wertpapiere und Schmucksachen nur, wenn sie ihr zur Aufbewahrung übergeben wurden. DEN GÄSTEN STEHT UNSER HOTELSAFE ZUR VERFÜGUNG.
Vorderseite	Innenseite

Skizze eines Zimmerausweises (Originalgröße DIN A7, aufgefaltet DIN A6)

kleinen Ortsführers haben. Außerdem kommt die Zimmerkarte der Jagd nach dem Souvenir – ein Sport, der sich immer mehr ausbreitet – fast ideal entgegen, macht sich doch der Gast ungewollt zum Werbeträger, und schließlich läßt sich bei einem eventuellen Unfall oder dgl. schnell feststellen, wo der Inhaber abgestiegen ist.

Darüber hinaus ist der Zimmerausweis aber auch unbedingt ein Sicherheitsfaktor, wenn die Aushändigung des Zimmerschlüssels an den Gast von ihrem Vorzeigen abhängig gemacht wird. Das ist besonders dann notwendig, wenn das am Abend ablösende Personal den während des Tages eingetroffenen Gast nicht persönlich kennt. Diese auf dem Zimmerausweis basierende Methode ist geeignet, der Hotelleitung manch unliebsame Überraschung zu ersparen.

Die Empfangsarbeit während Tagen mit hoher Kapazitätsausnutzung

Dem/der Empfangsmitarbeiter/in ist zu raten, daß er sich schon während der Abwicklung der Formalitäten beim Gast erkundigt, wie lange er zu bleiben beabsichtigt. Diese Frage ist vor allem dann unerläßlich, wenn das Haus durch besondere Anlässe (Kongresse, Messen und dgl.) sehr stark in Anspruch genommen wird. Sicher wird der eine oder andere Gast seinen ursprünglichen Plan umwerfen, erfahrungsgemäß bleibt das aber auf einzelne beschränkt. Auf jeden Fall hat der/die Empfangsmitarbeiter/in mit dieser Information eine größere Bewegungs- und Dispositionsfreiheit.

Die Angestellten im Hotelempfang kommen an Messetagen oft in große Bedrängnis, weil die Nachfrage nach Vermietungsraum höher ist als das Angebot. Nach solchen Hochdrucktagen beginnt wieder der Hotelalltag, und leider ist dann oft für die vor dem Hotelbau prognostizierten Kapazitäten weniger Nachfrage vorhanden, als dies Fachleute in ihrer Vorausschau feststellten. Die geschätzten Bedarfslücken, so stellt man dann fest, wurden von Optimisten unter der Voraussetzung eines anhaltenden wirtschaftlichen Booms ohne Störung errechnet. In diesem Zusammenhang fällt mir ein netter Ausspruch von Georges Pompidou ein, der mir anläßlich eines Banketts unter Fachleuten von einem Kollegen erzählt wurde. Er lautete ungefähr so: „Ein Ruin kann drei Ursachen haben: Wetten, Frauen oder die Befragung von Fachleuten!"

Die von den Fachleuten eingeplanten Überseetouristen aus allen Ländern, besonders aber aus Amerika, ließen wegen zeitweisen Dollarverfalls ihren geplanten Deutschlandtrip ausfallen, der Geschäftsreiseverkehr wurde allgemein im Hinblick auf die wirtschaftliche Rezession verringert, und nicht zuletzt haben die Hotelgäste ihre Ansprüche stark eingeschränkt und sind in für sie billigere Hotels ausgewichen. Mittlerweile wurde auch den Außenstehenden klar, daß am echten Marktgeschehen vorbeigeplant wurde, ähnlich wie bei der Erstellung von Büroräumen in Großstädten. Die augenblickliche Überkapazität in der Hotellerie ist eine Tatsache, auf die sich der Hotelleiter einstellen muß. Aber die nachlassende Nachfrage und die enorme Kostensteigerung haben gute Betriebsergebnisse der Großhotels zu einer fast unlösbaren Aufgabe werden lassen. Der in der Praxis tätige Empfangsangestellte kennt die Problematik seiner Branche. Weltweit gerät die Hotelindustrie infolge großer Überkapazitäten in eine Krise. In nächster Zeit kann nur die normale Reaktion auf effektives Nachfrageverhalten einen stürmischen Neubauboom in verträgliche Bahnen lenken. Dieser Hinweis auf die Überkapazitäten ist für die nachrückenden Newcomer als Information gedacht.

Die erwähnten Wechselbäder bestimmen für die nächsten Jahre die Geschäftssituation in der Hotellerie allgemein und insbesondere in der Rezeption. Es mag sein, daß die Unbeständigkeit, zwischen Wolkenbruch und Sandwüste hin und her pendelnd, Empfangsangestellte mißmutig macht und bei manchem der Gedanke aufkommt, lieber wieder in der inneren Hotelverwaltung tätig zu werden oder in das Restaurant überzuwechseln. Wenn man unzufrieden ist, sollte man diesen Ausweg wählen, wenn er einem geboten wird.

Allgemeines zur Abwicklung des Hotelempfangs

Nach Abwicklung der Formalitäten begleitet der Empfangschef oder ein Empfangsangestellter den Gast zum Lift, der Page folgt mit dem Handgepäck. Der Zimmerkellner der betreffenden Etage erhält vom Empfang ein Rufzeichen, das ihm die unmittelbare Ankunft anzeigt. Der Etagenkellner begrüßt den Gast an der Lifttür und begleitet ihn über den gepflegten, womöglich mit Vitrinen ausgestatteten, vor allem aber hellen Korridor zum Zimmer.

Vitrinen beleben in sehr sympathischer Weise den Etagenflur, und der Gast weiß diese Annehmlichkeit zu schätzen, die ihm neben der Unterhaltung auch die verschiedenen Einkaufsmöglichkeiten des Ortes aufzeigt. Selbstverständlich müssen diese kleinen Schaufenster immer blankgeputzte Scheiben haben, keinen Staub im Inneren aufweisen und geschmackvoll ausgestattet sein. Dem jeweiligen Geschäftsmann, der eine solche Vitrine von der Hotelleitung mietet, müßte zur Auflage gemacht werden, daß der Inhalt öfter gewechselt wird und die Preisgestaltung keine andere ist als in dem Hauptgeschäft des betreffenden Orts.

Darüber hinaus muß die Aufstellung von Vitrinen in Hotelfluren, Hotelhallen oder auch in sonstigen für jeden Gast zugänglichen Räumen so vorgenommen werden, daß hierdurch kein Platz für den allgemeinen Betriebsablauf verlorengeht. Auch die zeitlichen Abmachungen mit den Vertragspartnern sollten derart festgelegt werden, daß die Hotelleitung den dafür notwendigen Platz kurzfristig für sich wieder in Anspruch nehmen kann. Es sollte ebenfalls darauf geachtet werden, daß kein Vitrinenmieter oder -aufsteller diese kleinen Schaufenster für etwas anderes benutzt, als dies ursprünglich abgesprochen wurde. Auch die Weitergabe an andere Geschäftsleute darf nur in Übereinkunft mit der Hotelleitung möglich sein.

Innerhalb der Flure und Treppen in einem gutgeführten Hotel sollte keine Zugluft herrschen, und gegen Geruchsbildung aus den Wirtschaftsräumen sind Abschlüsse der Etagenzugänge empfehlenswert. Die Flure und Treppen, soweit diese von Gästen begangen werden, sollten mit trittschallschluckender Teppichware ausgelegt sein, und wenn Niveaudifferenzen nur durch Stufen ausgeglichen werden können, müssen diese hell und von weitem sichtbar ausgeleuchtet sein.

Jedem, auch dem ausländischen Gast, der die Sprache des Landes nicht oder nur mangelhaft beherrscht, sollte es ohne Schwierigkeiten möglich sein, sich auf Treppen und Hotelfluren zu informieren und zu orientieren. Mit der Einführung einprägsamer und geeigneter Piktogramme haben eine Reihe von Betrieben und auch viele Verkehrsverbände einen wesentlichen Schritt zur leichteren Orientierung des internationalen Hotelpublikums ohne verbale Erklärung unternommen. Piktogramme nennt man Zeichen oder Symbole, die mit einem Bild oder manchmal mit einem Buchstaben einen Begriff so klar kennzeichnen, daß er auch von Anderssprechenden verstanden werden kann. Auf Hotelrechnungen, Prospekten und in internationalen Hotelführern gibt es ähnliche Orientierungshilfen. Untenstehend sind 32 Piktogramme abgebildet, die auf Empfehlung der Europäischen Gemeinschaft in allen Ländern einheitlich verwendet werden sollen.

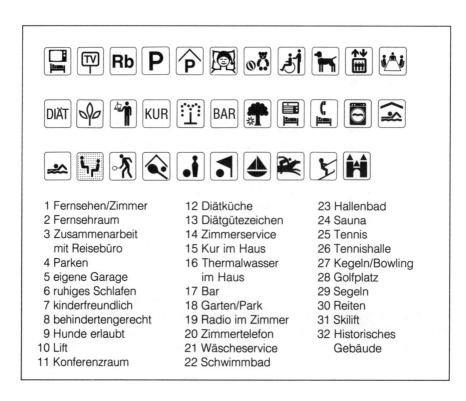

1 Fernsehen/Zimmer	12 Diätküche	23 Hallenbad
2 Fernsehraum	13 Diätgütezeichen	24 Sauna
3 Zusammenarbeit mit Reisebüro	14 Zimmerservice	25 Tennis
4 Parken	15 Kur im Haus	26 Tennishalle
5 eigene Garage	16 Thermalwasser im Haus	27 Kegeln/Bowling
6 ruhiges Schlafen	17 Bar	28 Golfplatz
7 kinderfreundlich	18 Garten/Park	29 Segeln
8 behindertengerecht	19 Radio im Zimmer	30 Reiten
9 Hunde erlaubt	20 Zimmertelefon	31 Skilift
10 Lift	21 Wäscheservice	32 Historisches Gebäude
11 Konferenzraum	22 Schwimmbad	

Ein transparentes, selbstleuchtendes Sicherheitszeichen erlaubt einem sogenannten Notlicht, bei normaler Lichtstärke sowie im Dunkeln zu leuchten. Wenn das Notlicht ausfällt, leuchtet ein solches Sicherheitszeichen eine Stunde oder auch länger und ist auch aus einer größeren Entfernung sichtbar. Texte und graphische Symbole können leicht auf diesen Notleuchten angebracht werden.

Der weitere Verlauf des Empfangs

Nach dem Betreten des Zimmers überprüft der Etagenkellner nochmals kurz alle Einzelheiten, vergewissert sich, ob alles in Ordnung und vorhanden ist, wobei auch das Badezimmer nicht vergessen werden darf. Währenddessen ruft er auch das Zimmermädchen. Der Gast hat somit das gesamte Personal kennengelernt, mit dem er für die Dauer seines Aufenthalts unmittelbar zu tun haben wird. Diesen Stil des Gästeempfangs auf der Etage trifft man leider nur noch in internationalen Grandhotels an.

Vom Portier angewiesen, hat der Hausdiener inzwischen das Gepäck des Gastes herbeigeschafft. Das Zimmermädchen erkundigt sich beim Gast, ob seine Hilfe beim Auspacken erwünscht sei. Auch der Etagenkellner stellt Fragen nach besonderen Wünschen des Gastes. Ist er zufriedengestellt, begeben sich beide, Etagenkellner und Zimmermädchen, zurück zum Etagenoffice.

Wünscht ein Gast einen Arzt in seinem Zimmer zu empfangen, so hat der Empfangsverantwortliche dafür Sorge zu tragen, daß dieser Besuch diskret vonstatten geht. In keinem Hotel wird der Arzt, welcher auf Krankenbesuch ist, gern gesehen, und ein gewisser Kreis von Gästen verursacht gerne eine Panik. Bei einem wiederholten Besuch geht dann meist schon das Gerücht von unheilbaren oder ansteckenden Krankheiten im ganzen Haus herum. Hier ist also äußerste Diskretion empfohlen!

In Arbeitsstätten mit großer räumlicher Ausdehnung müssen Krankentragen an gut erreichbarer Stelle vorhanden sein. Desgleichen Erste-Hilfe-Sanitätskästen für Brandverletzte und leicht erreichbare Rettungssäulen mit Erste-Hilfe-Ausstattung.

Der Portier setzt sich nun mit dem Gast in Verbindung, um zu klären, ob der Wagen, der noch auf dem Parkplatz vor dem Hoteleingang steht, in die Garage gefahren werden soll oder ob ihn der Gast noch weiter benötigt bzw. selbst in die Garage fahren will. Sofern der Hotelgarage ein Autoservice angeschlossen ist, erkundigt sich der Portier bei dieser Gelegenheit auch noch nach dem Zustand des Wagens und danach, ob irgendein Wartungsdienst notwendig ist. In der Hotelgarage, verbunden mit Tankstelle und Wartungsdienst, liegen überhaupt noch einige Reserven, die von den Hotel- und Gaststättenbetrieben, wenigstens in Mitteleuropa, unverständlicherweise nur zögernd ausgeschöpft werden. Der Hotelier haftet für alle Beschädigungen an einem Wagen und für dessen Verlust, wenn das Fahrzeug eine eingebrachte Sache ist, das heißt, wenn es an einem Platz abgestellt wurde, der ihm vom Hotelier oder einer beauftragten Person angewiesen wird. Sind jedoch die Garagen besetzt, dann tritt die

Haftung nur dann ein, wenn dem Gast von der Hotelleitung bedeutet wird, den Wagen auf einem anderen Platz abzustellen.

Unverzüglich nach Erledigung der Formalitäten hat der/die Empfangsmitarbeiter/in für den Gast den Check-in durchgeführt. Der Ankunftstag erscheint auf dem eröffneten Konto. Bei einem Stammgast überzeugt sich der/die Mitarbeiter/in davon, daß vom letzten Besuch kein Restbetrag mehr offensteht. Ist dies jedoch der Fall, wird der Restbetrag sinngemäß auf das neue Konto übertragen. Sämtliche Leistungen des gesamten Betriebs, die der Gast während seines Aufenthalts in Anspruch nimmt und nicht sofort bar bezahlt, werden vom Betriebssystem auf das eröffnete Konto übernommen.

Mit dem Vorgang der Gastaufnahme ist die Arbeit des Empfangsdienstes aber keineswegs abgeschlossen. Im Gegenteil, solange jetzt der Gast im Hotel wohnt, wird er sich mit all seinen besonderen Wünschen in erster Linie an den Portier wenden, der es im allgemeinen meisterhaft versteht, die kleinen und großen Wünsche zu erfüllen.

Den Gast im Hause aufzunehmen und gut unterzubringen, ist daher nur die erste der vielen Obliegenheiten, die unter dem Begriff „Gästebetreuung" zusammengefaßt werden. Diese Aufgaben aber müssen glänzend gelöst werden. Der wirtschaftliche Erfolg eines Hauses hängt, auf die Dauer gesehen, von dem Grade und der Güte seiner Gästebetreuung ab. Es wird sich erweisen müssen, daß der vorbildliche Empfang keine Einzelleistung oder nur ein Strohfeuer war, sondern vielmehr ein Auftakt und Ausdruck für das, was vom Hotel auf dem Gebiet der Gästebetreuung als Norm zu erwarten ist. Der gekonnte Empfang ist also sozusagen ein Garantieversprechen an den Gast. Als solches wird er es auch nehmen, und auf dieses Versprechen wird er sich unwillkürlich bei seinen Wünschen und in der Vorstellung über die Leistungsfähigkeit des Hauses immer beziehen. Den Maßstab für die Beurteilung des Hauses gewinnt der Gast ausschließlich aus der an ihm selbst praktizierten Gästebetreuung. Keinen Mitarbeiter soll ein Zimmerzwischenfall aus der gewohnten Ruhe bringen.

Was ist ein Zimmerzwischenfall? Wenn beispielsweise Mr. Eagle mit einer Überseekiste voller singender Puppen in einem Pariser Hotel absteigt und vom Zimmermädchen in der Abendgarderobe auf dem Teppich sitzend spielend angetroffen wird, dann sollte es der Aufforderung des Gastes unbedingt Folge leisten und beim Verpakken der Puppen in die Spezialkisten helfen und sich danach fleißig in Diskretion üben. Ein Gast mit besonderen Eigenheiten und persönlichen Freiheiten, auch wenn dies dem beteiligten Personal auf die Nerven geht, soll geduldet werden, solange die anderen Hotelbewohner nicht in Mitleidenschaft gezogen werden. Diskretion und Takt sind allerdings höchstes Gebot. Jedes Aufsehen sollte vermieden werden, wenn es sich nur um kleine Schwächen und erträgliche Eigenheiten handelt.

Die wesentliche Voraussetzung für praktizierte Gästebetreuung ist ein geschultes, ausgesuchtes und gut aufeinander eingespieltes Empfangs- und Etagenpersonal. Auch hier gilt als Regel, daß die Güte eines Hauses vor allem von den Qualitäten seines Personals abhängig ist. Der Gast erwartet, auf seine Bedürfnisse und Wünsche bezogen, daß die vom Personal getragene Betriebsorganisation fehlerlos funktioniert. Enttäuschungen in dieser Hinsicht sind fatal, offensichtliche Pannen ärgerlich, Hilflosigkeit oder gar Fehler niederschmetternd.

Der Gast und sein Hotelzimmer

Wenn auch der Gast allen anderen Raumgruppen des Hotels Interesse entgegen-
bringt – für das Gastzimmer interessiert er sich naturgemäß am meisten.
Den ersten Eindruck, den ein Gästezimmer dem Gast vermittelt, möchte man daher,
seiner Bedeutung nach, noch als ein Teil des Empfangs ansehen. Der Gast von heute
zeigt sich auf dem Gebiet der Raumgestaltung verwöhnt. Ein alltäglicher, gleichsam
uniformierter Hotelzimmercharakter stößt ihn ab. Es beginnt schon bei der Tapete –
ein fortschrittliches Hotel sollte zwei Arten von Räumen haben, also gestrichene und
tapezierte, um den Gast wählen zu lassen, führt weiter über den Fußbodenbelag,
wobei sich gerade hier die Lieferindustrie die neuesten Erkenntnisse für Hotels besonders angelegen sein läßt, bis zu den Einrichtungsgegenständen, Vorhängen und
Beleuchtungskörpern. Alles muß Atmosphäre haben, um Zuspruch zu erhalten. Eine
fortschrittliche Hotelleitung wird daher die Räume so gestalten, daß sie heutigem Stil-
empfinden entsprechen und jedem Gast zusagen. Das gilt nicht nur für die Einrichtung, sondern auch für die Farben und deren Kombinationen. Ganz abgesehen vom
kultivierten Geschmack werden die allgemeinen bekannten Gesetze moderner Farb-
psychologie, so scheint es, in unserem Gewerbe nicht genügend beachtet. Wärme in
der Farbstimmung, in der Beleuchtung und eine gewisse Raumruhe sind wichtig für
ein Haus, das dem Gast gepflegte Ruhe zur Entspannung bieten soll. Die Raumstim-
mung hängt also zum größten Teil von der Farbgebung ab. Der Gast wünscht eine
bequeme, womöglich heimische, zumindest aber wohnliche Atmosphäre und ganz
bestimmt eine, die dem Gesamtcharakter des Hauses angemessen ist.
Allgemein kann man sagen, daß sich ein Hotel mit all seinen Räumen als ein Ort der
Begegnung mit Menschen und Dingen begreifen muß. Der Hotelarchitekt unserer Zeit
muß Räume, Dinge und deren Beziehungen zueinander so gestalten, daß sie dem
Gast Lebensintensität vermitteln. Gerade durch eine bewußt heitere und farblich
abgestimmte Gestaltung der Umgebung kann der Gast in dieser Grundhaltung
bestärkt werden. Eine Vitalisierung aller Hotelräume, verbunden mit einem bewußten
Abrücken von sterilen und überholten Standardbegriffen in der Gestaltung von Hotelzimmern, bringt sicher einen neuen und interessanten Kundenkreis. Dies gilt in besonderer Weise auch für die Hotelhalle, die man heute mehr denn je als einen Kommuni-
kations-Treffpunkt versteht. Manche Hotelgesellschaften haben die Zeichen der Zeit
erkannt und mit der Eröffnung von All-Suites-Hotels in Deutschland innovative Schritte
nach vorne vollzogen. Hotels im mittleren Preissegment werden sowohl in Quantität
als auch in Qualität zukünftig zunehmen.
In den letzten Jahren haben sich die Ansprüche der Gäste ganz erheblich gewandelt.
Der allgemeine Trend geht mehr und mehr dahin, aus dem Hotelzimmer eine kleine
komfortable Wohnung auf Zeit mit Minibar zu machen, in der sich der Gast wohl fühlt.
Oft haben die Hotelzimmer schon teilweise den Charakter eines Appartements.
Die überlegte Anordnung der Möbel gestattet dem Gast, neben seinem Schlafplatz
gleichzeitig ein Arbeitszimmer, eine Frühstücksecke und einen gemütlichen Platz für
den Abend zur Verfügung zu haben. Hierfür braucht der Raum nicht groß zu sein.

Der Gast legt also vorrangig Wert auf den Komfort seines Hotelzimmers. Für den Hotelleiter spielen jedoch auch praktische Gesichtspunkte eine große Rolle. Das Problem der ständigen Personalknappheit – trotz Arbeitslosigkeit – zwingt ihn, besonders darauf zu achten, daß Zimmer und Mobiliar mit wenig Mühe und in relativ kurzer Zeit gereinigt und gepflegt werden können. Gerade hinsichtlich der periodisch notwendigen Malerarbeiten gibt es jetzt eine kunststoffbeschichtete Tapete, die wie gewohnt an die Wand geklebt wird, aber herkömmlichen Tapeten gegenüber gänzlich wasserunempfindlich ist und rasch gereinigt werden kann. Wichtige praktische Hinweise finden Sie unter dem Kapitel „Das moderne und zeitgemäß ausgestattete Hotelzimmer".

Minibar

Der Getränkeservice im Hotelzimmer war zu allen Zeiten recht problematisch, weil die Bereitstellung von Personal für diese Umsatzsparte in keinem rechten Verhältnis zum echten Umsatz steht. Heute reduziert man fast überall den ganztägigen Zimmerservice auf nur wenige Stunden am Tag. Die Alternative, die ein fortschrittliches Hotel dem Gast heute bietet, ist die Minibar. Sie besteht aus einem 30-/35-/40-/55- oder 56-Liter-Kühlschrank mit vollautomatischer Abtauung, Eiswürfelbereitung und Innenbeleuchtung. Bei den Getränkepreisen ist besonders zu beachten, daß diese nicht teurer als an der Hausbar sind.

Man sollte nur Geräte aussuchen, bei denen der Türanschlag wechselbar ist und die mit Kunststoffrollen versehen sind, um den Standort im Zimmer beliebig bestimmen zu können. Der Wareneinsatz-Schnitt sollte keinesfalls 35 % überschreiten. Bei Entfallen der Minibar-Kontrolle infolge der hohen Kosten, die hierfür anfallen, ist das Hotel doch auf die Ehrlichkeit der Gäste angewiesen, die den Abrechnungszettel beim Check-out vorlegen. Fragt der Kassierer nicht danach, ist der Minibar-Verzehr für das Haus verloren. Nachdem die Gäste kaum wissen können, ob eine Minibar-Kontrolle durchgeführt wird, nimmt eine Hotelleitung an, daß der Gast seine Angaben richtig auf dem Kontrollzettel ankreuzt.

Über einem Minibar-Kühlschrank befindet sich ein abgeschlossenes Vorratsfach, das vom Einkauf einmal in der Woche aufgefüllt wird. Der Zimmerdienst kontrolliert die Minibar und entnimmt aus diesem abschließbaren Vorratsfach die Ergänzungen der entnommenen Getränke. Sollte die eine oder andere Getränkesorte ausgegangen sein, kann das Komplettieren durch Vorräte im Nachbarzimmer ausgeglichen werden, ohne den Arbeitsplatz zu verlassen.

Von vielen ausländischen Hotels wird inzwischen abgelehnt, das Frühstück ans Bett zu servieren. Französische Hotels haben teilweise Schilder ausgehängt: „Frühstück aufs Zimmer nicht mehr möglich – Personalmangel!" In skandinavischen Hotels steht im Zimmeraushang rot unterstrichen zu lesen: „Um 10 Uhr möchten wir spätestens die Betten machen! Frühstücken Sie bitte im Restaurant!" In Dänemark gibt es Aushänge: „Kein Frühstück im Bett – im Interesse Ihrer Gesundheit!"

Auch eine Reihe deutscher Hoteliers rechnet damit, daß in den kommenden Jahren der Zimmerservice, vor allem hinsichtlich des morgendlichen Frühstücks, immer weiter eingeschränkt oder ganz abgebaut wird. Der Etagenservice erfordert sehr viel Personal und kostet ein Hotel zusätzliches Geld, das in keiner Relation zu den Einnahmen steht.

Es gibt aber in der Gegenwart und hoffentlich auch in der Zukunft noch eine gewisse Anzahl von Hotels, die es mit dem Hotelfrühstück und dem Etagenservice halten, nämlich konventionell.

Das zeitgemäße und modern ausgestattete Hotelzimmer

Der ganze gekonnte Empfangsablauf verliert seine Wirkung, wenn man in Einrichtung und Ausstattung der Hotelzimmer den Ansprüchen der Gäste nicht genügen kann. Dabei sind die Modernisierung und die geschmackvolle Ausgestaltung der Fremdenzimmer oft mit einem geringen Aufwand durchführbar. Es braucht in einem Haus der Mittelklasse nicht gleich Luxus zu sein. Gediegenheit auf den ersten Blick ist heute auch in den niedrigen Preisklassen möglich. Wenn man das Beherbergungsgewerbe großräumig überblickt, ist die erste Forderung des Gastes, daß er sich in seinem Hotel- bzw. Fremdenzimmer wohl fühlen kann. Diese Grundforderung ist in den Häusern der Spitzenklasse ursächlich dafür, daß die Planung und Einrichtung von Hotelzimmern absolute Spezialistenarbeit ist. Denn alle Elemente, die für eine Funktionalität unabdingbar sind, werden praktisch unsichtbar eingeordnet. Die Funktion des Hotelzimmers darf für den Gast nicht aufdringlich sein, denn er tauscht diese Wohnanlage vorübergehend mit seiner eigentlichen Wohnung, und es darf sich deshalb kaum ein Gefälle einstellen. Die wichtigsten Gestaltungselemente, mit denen ein Innenarchitekt nach rationalen und rationellen Gesichtspunkten seine Ideen verwirklicht, sind der Fußboden, wobei sich textile, leicht pflegbare Bodenbeläge mehr und mehr großer Beliebtheit erfreuen, die eigentlichen Möbel, duftige und pflegeleichte Gardinen, die Wandbekleidung oder Tapeten, das komplette Bett mit Matratzen, die Bettwäsche, die Beleuchtungseffekte und nicht zuletzt die Naßzelle. In Neubauten kann man das charakteristische Merkmal eines Appartements, nämlich den Vorplatz mit eingebauten Schränken und dem separaten Bad oder der Dusche mit WC, besonders berücksichtigen und betonen. In Altbauten hat es der Hotelier sehr viel schwerer, weil der Einbau einer Naßzelle oft sehr kompliziert ist. Die Räume hingegen sind meistens größer und ermöglichen somit in den Einzelzimmern die Aufstellung von Grands lits, wodurch in Spitzenzeiten diese stille Überkapazität auf den Markt gebracht werden kann. Wichtig ist, daß die Raumhöhe stimmt, damit die Gäste auch in einem kleinen Raum nicht unter Sauerstoffmangel leiden müssen. Schon bei der Planung sollte man darauf achten, auch wenn sich ein Vorplatz nicht verwirklichen läßt, daß sperrige Möbel, wie Kleiderschränke, weitgehend eingebaut werden. In der Mitte des Hotelzimmers soll genügend Bewegungsraum bleiben und der kleine Wohnteil eine funktionelle Ausgestaltung bekommen.

Das Aufstellen von Betten in Hotelzimmern war für Innenarchitekten wie für Fachleute, die ihr Hotel selbst einrichteten, schon immer ein sehr schwieriges Kapitel, weil die

Zimmergrößen in Hotelneubauten eine gewisse Norm nicht überschreiten. Ein Hotelbett wird zumindest im Einzelzimmer mit einer Seite immer an irgendeiner Wand stehen, und Abweichungen von dieser althergebrachten Methode sind in der Praxis selten. Andererseits soll das Bett selbst nicht zu stark in den Vordergrund treten, sonst „erschlägt" es leicht den Raum. Ein Hotelbett darf nicht räumlich aufgewertet werden und sollte im Hintergrund bleiben, aber dafür mit ausgezeichneten Matratzen ausgestattet sein. Wir unterscheiden heute die Vollmatratze mit einem synthetischen Polsterstoff, wie z. B. Polyätherschaum oder Schaumgummi, beziehungsweise die Federkernmatratze.

Im allgemeinen hat man für die einzelnen Zimmergruppen in Hotels einen Raumbedarf wie folgt:

1. Einbettzimmer
   ohne Vorraum mit Waschbecken im Zimmer,
   ein sogenanntes Übernachtungszimmer   etwa 15 qm
2. Einbettzimmer mit Naßzelle   etwa 19 qm
3. Einbettzimmer mit Grand lit,
   Vorraum mit eingebauten Schränken
   sowie Naßzelle   etwa 22 qm
4. Zweibettzimmer
   ohne Vorraum mit Naßzelle   etwa 21 qm
5. Zweibettzimmer
   mit Vorraum und Naßzelle (Appartements)   etwa 24 qm
6. Zweibettzimmer
   mit Vorraum und Naßzelle sowie Aufstellmöglichkeit
   weiterer Schlafstellen   etwa 27 qm
7. Studios mit eingebauten Betten,
   Vorraum mit eingebauten Schränken
   und Naßzelle für 1 und 2 Personen   etwa 21 qm
8. Suiten
   mindestens 2 nebeneinander liegende Zimmer
   mit differenzierter Aufteilung   etwa ab 40 qm

Bevor man sich eindeutig für eine Zimmerkonzeption im Rahmen eines Neubaues entscheidet, sollte man sich die Frage stellen, welchen Stellenwert das Vermietungsgeschäft im Gesamthotelkonzept einnimmt. Wenn die Übernachtung im Vordergrund steht, sollte der Komfort im Zimmer über den Konkurrenzunternehmen liegen. Steht im Gesamtkonzept jedoch der Gastronomiebereich an erster Stelle, dann neigt die Zimmerausstattung mehr zur Funktionalität hin.

Eine Vielzahl von Hotels hat sich in der Zimmerausstattung ganz der heutigen Zeit angepaßt. Dies aber nicht deshalb, um relativ höhere Preise erzielen zu können, sondern weil der Gast allgemein anspruchsvoller geworden ist. Vordergründig möchte man sein Haus auch schön ausstatten, und dem Gast soll es an nichts fehlen. Gut ausgestattete Räume sind natürlich trotz Pflegeleichtheit arbeitsaufwendiger.

Richard Kirn, Frankfurter aus Worms, „Meister der kleinen geschliffenen Form" wurde er genannt, in der „Frankfurter Neuen Presse" über kleine Hotelzimmer:
„Gegen das Hotel ließ sich nichts einwenden. Oscar Hoppe, der verstorbene Zirkusbesitzer, pflegte zu sagen: ‚Ein Zirkus habe klein zu sein, aber ein Zirkus muß rein sein.' Das gilt auch für Hotels, insofern war also alles picobello, wie man so sagt. Aber das Zimmer war so klein, daß es vom Doppelbett fast ausgefüllt wurde. Mir fiel der Witz ein von dem Mann, der klagte: ‚Das Zimmer ist so klein, wenn die Sonne hereinkommt, muß ich hinausgehen.' Meine Sekretärin: ‚Das können Sie doch nicht schreiben, das ist ein uralter Witz.' Ich schrieb es aber doch, es wachsen ja immer neue Lesergenerationen heran."

Die wichtigsten Maße der Betten für die Einrichtung von Hotelzimmern:

Bettenmaße in cm	
Einbett	90 x 200
Doppelbett	100 x 200 bis 210
Bettenhöhe zur Matratzenkante	48
Bettenhöhe von Bettenunterkante zum Boden	20
Grand lit	140 bis 160 x 200
	oder
	140 bis 160 x 210
Kinderbetten bis 4 Jahre	70 x 140 oder 60 x 120
Kinderbetten	
von 4 bis 10 Jahren	Normalbetten

Verteilung von Zimmertypen nach Hotelarten:

	Einzel-	Doppelzimmer
1. Transithotels	30 %	70 %
2. Ferienhotels	20 %	80 %
3. Kurhotels	40 %	60 %

Wir unterscheiden beim Angebot der Beherbergungsbetriebe allgemein das sogenannte Übernachtungszimmer, das meist zweckmäßig eingerichtet ist und den Bedürfnissen eines bestimmten Kundenkreises entspricht. Die Gäste, die auf diese Zimmer Wert legen, sind Geschäftsreisende, Touristen und solche Gäste, die aus dienstlichen oder privaten Gründen kurz verreisen und auch mit der Mark rechnen müssen. Die hervorstechenden Merkmale dieser Fremden- oder Hotelzimmer sind eine praktische und einfache, aber moderne und zeitgemäße Einrichtung.
Die zweite Gruppe von Hotelzimmern ist für einen Kundenzweig, der mehrere Tage oder auch länger an das jeweilige Hotel gebunden ist und die Vertrautheit seiner Wohnung in seinem Hotel wiederfinden möchte, soweit dies möglich ist. Diese Gruppe von Gästen ist vorwiegend unter den Erholungsgästen, Urlaubern, die höhere Ansprüche

stellen, Tagungsteilnehmern, Kongreßbesuchern und wichtigen Persönlichkeiten zu suchen. Den höheren Ansprüchen dieser Gäste entsprechend ist die Grundfläche jener Räume größer, ausgestattet mit eleganter Möblierung, einer entsprechend großen Wohnfläche, evtl. auch mit Verwandlungsbetten, eingebauten Schränken, Schalldämpfung, ausgelegtem Fußboden, aufwendig ausgestatteter Naßzelle und Vorraum mit eingebauten Schränken. Die fortschreitende Vervollkommnung auf allen Gebieten und in allen Lebensbereichen zwingt den Hotelier gerade in dieser Zimmergruppe zu einer der Zeit angepaßten Möblierung. Wer schon in seinem Hotelzimmer Geld investiert, möchte dies auf lange Sicht tun, um sich seinen Kundenkreis zu erhalten und ständig zu erweitern. In Touristenhotels hat sich das Verwandlungsbett, mit dem sich aus einem Einbettzimmer schnell ein Zweibettzimmer machen läßt, durchgesetzt. Man kann auch das mobile Doppelbett einsetzen, das man je nach Belieben als Doppelbett, Twin bed oder rechtwinklig aufgestellte Einzelbetten plazieren kann. In der weiteren Ausstattung ist für kleinere Zimmer eine wandgebundene Kombination von Bett, Kofferbock, möglichst zweifach, Ablage und Schreibtisch günstig.

Hotels, die auch häufig alleinreisende Damen als Gäste unterzubringen haben, müssen sich auf diesen Kundenkreis auch in der Zimmerausstattung einstellen. Nicht nur gut beleuchtete Übergänge vom Parkhaus in das Hotel, auch die Hotelflure sollten bestens mit hellen Lampen versehen sein. Damen bevorzugen Zimmer mit bodenlangen Spiegeln und möchten im Zimmer auch einmal ein Kleid ausbügeln. Im Bad sollten ausreichend Ablagemöglichkeiten für Töpfchen und Fläschchen sowie ausreichende Stromanschlüsse vorhanden sein. Eine alleinreisende Frau möchte wie alle männlichen Gäste behandelt werden, allerdings ist eine sensible Form der Gastlichkeit schon empfehlenswert. Übertriebene Betüteleien sollte man unterlassen.

Zusammengefaßt kann man sagen, daß in einem gut ausgestatteten Hotelzimmer die eigentliche Funktion des Raumes kaum wahrnehmbar sein soll, sie muß einfach vorhanden sein. Die Atmosphäre, die Kombination, die Funktion und Pflegeleichtheit eines Hotelzimmers können nur dann zu einem marktkonformen Zimmerpreis führen, wenn ein klares kaufmännisches Konzept dahintersteht und die Gesamtplanung nicht überdreht am Markt vorbeikonzipiert ist.

Zusammenfassung in Kurzform:

- Funktionalität des Mobiliars. Die wichtigsten Standards sind: Schreibtisch, Stuhl, Tisch, Sessel, großer Spiegel, Karten-Schließsystem, Fernseher, Radio.
- Pflegeleichte Ausstattung.
- Einrichtungen, die im Trend liegen, sind oft sehr schnell veraltet. Hier verbergen sich Investitionsfallen. Modisches ist kurzlebig.
- Modisches soll sich auf die Raumdekoration beschränken.
- Isolation-Fenster und Installationen sind der Kern der Zimmeranlage und haben eine Lebensdauer bis zu 45 Jahren.
- Der Zimmerausbau im klassischen Stil ist vorzuziehen. Die Hotelleitung und die Gäste müssen zwischen 10 und 20 Jahre damit leben.

- Die Dekorationen sind kurzlebig und können beliebig oft ausgetauscht und verändert werden.[1]
- Die Farbtöne der Tapeten oder sonstiger Anstriche sollen leicht und flüchtig in der Farbgestaltung sein und keineswegs den Gast aggressiv einstimmen.
- Ausgesprochene Damenzimmer sollen mit Türspion und sicheren Schlössern sowie einer Türklingel ausgestattet sein.
- Die Gästestatistik gibt Aufklärung, welches Mobiliar am besten geeignet ist. Überwiegen Gäste mit Kurzaufenthalten, sollten der Ausbau und die Möbelausstattung sehr stabil und weniger anfällig sein. Gäste, die längere Aufenthalte pflegen, gehen mit Einrichtungen sorgsamer um.
- Gute Matratzen.
- Geräuscharme Klimaanlagen.
- Passender, großer Arbeitstisch.
- Spannteppiche werden von vielen Gästen als unhygienisch angesehen. Andere Lösungen ins Auge fassen.

Diese Liste ließe sich noch fortführen. Jedoch das Wichtigste ist gesagt.

Mit welchen Fürsorglichkeiten der Hotelleitung kann der Gast in sehr gut geführten Häusern rechnen?

Beim Betreten des Zimmers
Blumengruß mit Willkommen-Billet des Hoteldirektors*
Frische Früchte in origineller Aufmachung*
Mineralwasser oder in einer Weingegend 0,2 l Wein als Willkommens-Trunk*
Eine halbe Flasche Sekt eines bekannten Erzeugers oder Champagner im Eis**
Pralinen aus eigener Patisserie**
Mundeis*

Beim Auspacken des Gepäcks
Nähzeug*
Einkaufstasche*

*   = Standardgäste
** = VIPs

---

[1] Auf der „Menue & Logis 1992" in Frankfurt/Main gesehen: Fachbesucher überzeugten sich bei einem simulierten Zimmerbrand auf dem Freigelände vom sachdienlichen Nutzen nicht brennbarer Textilien bei der dekorativen Ausstattung von Hotelzimmern. Bei den alljährlich zirka 700 Hotelbränden mit oft schweren Folgen für die Betroffenen ist die Ausstattung der Zimmer mit nicht brennbaren Textilien eine vorbeugende Maßnahme.

Reichlich Kleiderbügel aus geeignetem Material*
Hosenspanner*
Bügelmöglichkeit für alleinreisende Damen
Kofferbock mit Reserve für mehrere Gepäckstücke
Papierkorb*

Erstes Frischmachen im Bad (Dusch- und Badekomfort)
Mundtücher*
Personen-Waage, die auch exakt tariert ist*
Heizschlange für Bade- und Handtücher*
Ablage-Konsolen*
Hocker*
Bademantel*
Seife*
Zahnpasta*
Zahnbürste im Glas*
Kleine Tube feine Körpercreme für alleinreisende Damen
Duschgel* – zu empfehlen sind nachfüllbare Dosierflakons, wobei die Hersteller-
firmen oft auch das Nachfüllen nach Gebrauch übernehmen
Shampoo* (der kosmetische Inhalt dieser Produkte ist biologisch abbaubar)
Duschhaube*
Damen- und Herrenkosmetik**
Bodenlanger Spiegel (besonders von alleinreisenden Damen begehrt)
Waschlappen*
Schließbarer Abfalleimer*
Telefon*
Markenhandfön*
Beleuchteter Rasierspiegel*

Sonstige Ausstattungsmerkmale im Hotelzimmer
Tageszeitung, täglich*
Hauszeitschrift mit evtl. Veranstaltungskalender*
Informationen zur Bedienung des Telefons*
Stadtplan*
Hinweise auf alle Verzehrmöglichkeiten im Hause*
Bleistifte, Schreibstifte*
Briefpapier und Notizblock*
Briefmappe mit Hausansichten, Ansichtskarten und Prospekten*

* = Standardgäste
** = VIPs

Hausinterne Freundlichkeiten
Abend-Betthupferl*
Geburtstagsgruß der Hotelleitung mit Pralinen, Gebäck oder kleinen
Geburtstags-Trunk*
Kleiner Blumengruß an Sonntagen*

Bei der Abreise
Erledigte Wagenpflege**
Abfalltüte für Automobilisten*
Kleine Wegzehrung – Schokoladeriegel usw.*
Abschiedsgeschenk ein Regenschirm**

* = Standardgäste
** = VIPs

Fazit: Auch in der Hotellerie in Deutschland rücken Umweltfragen immer mehr in das Bewußtsein der allgemeinen Öffentlichkeit. Die Stichworte Energiemanagement, Lenkung des Wasserverbrauchs, Wiederverwendung von wertvollen Rohstoffen, gesteuerte Abfallbeseitigung, Wareneinkauf unter Hinzuziehung von Überlegungen zu diesbezüglichen Umweltfragen, Mithilfe bei der Verbesserung der allgemeinen Luftqualität und viele weitere Anregungen geben hinreichend Stoff zu modernen Planungsüberlegungen; besonders bei Neuplanungen von Hotelbauten.
Das Wunschziel der Behinderten ist, einen entsprechenden Service, wenn auch nur in Teilbereichen, in Hotels einzurichten.
Hierzu passende Vorschläge unterbreitet der Reichsbund der Kriegsopfer, Behinderten, Sozialrentner und Hinterbliebenen e. V. in seinem Leitfaden „Wohnen ohne Barrieren", der in der AHGZ vom 24. 4. 1993 in einer gekürzten Fassung abgedruckt wurde (siehe nächste Seite).

Der Werbemittler Gast – Hotelwerbung

Der Gast ist der beste Werbemittler des Hoteliers. Wenn am Stammtisch oder im Familienkreis erzählt wird, daß dieses oder jenes Haus für den geplanten Winterurlaub ganz besonders gut geeignet wäre, dann neigt man dazu, diesen Erzählungen von Erfahrungen von Freunden und Bekannten mehr Glauben zu schenken als dem besten und zugkräftigsten Werbeprospekt. Man kann aus dieser Tatsache folgern, daß es dem Hotelangestellten im Empfang angelegen sein muß, dem abreisenden Gast in jedem Fall die besten Eindrücke mit auf den Weg zu geben. Einen breiten Rahmen nimmt in der Hotelwerbung die sogenannte „innere Werbung" ein. Darunter ver-

Bauliche Voraussetzungen in Hotels für behindertengerechte Einrichtungen

Garagen
- Reservierung der Plätze durch Piktogramme
- Mindestbreite 3,50 m, um Ein- und Ausstieg zu ermöglichen
- Schwellenloser Zugang zum Gebäude bzw. zum Aufzug

Gebäudezugänge
- Stufenlos
- Rampen bis 6 % Gefälle möglich

Türen
- Ohne Schwellen
- Durchgangsweite: mindestens 80 cm, höchstens 100 cm

Flure
- Bewegungsfläche mindestens 1,40 m

Aufzüge
- Kabinenmindestgröße 1,10 × 2,10 m
- Rundumhandlauf in Höhe von 90 cm
- Automatische Türöffnung

Fenster
- Drehkippfenster sind oft sehr schwer bedienbar; waagerechte Schiebefenster sind problemlos von Behinderten zu bedienen

Heizungsanlage
- Regelung der Wärme für Behinderte 2 Grad Celsius höher – per Raumthermostat in entsprechender Zugriffhöhe

Sanitäre Einrichtungen
- Schwellenloser Zugang
- Extrem erhöhter Platzbedarf
- Umsteigemöglichkeit von Zimmerrollstuhl auf Duschrollstuhl
- Stellplatz für Rollstuhl neben Toilette
- Statt üblicher Badewanne eine stufenlose Dusche
- Haltegriffe neben WC und Waschtisch
- Unterfahrbarer Waschtisch
- Ablage und Spiegel in Sitzhöhe, eventuell höhenverstellbar
- Rufanlage wegen erhöhter Unfallgefahr – z. B. einfache Zugkontakte mit langen Schnüren
- Warmwasserzapfstellen mit Temperaturbegrenzern
- Mit einer Hand bedienbare Armaturen
- Gleitbrause – 130 cm langes Gleitrohr mit verstellbarer Handbrause-Halterung und einem 150 cm langen Schlauchanschluß mit Brausekopf
- Vorrichtung zur Dauerlüftung

Sonstiges
Alle Bedienungsvorrichtungen (Steckdosen, Taster, Armaturen, Griffe, Türdrücker usw.) sind so anzuordnen, daß sie im Greifbereich des Rollstuhlfahrers liegen. Dabei sollte eine Höhe von 1,05 m nicht überschritten werden. Quelle: „Wohnen ohne Barrieren" Leitfaden zum Planen, Bauen, Einrichten barrierefreier Wohnungen 1992; Reichsbund der Kriegsopfer, Behinderten, Sozialrentner und Hinterbliebenen e. V.

steht man das obligate Betthupferl in Form von Obst oder Süßigkeiten, die Bereithaltung von geschmackvollem Gästebriefpapier oder auch einer Tageszeitung als Mor-
gengruß, Nähzeug, Schuhputzlappen, kleine Seifen- oder Badesalzpackungen oder
auch Zahnpastatuben usw. Unter der äußeren Werbung verstehen wir wie in anderen
Gewerbezweigen die Ausschöpfung der gebotenen Möglichkeiten in Tageszeitungen
oder auch durch Bild und Ton.

Als ein nettes Beispiel von Innenwerbung finde ich das in vier Sprachen gedruckte
Schildchen mit folgendem Text, das man auf den Arbeitstisch mit Briefmappe stellt:

> Wir freuen uns über Ihren werten Besuch und heißen Sie herzlich will-
> kommen.
> Gestatten Sie uns **eine höfliche Bitte!**
> Obwohl wir verstehen, daß der Reisende manchmal auch andere Lokale
> besuchen möchte, legen wir bei der Zimmervergabe Wert darauf, daß
> unsere Hotelgäste wenigstens einen Teil der Mahlzeiten in unserem
> Restaurant einnehmen, das nicht umsonst besten Ruf genießt.

Hotelwerbung von heute sollte von der Erkenntnis getragen sein, daß sich die Kunden
der Hotellerie in unseren Tagen ständig verjüngen. Wir können täglich beobachten,
daß viel mehr Personen zwischen 20 und 23 Jahren in Hotels verkehren als beispielsweise noch Mitte der sechziger Jahre. Diese Erkenntnis sollte für die Außenwerbung in
der Hotellerie zu der Überlegung führen, daß neben dieser Anzahl von regelmäßigen
Hotelbesuchern ein Mehrfaches von jungen Leuten zu finden ist, bei denen die eigene
Hotelinitiative noch nicht ausgeprägt ist. Junge Leute Mitte Zwanzig bekleiden schon
Führungsposten in der mittleren Ebene, und in diesem Kreis ist der Kader für die großen Führungsaufgaben in der deutschen Wirtschaft bereits vorzufinden. Damen
Anfang Zwanzig sitzen in gehobenen Posten in den Vorstandsetagen und können sich
auch den Besuch eines ausgezeichneten Hauses im Urlaub oder auf Reisen erlauben.
Diese jungen Menschen, wenn man sie als unausgeschöpftes Besucherpotentiel
betrachtet, müssen in der Hotelaußenwerbung in der Sprache dieser Generation
angesprochen werden. Dabei sollte aber ein Haus mittlerer Klasse sehr vorsichtig
sein, wenn es versucht, das Vorstellungsbild „Luxushotel" oder „Grandhotel" in die
Außenwerbung einzubringen und dies nicht der Wirklichkeit entspricht. Eine solche
Übertreibung kann in der Hotelwerbung unerfreuliche Folgen haben. Die Werbetech-
nik großer Markenartikelfirmen, mit der ein Riesenmarkt angegangen wird, die übertriebene Slogans verwendet, ist für die Außenwerbung in der Hotellerie vollends
untauglich. Hier muß man eigene Wege finden, die dem jeweiligen Haus angemessen
sind, aber trotzdem modern bleiben.

Der Hotelprospekt

Der Hotelprospekt soll stichwortartig alle Informationen enthalten, die ein potentieller Gast braucht, um sich ein Gesamtbild machen zu können. Kurze Erläuterungen zu besonders liebenswerten Eigenarten des Betriebs wie zum Beispiel, daß der Wirt selbst hinter dem Herd steht, alle vierzehn Tage Hausschlachtungen stattfinden, daß man die Gäste ganzjährig mit Hausmacherwurst beliefern kann, ein Auszug aus dem erlesenen Weinangebot, daß der Wirt die Weine bei den Gütern selbst verkostet und einkauft, einen Hinweis auf die Landesspezialitäten, ein Vermerk, daß zum Wochenende die Wirtin den Sonntagskuchen für das Frühstücksbüfett nach alten Familienrezepten selbst bäckt und zu guter Letzt noch eine übersichtliche Lageskizze des Hauses und die wichtigten Verkehrsverbindungen mit den nächsten Zufahrtsstraßen zur Autobahn sagen mehr aus als teure, großformatige Glanzfotos.
Ein Hotel, das mit diesen kurzen und sachlichen, wahrheitsgetreuen Hinweisen an den Markt geht, sollte sich seine Zielgruppe, wie schon erwähnt, vorher gründlich aussuchen. Für alle kann ein Haus wirklich nicht dasein.
Wie geht man bei der Streuung von Prospektwerbung oder Zeitungsanzeigen vor? Die Methode ist schon alt, aber erzielt immer noch Wirkung. Vor fast vierzig Jahren lernte ich einen bekannten Hotelier kennen, der um die Jahrhundertwende große Häuser leitete und aufgrund seiner Erfolge hoch dekoriert wurde. Als junger Hoteleleve erzählte er mir voller Stolz, daß er schon um die Jahrhundertwende herum hinter seinem Schreibtisch eine große Weltkarte hängen hatte und jeden ankommenden Gast mit einer Stecknadel auf der Karte markierte. Er meinte ganz richtig, wo schon viele Stecknadeln stecken, werde ich vorläufig nicht mehr werben. Seine Werbeanstrengungen richteten sich mehr nach den Gegenden, aus denen zu diesem Zeitpunkt wenige oder keine Gäste kamen. Und genau dort setzte er ganz generalstabsmäßig seine Anzeigenwerbung und Streuwerbung mit Hotelprospekten ein.
Die Öffentlichkeit hat von einem Betrieb eine vorgefaßte oder noch gar keine Ansicht. Die vorgefaßte Meinung kann negativ oder positiv sein. Mit Hilfe der Werbung kann man versuchen, dieses Vorstellungsbild zu wandeln oder zu verfeinern. Eine Änderung jedoch von schlecht nach gut oder gar sehr gut ist allein mit Werbemaßnahmen nicht möglich. Hier muß eine intensive PR-Arbeit unter Einbeziehung von Medien wie Zeitungen, Funk, Film und Fernsehen geleistet werden, damit der potentielle Kunde aufgrund der angebotenen Informationen seine oberflächlich gebildete vorgefaßte Meinung ändert. Eine Übereinstimmung des konzipierten Vorstellungsbildes des Hotels mit dem Vorstellungsbild des Hotels in der Öffentlichkeit wird dann langsam deckungsgleich. In diesem Vorgang steckt viel persönlicher Einsatz des Verantwortlichen.

Die Gästereklamation

Der Gast, der reklamiert, macht von einem Recht Gebrauch, das man ihm nicht nehmen kann. Durch eine Aussprache läßt sich aber manches aus der Welt schaffen.

Wenn jedoch der Gast mit dem Kummer, der ihm gemacht wurde, abreist und er aus dieser Unzufriedenheit heraus die Konsequenz zieht und das Haus meidet, andere Gäste vielleicht mitzieht und schlechte Propaganda macht, dann muß man von einer Teilschuld des Empfangs sprechen. In 99 von 100 Fällen sieht man dem abreisenden Gast an, ob er mit allem zufrieden war oder nicht. Es muß dem Empfangsangestellten möglich sein, den Gast zu veranlassen, seine Reklamation vorzubringen. Er muß es natürlich so geschickt tun, daß kein Aufsehen erregt wird. Es gibt auch Gäste, die ihr Mißfallen, wenn man daran tippt, auf eine unangenehme Art und Weise vorbringen. Wenn man bedenkt, daß Reklamationen auch in einem großen Haus, in dem viele Menschen zusammenkommen, unvermeidbar sind, kann man mit einigem Geschick viel für das Haus retten. Das Bestreben der Empfangsangestellten muß es sein, den Gast nach seiner Abreise als Werbemittler zu erhalten. Die beste Streuung von teuren Werbemitteln kann nicht annähernd den Erfolg bringen wie viele zufriedene Gäste, die täglich das Haus in alle Himmelsrichtungen verlassen . . . und immer gerne wiederkommen.

Trifft ein Stammgast[1] des Hauses ein, gestaltet sich der Empfang wesentlich einfacher. Das soll aber nicht heißen, daß dieser Gast mit geringerer Aufmerksamkeit und weniger Mühe behandelt wird. Im Gegenteil, gerade der Stammgast bedarf der ganz besonderen Fürsorge des Hauses. Gemeint ist hier nur, daß die Routineabwicklung des Empfangs einfacher ist. Der Empfangschef kennt bereits die Mentalität des Gastes, seine Ansprüche und seine besonderen Wünsche, er weiß, wie er sich auf ihn einstellen, wie er ihn nehmen muß, hat engeren Kontakt mit ihm und weiß auch schon, welches Zimmer er bekommt. Nach den bisherigen Gewohnheiten des Gastes kann sich der Empfangschef weiterhin ein ziemlich treffendes Bild über die zu erwartenden kaufmännischen Ergebnisse des diesmaligen Aufenthalts machen.

Tritt der angemeldete Stammgast an die Rezeption heran, so findet er die formalen Angelegenheiten bereits erledigt: Alle Einzelheiten hat das Personal der Gästekartei entnommen (Muster siehe S. 169).

Die Gästekartei

Es sind vor allem die größeren Hotelbetriebe und Mittelbetriebe, die sich mit Hilfe eines gut geführten zahlenmäßigen Nachweises die Möglichkeit verschaffen, sich über die verschiedenen Einflüsse, denen wir im Laufe eines Geschäftsjahres ausgesetzt sind, zu informieren. Die Information durch die Statistik ist unbestechlich, und man erkennt so gut wie bei einem Barometer das jeweilige Hoch und Tief einer Geschäftsperiode. Die wirtschaftlichen Auswirkungen positiver oder negativer Art rechtzeitig zu erkennen und Wege zu finden, sie auszunutzen oder ihnen zu begegnen, ist in erster Linie Sinn der Statistik. Daneben ist sie ein Mittel, wie man es sich

---

[1] Wenn ein Stammgast in einer der oberen Etagen ein Zimmer zu einem Vorzugspreis erhält, nennt man diesen Vorgang in der Fachterminologie **Up-Grade.**

nicht besser wünschen kann, um den Dienst am Gast zu vervollkommnen und ihm eine vollendete Form zu geben.

Die wichtigsten Aufzeichnungen im Frontbüro, die am Ende eines Geschäftsjahres statistisch ausgewertet werden, enthält die Gästekartei. In dieser Kartei muß jedem Gast ein Karteiblatt eingeräumt werden, das eine ähnliche Einteilung wie die des polizeilichen Meldescheins für Beherbergungsstätten haben kann.

Wie auf der nachfolgenden Darstellung ersichtlich, werden auf der Vorderseite der Karteikarte die Personalien des Gastes, seiner Ehefrau, die Nummer des Reisepasses, die ausstellende Behörde und das Ausstellungsdatum des Passes eingetragen. Weiter enthält die Vorderseite noch eine Reihe von Vermerken des Empfangschefs, die noch eingehend erläutert werden.

VIP ist die Abkürzung für die englische Bezeichnung „very important person"[1] und charakterisiert sehr wichtige Personen oder Persönlichkeiten. Als Hotelgast kann man grundsätzlich zwei Arten unterscheiden:

1. Persönlichkeiten, deren Prominenz nicht verheimlicht werden kann, und
2. ein Personenkreis, der in der großen Öffentlichkeit weniger bekannt ist, aber aufgrund seiner Tätigkeit und sonstiger besonderer Eigenschaften für das Hotel selbst von großer Bedeutung ist.

Ist der betreffende Gast angemeldet, kann sich das Haus nach einem wohldurchdachten Plan auf diese bekannte Persönlichkeit einstellen.

Schwieriger wird es, wenn keine Anmeldung vorlag und der Empfang plötzlich mit einer VIP konfrontiert wird. Jetzt muß der Empfangschef alle Register seines Könnens ziehen. Eine VIP-Liste, die alle Beteiligten im Haus informiert, muß schnell angefertigt werden. Wenn man nun auf die Gästekartei zurückgreifen kann, ist es noch einfach. VIPs, die einem bei der Ankunft im Hotel unbekannt sind, weisen sich auch oft mit den „Courtesy Cards" oder den Ehrennadeln am Hotelempfang aus, die von den Luftverkehrsgesellschaften ausgegeben werden.

Die VIP-Clubs der einzelnen Luftverkehrsgesellschaften nennen sich wie folgt:

Air France	– Club der 2000
ALITALIA	– Freccia Alata
British Airways	– Executive Card
Deutsche Lufthansa	– HON-Nadel in Verbindung mit Lufthansa Courtesy Card
Japan Air Lines	– Jal Global Club
KLM	– World Society of Skippers of the Flying Dutchman
Pan Am	– Clipper Club
Sabena	– Sabena Business Club

---

[1] Die Ankünfte von sehr wichtigen Personen (VIPs) sowie Gruppen werden schon in der Vorbereitung durchorganisiert und schriftlich fixiert. Diese Arbeit nennt man in der Fachterminologie **Pre-registration**.

SAS	– Royal Viking Courtesy Card
Swissair	– VIP/O – Staatsmänner, kirchliche Würdenträger, Botschafter, Präsidenten internationaler Organisationen, VIP/V – Generaldirektoren und Präsidenten internationaler Unternehmen
TWA	– Ambassador Club
United Air Lines	– Red Carpet Club

Auf der Rückseite des Karteiblattes werden die Zimmernummer, der Ankunftstag und der Tag der Abreise notiert. Die Spalte „Bemerkungen" dient als Erinnerungsstütze; z. B. bedeutet der Vermerk „Debitorenbuch", daß der Gast noch eine kleine Forderung von seinem letzten Besuch zu erledigen hat. Aufgrund der schnellen Abreise des Gastes konnte der Betrag auf der Rechnung nicht mehr erfaßt werden. Der Betrag war aber zu niedrig, um eigens eine Rechnung nachzuschicken. Es muß noch bemerkt werden, daß nur der Gast in diese Kartei aufgenommen wird, der wiederholt in dem betreffenden Haus übernachtet hat.

Diese Gästekartei zeigt nun nach einem Jahr bei der Auswertung einen Querschnitt durch den Gästekreis, der in unserem Hotel aus- und eingegangen ist. Aus der Angabe des Berufes ergibt es sich beispielsweise, ob das Mobiliar der Zimmer den Ansprüchen der vorwiegend in diesem Haus verkehrenden Berufsgruppen gerecht wird. Weiter erfährt man, aus welchen Orten die Gäste stammen.

Für die Planung der Gästewerbung in Zeitungen, Illustrierten und durch Plakate zeigen gerade diese Angaben, in welchen Orten die Werbung intensiver zu betreiben ist. Das Geburtsdatum dient in erster Linie zur Übermittlung von Geburtstagsglückwünschen durch die Leitung des Hauses.

Durch die Angabe der bevorzugten Zimmernummern läßt sich ohne weiteres feststellen, welche Zimmer wirklich gern genommen werden. Die Hotelleitung muß nun nachforschen, warum die anderen Zimmer weniger begehrt sind. Als Beispiele nenne ich: Straßenlärm, schlechte Aussicht, kein Balkon, weiter Weg zur Toilette, Wand an Wand mit der Toilette, neben dem Fahrstuhl, undefinierbare Gerüche, schlechte Matratzen usw.

Durch die Angabe „Sonderleistungen" erkennt man bei der Auswertung der Gästekartei sofort, inwieweit die bereits vorhandenen Einrichtungen ergänzt werden müssen. Zum Beispiel ein Schriftsteller, bekannter alter Stammgast, wohnt alljährlich mehrere Wochen in dem betreffenden Haus und bevorzugt ein ganz bestimmtes Zimmer. In der Gästekartei wird ebenfalls alljährlich vermerkt, daß für diese Zeit ein Schreibtisch in diesem Zimmer aufgestellt werden muß. Es wäre ratsam, die Hotelleitung würde sich endgültig dazu entschließen, einen Schreibtisch für dieses Zimmer anzuschaffen. Weiter können bekannte Wünsche beim jeweiligen Besuch des Gastes immer wieder erfüllt werden, ohne daß dieser darauf hinweist.

In der Spalte „Bemerkungen" soll der Empfangschef besondere Charaktermerkmale des Gastes eintragen, um sich jederzeit vor Überraschungen schützen zu können und um den richtigen Ton bei dem entsprechenden Gast zu finden. Es ist zu empfehlen, derartige Eintragungen nur durch Buchstaben auszudrücken, deren Bedeutung man aber immer bei der Hand haben muß. Es könnte vielleicht doch einmal möglich sein, daß ein Gast eine derartige Karte in die Hand bekommt, und durch ausgeschriebene Bemerkungen wäre er leicht zu verärgern.

CH = cholerisch (leicht reizbar)
M = melancholisch (schwermütig)
PH = phlegmatisch (gleichgültig)
S = sanguinisch (lebhaft)

Weitere Bemerkungen kann man den Charaktermerkmalen noch hinzufügen: z. B. für „leicht gekränkt" schreibt man nur LG oder für „schnell beleidigt" nur SB, für „ausgeglichen" nur A. Das Schema muß man sich selbst zurechtlegen.

Guesthistory statt Gästekartei

Die wichtigsten Daten des Aufenthaltes eines Gastes werden bei Einsatz eines EDV-Betriebssystems gespeichert. Dazu gehören nicht nur An- und Abreisedatum, Zimmernummer (bevorzugte Zimmernummer bei Stammgästen) und getätigte Umsätze, sondern auch Aussagen über den Gast, wie bereits in diesem Kapitel beschrieben, Besonderheiten, Reservierungsverhalten und vieles mehr. Im Rahmen eines solchen Betriebssystems stehen neben Anzeigeprogrammen auch verschiedene andere Programme zur Verfügung, die eine informative Auswertung gestatten. Im Rahmen der Guesthistory werden täglich Ankunfts- und Übernachtungsstatistiken erstellt, die zu jedem Zeitpunkt ausgedruckt werden können. Die Gesamtstatistik entspricht dann auch den Anforderungen der statistischen Landesämter.
Nach Einführung eines EDV-Betriebssystems ist die alte Führung der Gästekartei überflüssig.

Hotel Dorina, Konstanz/B.
Name: Vorname:

Wohnort: Stand:

Geburtsdatum: Paß-Nr.:

Ehefrau: Vorname   geb.
            Geburtsdatum   Geburtsort

Sonderleistungen:

Ankunft	Abreise	Pers.	Kind.	Zi.-Nr.	Preis	Debit	Bemerkung

Der Etagenbogen – ein Hilfsmittel der manuellen Zimmerkontrolle

Der Etagenbogen wird von den Etagenkellnern bzw. von den Ausgabestellen geführt. Im Frontbüro wird eine Überprüfung des Etagenbogens I vorgenommen, welcher mit den Bons dort vorgelegt wird. Der von den Ausgabestellen geführte Etagenbogen II geht zur Bonkontrolle.

Etagenbogen I

Etagenkeller _____

Abgefaßt von _____
Kontrolliert von _____

Datum	Zimmer-Nr.	Verzehr	Kaffeeküche	Restaurant	Keller	Bäder	Sonstiges

Etagenbogen II

Etagenkeller _____

Abgefaßt von _____
Kontrolliert von _____

Datum	Zimmer-Nr.	Verzehr	Betrag	Bemerkungen

Die Abreise des Gastes

Die Abreise des Gastes ist ein weiterer Höhepunkt in der Arbeitsabwicklung des Empfangspersonals. Sie gleicht der Ankunft insofern, als auch bei ihr alle Funktionen des Empfangsdienstes in Anspruch genommen werden.

Der Abreisevorgang mit manuellen oder halbmechanischen Arbeitsmitteln

Der Portier verständigt Journalführer, Kassierer, Etagenkellner, Zimmermädchen, Hausdiener und Garage sowie Wagenmeister.

Bei plötzlich abreisenden Gästen hängt es von der Wendigkeit des/der Empfangsmitarbeiters/in und des Kassierers ab, schnell und zuverlässig sämtliche Rechnungsposten zusammenzubekommen. In den meisten Fällen haben es solche Gäste äußerst eilig und können mitunter recht ungehalten werden, wenn die Ausstellung der Rechnung – nach ihren Begriffen – zuviel Zeit beansprucht.

Die Abreiseliste wird in der Fachsprache Check-out-list genannt. Im Empfangsablauf werden Gäste mit einer Übernachtung grundsätzlich nach ihrer Abreisezeit gefragt. Auf dem Gäste-Anmeldungsformular (Registration card) wird sowohl die Ankunfts- als auch die Abreisezeit mit einem Zeitdrucker eingestempelt. Hotelgäste mit einer längeren Aufenthaltsdauer werden nach Rückgabe des Schlüssels nach ihrer Abreisezeit gefragt.

Der/die Empfangsmitarbeiter/in schließt das Konto des Gastes nicht eher ab, bevor er/sie sich nicht in allen Betriebsabteilungen vergewissert hat, ob irgendwo noch eine Rechnung offensteht. Vom Etagenkellner fordert er/sie den sogenannten Schlußschein[1], auf dem noch der eventuelle Verzehr des Gastes am Abreisetag vermerkt ist. Danach erst stellen der Empfangsmitarbeiter und der Kassierer die Schlußrechnung aus.

Nachberechnungen machen stets einen schlechten Eindruck und sollten daher tunlichst vermieden werden. Besonders Stammgäste sind auf diesem Gebiet sehr empfindlich. Wenn sich bei einem solchen Gast eine Nachberechnung nun einmal nicht vermeiden läßt, so ist zu empfehlen, den Restbetrag im Debitorenbuch und in der Gästekartei zu vermerken und erst beim nächsten Besuch wieder in Rechnung zu stellen – vorausgesetzt natürlich, daß es sich nur um einen kleineren Betrag handelt. Sobald der Gast seine Rechnung beglichen hat, versieht der Journalführer dessen Konto wiederum mit einem besonderen Zeichen, damit ein Übertrag auf den nächsten Tag nicht erfolgen kann. Das Zimmermädchen übergibt inzwischen das Gepäck dem Hausdiener und überzeugt sich davon, daß der Gast im Zimmer nichts liegengelassen hat. Der Etagenkellner begleitet den Gast zum Lift. Der Postverteiler erkundigt sich nach der Anschrift, um die etwa noch eingehende Post korrekt nachsenden zu können.

---

[1] Bei manueller Handhabung ist der Schlußschein üblich.

Schlußschein

Datum ....

Name des Gastes .... Zimmer-Nr. ....

Verzehr ....

Portier-Auslagen ....

Bäder ....

Wäsche ....

Sonstiges ....

....
Unterschrift

Der Wagenmeister hat sich mittlerweile um den Wagen des Gastes gekümmert und ihn vor dem Eingang bereitgestellt. Der Hausdiener bringt das Gepäck zum Wagen und verlädt es entweder sachkundig selbst oder auf Anweisung des Gastes.

Das Debitorenbuch enthält die Beträge, welche abgereiste Gäste dem Hotel noch schulden. Die Beträge dieses Buches müssen mit der Rubrik Debitoren im Hoteljournal übereinstimmen. Die Debitorenposten werden, wie im Kapitel „Gästekartei" schon erklärt, auf die Karteikarte übernommen, sofern es sich um öfters wiederkehrende Gäste handelt.

Datum	Schuldner	Betrag	Datum	bezahlt	Rest

In der Vergangenheit wurde versucht, die Abreise der Gäste mit manuellen oder halb-mechanischen Arbeitsmitteln, je nach den im Betrieb vorhandenen technischen und personellen Möglichkeiten, reibungslos und ohne Morgenstau durchzuführen. Dies war keine leichte Sache, und hinsichtlich einer Beschleunigung der Abreiseformalitä-ten waren ganz natürliche Grenzen gesetzt. Sehr oft war an manchen Tagen die Abreise ein absoluter Schwachpunkt in der gesamten Dienstleistungspalette des Hotels.

In kurzen Anmerkungen wurden die Rechnungen wie folgt erstellt:

– Die Abreisen des Tages wurden in der Tagesliste, in der alle An- und Abreisen ver-merkt wurden, von der Hotelkasse eingesehen und Abreiselisten erstellt. Der Kas-sierer bereitete aufgrund dieser Abreiseliste die Rechnungen vor.
– Die Abreise wurde am Room-Rack als „vorgesehene Abreise" vermerkt.
– Bei der Vorbereitung der Hotelrechnungen wurden alle Verzehrmöglichkeiten im Hotel telefonisch nach unbezahlten Bestellungen abgefragt.
– Überprüfung des Postfaches nach Messages oder Post und ob der Zimmerschlüs-sel bereits zurückgegeben wurde.
– Vorfahren des Wagens bzw. des bestellten Taxis. Gepäck erst nach Begleichung der Rechnung zum Wagen bringen lassen und verstauen.
– Begleichung der Hotelrechnung. Nachsendeadresse erfragen.
– Am Room-Rack Hotelzimmer als „Frei" vermerken.
– Gepflegte und gekonnte Verabschiedung der Gäste, so daß diese eine sehr ange-nehme Rückerinnerung behalten.

Der Abreisevorgang mit Hilfe eines neuzeitlichen EDV-Betriebssystems

Nichts mag ein Hotelgast nach dem Frühstück weniger leiden als das Warten auf seine Hotelrechnung. Das kann aber auch dann eintreten, wenn sich ein Gast im Ver-lauf des Tages aus irgendwelchen Gründen ganz plötzlich zur Abreise entschließen muß und seine Rechnung schnell bezahlen möchte. Gerade beim herkömmlichen System, so gut dies auch ausgedacht und überlegt sein mag, treten bei der Rech-nungsausstellung oft grobe Fehler auf. Der Einsatz des vollautomatischen „Schluß-scheins", das Abtasten aller Ausgabestellen, schafft hier Abhilfe. Die zeitweise Über-belastung des Empfangspersonals während der morgendlichen Stoßzeiten ist mei-stens die Ursache für entstehende Fehler. Die vorübergehende nervliche Überbela-stung des Personals schlägt dann leider oft auch auf den Gast zurück, der trotz sehr guter Einzelleistungen letztlich doch verärgert das Haus verläßt, weil für ihn die Gesamtleistung das Maß der Dinge ist.

Das trifft gerade dann zu, wenn ein Hotel in der Öffentlichkeit über einen besonders guten Ruf verfügt und die Hotelzimmer aufgrund des Renommees täglich ausgebucht sind. Das in der Öffentlichkeit gewonnene Vertrauen in die Leistungen des Hauses schmilzt beim Warten weg wie Eis in der Sonne.

Ein EDV-Betriebssystem kann diese Probleme sicher lösen und hilft, daß die morgendliche Schlange am Empfangstresen der Vergangenheit angehört.

Bei der Abreise gibt der Gast seine ihm bei der Ankunft überlassene Plastikmarke mit Kennloch und Code am Empfang ab. Sämtliche Daten werden nun abgetastet und der Gesamtrechnung zugeführt. Der Abreisetag wird verbucht, die Überträge aus früheren Rechnungen übernommen und die Gesamtrechnung vom Blattschreiber ausgedruckt.

Alle informativen Daten, die dem individuellen Gästeservice dienen, werden im Datenspeicher festgehalten und statistisch ausgewertet. Somit werden sie auch für die Gästekartei gespeichert und dieser damit automatisch weitere Informationen zugeführt.

Check-out bei einer individuellen Computerlösung

Rechnungen und Kontoauszüge können zu jeder Zeit an der Hotelkasse erstellt und ausgedruckt werden. Es entstehen somit kaum Wartezeiten. Noch zum Zeitpunkt des Check-out kann eine Rechnung oder der Kontoauszug nach den speziellen Wünschen des Gastes umgestellt werden. Auch Buchungen, die im letzten Augenblick anfallen, können in der Endabrechnung berücksichtigt werden. Alle dabei gebuchten Daten bleiben trotzdem unverändert erhalten.

Beim Ausdruck sind auch Teilrechnungen, eventuell mit völlig anderer Adresse, sowie das Zusammenfassen verschiedener Buchungen möglich. Die Daten des soeben beendeten Aufenthaltes werden mit der Zahlungsbestätigung in die Guesthistory übernommen.

Alle Buchungen bleiben auch über den Zeitpunkt der Abreise hinaus im System gespeichert und können jederzeit wieder abgerufen werden.

Die beim Check-out anfallenden Finanzdaten, wie zum Beispiel Kasse, Debitoren, Abzüge usw., werden automatisch in das Back-Office übernommen.

So einfach wird alles.

Die letzten Aufgaben der Empfangsmitarbeiter/innen bei der Abreise des Gastes

Alle Empfangsmitarbeiter/innen verabschieden den Gast in jeder Hinsicht mit der gleiche Sorgfalt, mit der sie ihn empfangen haben. Sie vermitteln dem Gast das Empfinden, daß hier keinem Fremden ein Lebewohl, sondern einem guten Bekannten, einem Freund des Hauses ein „Auf Wiedersehen" zugerufen wird. Vermag der Gast überzeugt die gleiche Antwort zu geben, so war im Rahmen der Gesamtleistungen des Hauses die Arbeit des Empfangschefs und seines Teams erfolgreich. Dann trifft das nächste Mal wirklich ein schon guter Bekannter ein, einer, der es in der Zwischenzeit sicher nicht versäumte, das Hotel, in dem er sich wohl fühlte, anderen weiterzuempfehlen.

Die Zufriedenheit des Gastes kann sich sehr deutlich auch im Tip ausdrücken. Über dieses Thema hätte ich noch einiges zu sagen.

Der Tip

Alle im Gewerbe tätigen Fachleute sowie jeder kultivierte Gast weiß, daß damit die in manchen Dienstleistungsberufen übliche freiwillige Trinkgeldgabe gemeint ist. Der Ausdruck Tip ist ein kurzes und prägnantes Wort und ist dabei, unser deutsches Wort Trinkgeld, welchem der Geruch des sozialen Abstiegs anhaftet, gänzlich abzulösen. Kaum jemand redet noch von Trinkgeld. Dieser Obolus wird auch in den wenigsten Fällen benutzt, um auf das Wohl des Spenders zu trinken, so wie es ursprünglich einmal gedacht war. Ein Newcomer als Gast, der gerade dabei ist, seine ersten Hotel- bzw. Restaurantinitiativen zu entwickeln und zu verfeinern, weiß oft nicht recht, wie man sich dieses psychologischen Aspekts gegenüber dem Hotel- oder Restaurantpersonal richtig bedient. Restaurant- und Hotelfachkräfte sowie Portiers sind auf diesem Gebiet ausgemachte Routiniers und unterscheiden mit einem schnellen, für Außenstehende flüchtigen Blick ihre Möglichkeiten. Der Emporkömmling, der Gentleman und der Neuling sind innerhalb von Sekunden entlarvt. Ein großes Trinkgeld, möglichst mit einer Schau verbunden, macht aus einem Gast, der den Schein höher als das Sein einschätzt, keinen Gentleman, auf geschultes Personal macht diese Gruppe von Gästen nicht den geringsten Eindruck.

Ein hoher Tip macht noch keinen feinen Mann. Unreife Menschen oder Neureiche haben solche Angewohnheiten an sich, weil sie mit solchem Imponiergehabe ihre Umgebung beeindrucken wollen. Weit gefehlt aber bei geschultem Hotel- oder Restaurantpersonal, denn wer über das normale Maß der Tipgabe hinausgeht, hat eine Neurose zu verbergen, meinen Ärzte.

Die Kunst des Tipgebens und des Tipnehmens will gelernt sein. Es ist keine Frage, daß gerade oft wohlhabende Leute nicht so spendabel sind, als man gemeinhin annimmt. Ein alter Grundsatz englischer Schule ist, daß Tips nur für erbrachte Leistungen gezahlt werden, die über das normale Maß hinausgehen, die ein Gast von Hotel- oder Restaurantpersonal erwarten kann. Ein routinierter Tipgeber ist der Gast, der es versteht, zum richtigen Zeitpunkt der richtigen Person die richtige Höhe des Tips zu geben, wobei der richtige Zeitpunkt sogar vor der erbrachten zusätzlichen Leistung liegen kann, wenn z. B. ein Gast etliche Zeit vor dem Essen dem Küchenchef seinen Obolus übergibt, kann er mit Sicherheit eine bessere Kochqualität erwarten.

Ich kenne keinen Koch, den dieses Verfahren der Tipgabe nicht angespornt hätte, seine Leistungen zu steigern. Nun gibt es aber auch Hotel- bzw. Restaurantpersonal, das man als die reinsten Tipjäger bezeichnen kann und sich den anderen Mitarbeitern gegenüber sehr unkollegial verhält. Dieser Hunger nach einer zusätzlichen Entlohnung hat nur dann seine Rechtfertigung, wenn der Betreffende mehr leistet, als man erwarten darf. Nicht selten findet man aber auch Mitarbeiter, die bei der täglichen Arbeitsverrichtung im Hintergrund bleiben, aber beim Aufbruch der Gäste oder der Abreise sofort an der Tür zu finden sind, um mit sicheren Gebärden und Beflissenheit den Gästen zu verstehen zu geben, daß der Service doch gut gewesen sei, und durch eine gewisse Aufdringlichkeit die scheidenden Gäste geradezu auffordern, einen Tip zu geben, und diesen dann für sich einstreichen. Diese falschen Anlaufstellen des Tips schaffen innerhalb des Teams große Unzufriedenheit. Der verantwortliche Leiter muß sich in solchen Fällen selbst einschalten und bei der Verteilung für ausgleichende Gerechtigkeit sorgen. Die wirklich fleißigen Mitarbeiter findet man nämlich bei den Aufräumungsarbeiten, und die Tiphyänen helfen mit vorgetäuschtem, servilem Fleiß den Gästen in ihre Garderobe, schleppen die Blumen oder Geschenke in den Wagen, steigern ihre Geschäftigkeit ins Übertriebene, nur um dadurch einen Tip zu erheischen, der eigentlich für alle Mitarbeiter gedacht ist. Der wirklich sichere Tipgeber erkennt dieses unkollegiale Verhalten und weiß, wem er seine Zufriedenheit durch einen Obolus zum Ausdruck bringen kann. Ich lobe mir die Gäste, die den Rat des Fachmannes suchen und gerne freimütig bekennen, daß sie keine Erfahrung als Tipgeber haben. Um alle Ungerechtigkeiten auf diesem Gebiet zu vermeiden, sollte man alle Betriebsangehörigen verpflichten, den Tip in eine gemeinsame Kasse zu geben und ihn in gewissen Zeiträumen unter Aufsicht zu verteilen. Mit Hilfe dieser Straffung der Tipverteilung kann man den Fleißigen auch mit einem oder zwei Punkten mehr belohnen. Wie bewertet man nun den Tip seiner Höhe nach:

0	= Ist eine persönliche Einstellung des Gastes, die uns keine Veranlassung zu einer negativen Kritik gibt. Letztlich verzehrt er sein Geld in unserem Haus.
5 % vom Verzehr	= Durchschnittlicher Tip.
10 % vom Verzehr	= Sehr guter Tip. Ist in First-class-Restaurants für Spitzenservice die Regel.
mehr	= Wird nur für außergewöhnliche Leistungen vergeben.

Der Hotelier und das Pfandrecht

Dem Hotelier wird vom Gesetz ein Recht zur Pfändung eingeräumt, von dem er allerdings oft aus Kulanzgründen keinen Gebrauch macht. § 704 BGB bestimmt: „Der Gastwirt hat für seine Forderungen für Wohnung und andere dem Gast zur Befriedigung seiner Bedürfnisse gewährten Leistungen, mit Einschluß der Auslagen, ein Pfandrecht an den eingebrachten Sachen des Gastes. Die für das Pfandrecht des Vermieters geltenden Vorschriften des § 559 Satz 3 und der §§ 560 bis 563 finden entsprechende Anwendung."

Das bedeutet, daß der Hotelier alle eingebrachten Sachen des Gastes pfänden darf, soweit sie der Pfändung unterliegen und zur Begleichung der Rechnung erforderlich sind. Er darf also keine Kleidungsstücke des Gastes zurückbehalten, die dieser für die Reise benötigt, und darf auch nicht Sachen konfiszieren, deren geschätzter Versteigerungswert wesentlich höher ist als der geschuldete Betrag. Ebenfalls unterliegen seiner Pfändung nicht Sachen, die sich zwar im Zimmer des Gastes befinden, aber dessen Begleitpersonen gehören.

Eingebrachte Sachen des Gastes darf der Hotelier unter Umständen auch mit Gewalt an sich bringen. Er ist nicht verpflichtet, zur Wahrnehmung seines Pfandrechts das Gericht anzurufen. Der Gast, der sich dieser Handlung widersetzt und womöglich gar körperlichen Widerstand leistet, macht sich strafbar. Er kann das Pfandrecht des Hoteliers lediglich durch Sicherheitsleistungen abwenden. Das Pfandrecht erlischt, wenn der Gast mit Wissen und ohne Widerspruch des Hoteliers die Sachen von dessen Grundstück entfernt. Andernfalls kann der Hotelier Zurückschaffung verlangen. Das Pfandrecht erlischt auch mit Ablauf eines Monats, nachdem der Hotelier von der Entfernung der Sachen Kenntnis erlangt hat, vorausgesetzt, er hat seinen Anspruch nicht vorher gerichtlich geltend gemacht.

Weitere wichtige Hinweise

Das Kongreßhotel

Eine der wichtigsten Aufgaben jeden Hotelmanagements ist die allgemeine Auslotung von Angebot und Nachfrage, wobei die Rentabilität im Vordergrund bleiben muß und somit die wichtigste Rolle spielt. Investitionen, die sich nicht am Markt orientieren, gleich welcher Art diese sind, sollen in der Praxis vermieden werden.

Derzeit bieten von 11 680 Hotels in Deutschland insgesamt 7508 Hotels neben dem herkömmlichen Vermietungsbetrieb auch die entsprechenden Räume an Tagungskunden und Veranstalter von Kongressen an (Stand 1994). Allerdings sind nur wenige Großstädte in der Lage, Großkongresse durchzuführen. Aber für die Hotels in diesen Städten waren enorm hohe Investitionen notwendig, um ins Tagungsgeschäft einzusteigen.

In der Praxis ist es so, daß nicht jeder Ort alle notwendigen Voraussetzungen mitbringt, um in diesem Geschäft mitzumachen. Oft versprechen die Prospekte mehr, als die Wirklichkeit dann letztlich zu halten vermag. Sowohl an einen Tagungsort als auch an ein Kongreßhotel werden, besonders auch hinsichtlich eines großzügigen Freizeitangebots, hohe Anforderungen gestellt. Der Gast von heute erwartet, an seinem Tagungsort ein Schwimmbad, Solarium, Sauna, Trimm-dich-Räume, Reithalle, Kegelbahnen usw. vorzufinden. Auch auf die Durchführung von Ausflugsprogrammen legt er großen Wert. Zusammengefaßt kann man die vom Kongreßveranstalter gestellten Forderungen an einen Kongreßort und ein Kongreßhotel wie folgt benennen:

1. Die Lage muß äußerst verkehrsgünstig sein.
2. Das Haus sollte auch über Suiten und Studios mit allem Komfort und einer erstklassigen Ausstattung der Naßzelle verfügen.
3. Neben Faxgeräten (auch mit Anschlußmöglichkeit in den Hotelzimmern) und Telex am Hotelempfang sollten in den Zimmern Selbstwähltelefon, Radio und Fernseher vorhanden sein. Eine zu starke Differenzierung des Zimmerangebots sollte aus Gründen der Gleichbehandlung der Seminaristen vermieden werden.
4. Sowohl die Konferenzzimmer als auch die dazugehörenden Nebenzimmer und sonstigen Besprechungsräume und Seminarleiterzimmer sollten in verschiedenen Größen angeboten werden können.
5. Die technische Ausstattung der Tagungsräume sollte enthalten:
   - Tonverstärkeranlage mit Mikrofonen einschließlich geeigneter Diskussionsmikrofone
   - Eingebaute Kassettenrekorder zur Aufnahme von Vorträgen und Ansprachen
   - Konferenzaufnahmesystem
   - Elektrischen Gong
   - Verdunkelungsmöglichkeit
   - Diaprojektor

- Overheadprojektor, Lichtfinger
- 8- und 16-mm-Filmprojektoren mit verschiedenen Leinwänden
- Fernsehgerät mit modernem Videogerät
  Fernsehgerät mit Großbildschirm
  Monitore
- Laptop
- Leihmöglichkeit für Simultananlage mit Dolmetscher
- Technische Möglichkeit für schnelle Textverarbeitung und Erstellung
  der Sitzungsprotokolle
- Flip-chart
- Copyboard, das Sofortkopien in Format DIN A4 liefert und aus einer Schreibtafel
  DIN A0 quer besteht und mit handelsüblichen Faserschreibern beschriftet wer-
  den kann. Die Schreibfläche kann auf Kopfdruck weiterbefördert oder zurückge-
  fahren werden. Das Gestell hierzu läuft auf Rollen. Jedes Mitschreiben für den
  Seminarteilnehmer entfällt.
- Magnettafeln zum Aufzeichnen der Sitzordnung
- Kartenständer
- Herkömmliche Schreibtafel bei Mangel an sonstigem technischem Gerät
- Tisch- bzw. Stehpult
- Punktstrahler
- Hinweisschilder in dezenter Aufmachung mit Piktogrammen, die auch für
  sprachunkundige ausländische Gäste leicht lesbar und verständlich sind
- Moderne Schreibmaschinen
- Kopiergerät
- Faxanschluß
- Ausreichend rollbare farbige Pinnwände
- Befestigungsmöglichkeiten für Charts ohne Beschädigung wertvoller
  Einbauten an den Wänden
- Gut sortierten Moderatorenkoffer
- Hausspezifisches Schreibmaterial

Bei allem technischen Aufwand sollte man sich grundlegenden Veränderungen nicht
verschließen, aber sich andererseits von sogenannten kurzlebigen Trends distanziert
halten. Die vorangegangene Aufzählung ist sehr breit angelegt und bei vielen Hotels
nur in Teilbereichen realisierbar. Im Hinblick auf eine weiter fortschreitende Tagungs-
technik sollte jedoch der derzeitige Stand in diesem Fachbuch festgehalten werden.

Im Hilton-Konferenzservice mit Meeting 2000
Entsprechend einer Hilton-International-Umfrage machen etwa 70 % des gesamten
Konferenzgeschäfts Tagungen für max. 50 Personen aus und bilden somit die
stärkste Wachstumsergiebigkeit in diesem Umsatzbereich.
Aus diesem Grunde führten die Hilton-Hotels an allen europäischen Städten einen
neuentwickelten Konferenzservice Meeting 2000 ein. Die in diesem Angebotspaket
zusammengefaßten Dienstleistungen basieren auf Umfragen und Gesprächen mit

etwa 2000 Konferenzorganisationen, -teilnehmern und Reisebüros. Das Angebot reicht von der optimalen Nachrichtenübermittlung an die Veranstaltungsteilnehmer bis zu einer zur Zeit modernsten verfügbaren Technik wie:

- Spezieller Meetingservice-Manager
- Extra angefertigter „Hilton-8-Stunden-Sessel"
- Express-Check-in im Business- & Service-Center für Konferenzgäste, die im Hotel wohnen
- Flexible Gestaltung der anfallenden Kaffee- und Konferenzpausen zu jeder Tageszeit
- Telefon im Konferenzraum mit direkter Anbindung zum Business- & Meeting-Service-Center
- Telefon mit Direktwahl außer Haus
- Professionell geschultes Personal
- Modern ausgestattete Konferenzräume
- Abwechslungsreiches und interessantes Speisenangebot
- Verfügbarkeit von business-orientierten Einrichtungen

Die Zeichen für das Tagungs- und Konferenzgeschäft in dafür geeigneten Hotels haben allgemein eine günstige Entwicklung genommen. Nach dem raschen Aufbauboom in der Nachkriegszeit folgte erst die Ära der Mehrzweckhallen. Überall entstanden, teilweise gänzlich unnötig, solche Tagungskolosse aus Beton. Anfangs bildete sich ein Markt für diese Einrichtungen. Jedoch ist zu beobachten, daß viele Institutionen und Firmen in Hotels mit Atmosphäre abwandern. Die Zeit für das Tagungsgeschäft in den kleineren, überschaubaren Betrieben mit hohem Standard ist sehr aussichtsreich. Die Verkaufsstrategie der mittleren Hotelbetriebe mit einer gut funktionierenden Tagungsabteilung sollte sich auf diese allgemeine Bewußtseinslage einrichten.

Hotel Dorina
Flughafenstraße 125, 60528 Frankfurt am Main

KONFERENZPAKET **DM 195,–**

Wir unterbreiten Ihnen hier ein Pauschalangebot, um mit den vielen
Details aufzuräumen:

- Unterbringung in Einzelzimmern mit Bad bzw. Dusche, WC, Radio,
  Selbstwähltelefon, Hosenbügler
- reichhaltiges Frühstück vom Büfett zum Sattessen, an dem Sie sich
  nach Herzenslust bedienen können, mit Schinken, Wurst, Käse,
  Säften, Eiern, Obst, Joghurt usw.
- Begrüßungscocktail an der Bar
- kostenloses Studiozimmer für den Vorsitzenden
- genügend gebührenfreie Parkplätze (185)
- Konferenzraum entsprechend der Personenzahl für den ganzen Tag
- Erfrischungsgetränke während der Tagung
- vormittags Kaffeepause mit belegten Brötchen
  oder Frankfurter mit Brot und Senf
- Mittagessen, drei Gänge, mit einem Glas Bier
  oder einer Karaffe Wein, Brot und Butter
- Kaffeepause nachmittags mit Feingebäck
- Fitneßraum

Das Hotel liegt inmitten von viel Grün (man könnte stundenlang
spazierengehen).
Und das alles inkl. gesetzlicher Mehrwertsteuer – das ist weniger als
der Preis für ein Doppelzimmer!
Das Angebot ist gültig bis zum 1. Oktober 1994 ab 20 Personen,
Damenprogramm kann nach Ihren Wünschen gestaltet werden. Weiter
bieten wir in unserem Konferenzservice noch an:

- Flip-chart mit Farbstiften, DM 3,50 pro Blatt
- Overheadprojektor, DM 50,– pro Tag
- Diaprojektor für alle Größen, DM 70,– bis DM 80,– pro Tag
  (manuell oder autom.)
- Leinwand
- Fotokopieren, DM 1,– pro Kopie
- Mikrofon, DM 25,– pro Tag

**Geschäftsbedingungen
für geschlossene Veranstaltungen**

Gültig für alle Veranstaltungen, die in separaten Räumen
durchgeführt werden.

Im Stornierungsfall behalten wir uns die Berechnung von bereits
durchgeführten Vorbereitungskosten vor. Bei Abbestellung nach
der abgesprochenen dead-line wird der für das Haus
entstandene Schaden mit der Anrechnung des entgangenen
Gewinns für die geplanten Lieferungen und Leistungen
ausgeglichen.

Die dead-line wird bei allen separaten Essen bis 18 Uhr
einen Tag vor dem Datum der Veranstaltung festgelegt.
Alle Zusatzleistungen, wie Blumen, Raumschmuck, Kerzen,
Tafel- oder Tanzmusik, werden gesondert berechnet.

Wird der Pro-Kopf-Verzehr in Höhe von DM 75,– nicht erreicht,
wird für Beanspruchung von Tagungs- oder Konferenzräumen
Raummiete erhoben.

Dead-line ist der letzte Änderungstermin bei
Sonderveranstaltungen ohne Berechnung entstandener Kosten.

Tiere im Hotel?

Eine Unmöglichkeit, wird mancher Kollege sagen und auf seinen neueingerichteten
Hundezwinger im hintersten Winkel des Hofes verweisen. Die meisten Menschen, die
ihren Hund mit auf die Reise nehmen, sehen in ihm aber ihren besten Freund und
möchten das Tier keinem Hundezwinger überlassen. Die Frage, ob man Tiere in den
Hotelzimmern dulden soll, wird von Haus zu Haus individuell gehandhabt (Anfrage ist
erforderlich).
Für die Übernachtung liegt zu einem geringen Preis eine weiche Hundedecke bereit.
Ein Hotelpage führt die vierbeinigen Gäste „Gassi". Dieser gut organisierte Hotelservice für Hunde klappt so hervorragend, daß die Vierbeiner keinerlei Anlaß zum Bellen
oder Knurren haben. Meinung der Hoteldirektion: „Wir merken die Hunde gar nicht."

Gutes Benehmen ist auch bei Hunden Erziehungssache. In einem Hundeinternat können Hunde sich auf Lehrgängen ein einwandfreies Benehmen und ruhiges Verhalten speziell in Gaststätten und Hotels aneignen.

Um das „bessere Benehmen" von Hunden in Hotels zu verdeutlichen, hat die „Interessengemeinschaft deutscher Hundehalter" in ihren Mitteilungen über die Erfahrungen eines englischen Reporters in einem Hotel berichtet. Danach soll der englische Hotelbesitzer auf die Frage, ob Hunde in seinem Hotel willkommen seien, geantwortet haben: „Ich bin seit dreißig Jahren im Geschäft. Während dieser Zeit habe ich in meinem Hotel niemals einen Hund erlebt, der die Bettlaken verbrannte, weil er im Bett geraucht hat, noch hat bis jetzt jemals ein Hund Aschenbecher oder Messer als Andenken mitgenommen. Mir ist auch nichts darüber bekanntgeworden, daß ein Hund etwa mit seinen Handtüchern seine Schuhe putzte oder versucht hat, das Zimmermädchen zu küssen. Ich habe niemals von einem Hund eine Beschwerde über die Bedienung oder das Essen erhalten. Kurz: Wenn sich Ihr Hund für Sie verbürgt, dann heiße ich Sie willkommen!"

Wenn ein Gast einen Hund mitbringt, ohne daß vorher bei der Vergabe des Zimmers etwas darüber gesagt wurde, daß Hunde im Haus unerwünscht sind, kann man dem Gast den Gebrauch des Zimmers nicht verwehren. Erst dann handelt der Gast vertragswidrig, wenn bei Abschluß des Gastaufnahmevertrags ausdrücklich darauf hingewiesen wurde, daß das Mitbringen von Hunden untersagt sei. Deshalb, wer Hunde nicht aufnehmen will, sollte dies deutlich in seiner Hotelreklame zum Ausdruck bringen. Auch in der Korrespondenz muß darauf hingewiesen werden, daß man Hunde im Haus nicht duldet. Gäste, die einen Hund halten, fragen in der Regel beim Empfang an. Sollte im Ausnahmefall einmal die Regel durchbrochen werden, sollte man aber auch darauf hinweisen, daß der Gast das Hundekörbchen für den kleinen Begleiter mitbringt. Stellt sich nachträglich heraus, daß der Hund bissig ist und andere Gäste stört, steht es dem Hotelier frei, den Beherbergungsvertrag fristlos zu kündigen. Wenn der Gast abreist, muß er für den Fall Schadensersatz leisten, daß das Zimmer nicht weiter vermietet werden kann. Alle Schäden, die durch einen mitgebrachten Hund entstehen, müssen vom Gast erstattet werden.

Die Sicherheit im Hotel (Hoteldetektiv contra Hoteldieb)

Das Sicherheitsbedürfnis der Gäste im Hotel nimmt zu. Wo die Sicherheit im Haus offensichtliche Mängel aufweist und in ihrer letzten Konsequenz zu Fehlleistungen führt, wird das Vertrauen des Gastes empfindlich gestört. Aus diesem Grunde müssen sich die Angestellten im Hotelempfang durch ihre langjährige Tätigkeit einen geschulten Blick für ungewöhnliche Hotelgäste aneignen. Beispielsweise erhalten Gäste des New Yorker Hotels „The Roosevelt" nach ihrer Ankunft eine vorgedruckte Abhakliste mit Hinweisen, wie sie ihr eingebrachtes Hab und Gut schützen können. Einige Ratschläge aus dieser Liste:

Lassen Sie Handwerker und Fensterputzer erst nach Rücksprache mit der Hotelleitung in Ihr Zimmer!

Nennen Sie in Gesellschaft niemals vor Fremden den Namen Ihres Hotels und Ihre Zimmernummer.

Erwähnen Sie niemals öffentlich, daß Sie Ihr Zimmer längere Zeit verlassen werden.

Melden Sie der Hotelleitung alle ungewöhnlichen Vorgänge – wie Anrufer, die auflegen, ohne sich vorzustellen.

Der Diebstahl allgemein wird in etwa 70 kriminologische Straftatenklassen untergliedert, wobei die Trickdiebstähle, wie die in den Hotels vorkommenden Diebstaharten, die kleinere Gruppe darstellt. Sehr oft bemängelt die Polizei, daß das Schutzinteresse beim Betroffenen oft zu spät erwacht. Nachfolgend führe ich die drei großen Gruppen von Kriminalfällen auf, die in einem Hotel am häufigsten vorkommen.

1. Schaden, der den Gästen zugefügt wird durch Außenstehende, Personal oder andere Gäste bzw. als Hotelgäste getarnte Hoteldiebe.
2. Schaden, der dem Hotel zugefügt wird durch Außenstehende, Personal oder andere Gäste bzw. als Hotelgäste getarnte Hoteldiebe.
3. Fälle, bei denen das Hotel lediglich als Unterschlupf für Gesetzesbrecher dient.

Es handelt sich, wie oben aufgeführt, um drei ganz verschiedene Gruppen von Kriminalfällen, und der Hoteldetektiv, soweit vorhanden, muß bei seinen ersten Ermittlungen, die meist ohne Hinzuziehung der Polizei erfolgen, schnell erkennen, welchen Charakter die Schadenszufügung hat und in welche Gruppe diese sich einordnet.
Der Hoteldetektiv kann in einer Großstadt nicht immer so effektiv arbeiten, wie dies in Romanen, Filmen und Fernsehproduktionen oft meist falsch nachgezeichnet wird. Manche Häuser, für die früher ein Hoteldetektiv unentbehrlich war, verzichten heute auf diesen Mitarbeiter, weil meistens die Erfolgsquote äußerst gering war. Man verläßt sich auf die Erstattung des Schadens durch die Versicherungen, oder man weist mittels eines Aushangs oder mit aufstellbaren Kärtchen bzw. im Hotelausweis darauf hin, daß Schmuck, Bargeld und Dokumente im Hoteltresor oder bei der in der Nähe gelegenen Hausbank hinterlegt werden können.
Allgemein ist bei der Kripo bekannt, daß die Chance der Entdeckung eines Hoteldiebes äußerst gering ist. Je größer das Haus, um so geringer ist die Möglichkeit, einen

Hoteldieb aufzuspüren oder gar auf frischer Tat zu ertappen. Die Eintragung der Hotelgäste, wie sie vom Meldegesetz vorgeschrieben wird, auch wenn Vordrucke benutzt werden, kann unrichtig sein und bedeutet keine zuverlässige Information. Nur die Handschrift kann später vielleicht wertvolle Hinweise geben.

Der Schlüsselfordertrick

Ein forsch auftretender „Gast" steuert zielstrebig auf den Hotelempfang zu, erkennt mit schnellem Blick, bei welchem Zimmerschlüssel die Postsachen noch nicht abgeholt sind. Er wählt sich z. B. Zimmer 114, eine verbindliche Geste des Portiers, und der Gast verschwindet über den Aufzug in die Etage, um das Zimmer 114 auszurauben. Der „Gast" war nämlich ein internationaler, routinierter Hoteldieb, der in wenigen Minuten einen derartigen Fischzug durchführt. Nach 15 Minuten oder früher verläßt er mit der Beute das Hotel, selten ohne eine höfliche Grußformel für den Portier.

Absicht des Hoteldiebs:	Schneller Raub von Wertsachen und Geld.
Charakteristikum:	Forderndes, forsches, aber höfliches Auftreten. Arbeitet immer allein. Sehr intelligenter Typ von Gentleman-Verbrecher. Greift nie zu einer Waffe.
Beiseiteschaffen der Beute:	Immer am Körper. Hat selten Helfershelfer, denen er die Beute übergeben würde.
Chancen der Aufdeckung:	Nachdem dieser Typ von Hoteldieb als international zu bezeichnen ist und von Land zu Land reist und meist von Interpol gesucht wird, muß er die Maske sehr oft wechseln. Wenn ihm dabei Fehler unterlaufen, ist es vielleicht möglich, ihn zu fassen. Aber durch seine überragende Intelligenz ist er meist der Schnellere. Er kann eigentlich nur auf frischer Tat ertappt werden.

Der Irrtumstrick

Der Hoteldieb betritt das Hotel und benimmt sich wie ein Besucher eines in seinem Zimmer befindlichen Hotelgastes. Auf der Etage versucht er, Zimmer für Zimmer zu betreten. Ist der Hotelgast anwesend, erfolgt eine knappe, aber sehr höflich vorgetragene Entschuldigung, die Tür wird wieder zugezogen und das Tun fortgesetzt. Meist wird dieser Vorgang vom Hoteldieb dem Gast gegenüber als eine Verwechslung der Zimmernummer dargestellt. Niemand merkt sich bei der flüchtigen Begegnung das Gesicht des Hoteldiebs.

Absicht des Hoteldiebs:	Schnelles Ausrauben eines Hotelzimmers. Durchwühlen der Koffer. Hinterläßt meist viele Spuren, weil er aus Zeitgründen keine Rücksicht nehmen kann.

Charakteristikum:	Arbeitet immer allein. Entfernt sich sehr schnell vom Tatort. Ist sehr routiniert im schnellen Untertauchen.
Beiseiteschaffen der Beute:	Führt die Beute mit sich am Körper. Wenn er von einem gemieteten Zimmer aus operiert, führt er die Beute im Koffer mit.
Chancen der Aufdeckung:	Auf frischer Tat möglich oder wenn sich der Hoteldieb zu auffällig benimmt. Personenbeschreibung wegen der flüchtigen Begegnung oft nicht möglich.

Der Nachschlüsseltrick

Hoteldiebe, die mit dem Nachschlüsseltrick arbeiten, können dies nur in Hotels älterer Bauart, weil dort meist keine nachschlüsselsicheren Schlösser vorhanden sind. Moderne Hotels verfügen in den meisten Fällen über eine Zentralschlüsselanlage und werden nur dann von Hoteldieben heimgesucht, wenn sie sich für teures Geld über verschwiegene Wege der Unterwelt einen Hauptschlüssel besorgen können. Hauptschlüssel für Zentralschlüsselanlagen für große Hotels werden zu hohen Preisen gehandelt.

Wenn dies nicht möglich ist, mietet sich der Hoteldieb in dem betreffenden Hotel ein, verläßt das Haus mit dem Schlüssel und besorgt sich beim nächsten Schlüsseldienst für ein paar Mark einen Nachschlüssel. Bei passender Gelegenheit führt er seinen Raubzug – ohne aufzufallen und mit genauen Ortskenntnissen – durch. Allerdings beschränkt sich in den meisten Fällen der Raubzug auf ein Zimmer.

Absicht des Hoteldiebs:	Raub von Wertgegenständen, Schmuck, Geld usw.
Charakteristikum:	Der Hoteldieb benimmt sich vollkommen unauffällig. Arbeitet immer allein. Benimmt sich im Hotel zum Zeitpunkt des Raubes wie ein Besucher eines Hotelgastes.
Beiseiteschaffen der Beute:	Verläßt das Haus mit der Beute am Körper.
Chancen der Aufdeckung:	Der Dieb kann nur auf frischer Tat ertappt werden.

Der Klinkenputzertrick

Ein unscheinbarer Gast ohne Fahrzeug mietet sich in einem Hotel ein Einzelzimmer. Sein Gepäck besteht in den meisten Fällen aus einem Koffer und einer Tasche. Er tritt bescheiden auf, das Personal beachtet ihn kaum, und er schließt sich sofort in sein Zimmer ein. An der Tür bringt er das Schild an: „Bitte nicht stören." Nach Mitternacht schleicht er unauffällig von Tür zu Tür und versucht, sich alle für ihn schnell faßbaren Wertgegenstände anzueignen. Seine Beute deponiert er in seinem Zimmer.

Nach dem Raubzug verläßt er in den frühen Morgenstunden unter Zurücklassung des Gepäcks das Hotel. Bis die geschädigten Hotelgäste den Schaden bemerken, ist der Hoteldieb über alle Berge. In seinem Gepäck befinden sich nur alte Zeitungen.

Absicht des Hoteldiebs: Schneller, unauffälliger Raubzug durch möglichst viele Zimmer. Raub aller Wertgegenstände, soweit er in der Lage ist, diese auch zu tragen.

Charakteristikum: Dieser Typ von Hoteldieb ist wie ein ätherisches Wesen. Er schleicht, ist sehr schnell in seiner Arbeit, äußerst ruhig, nicht so schnell aus der Ruhe zu bringen. Arbeitet immer allein.

Beiseiteschaffen der Beute: Verläßt das Haus mit der Beute am Körper.

Chancen der Aufdeckung: Der Dieb kann eigentlich nur auf frischer Tat ertappt werden.

Der Trick mit der Gastfreundschaft

Für diesen Trick mietet sich der Täter in einem kleinen Hotel in unmittelbarer Nähe eines Bahnhofes ein. Sein Opfer wird vorher sehr genau im Wartesaal ermittelt und mit dem Hinweis angesprochen, man kenne sich doch von früher. Im Verlauf des beginnenden Gesprächs erfolgt nun das Angebot, in seinem Zimmer zu übernachten. Nachdem ausgiebig getrunken wurde, geht man zusammen in das vom Täter angemietete Hotelzimmer. Das Opfer wird im Schlaf ausgeraubt. Der Täter steigt meistens ohne Gepäck ab, zahlt das Zimmer gleich, bleibt unauffällig und verläßt in den frühen Morgenstunden das Haus. Seltener kommt es zu homosexuellen Handlungen. In diesem Falle ist eine Personenbeschreibung leichter möglich, weil das Opfer lange mit dem Täter zusammen war.

Absicht des Hoteldiebs: Ausrauben des Opfers während des Schlafes.

Charakteristikum: Arbeitet allein. Sehr geschickt im Umgang mit Menschen. Nicht ausgeschlossen, daß sich dahinter auch ein Strichjunge verbirgt, der auch auf homosexuelle Handlungen abzielt.

Beiseiteschaffen der Beute: Beute wird zum Schließfach im Bahnhof gebracht. Dort befindet sich meistens das Gepäck des Täters.

Chancen der Aufdeckung: Wegen der meist sehr genauen Personenbeschreibung ist die Chance der Aufdeckung relativ gut.

Der Doppelzimmertrick

Dies ist einer der wenigen Tricks von Hoteldieben, bei dem zwei Täter zusammenarbeiten.

Der gutgekleidete Gast A betritt höflich auftretend ein Hotel, geht zum Empfang und mietet sich ein. Sein Benehmen ist bewußt sehr personalfreundlich, aber immer auf Abstand bedacht. Er gibt sich als weltmännisch – Gentleman-Typ. Das gemietete Zimmer ist ein Doppelzimmer.

Im Verlauf des Tages besucht ihn ein „Geschäftsfreund" B mit einem Köfferchen. B sucht das Zimmer auf. Ab jetzt passiert nichts Auffälliges mehr. Am nächsten Morgen verläßt A bei bester Laune, sich jovial und mit allem zufriedengebend das Haus, gibt reichlich Trinkgeld und verschwindet mit einem Taxi. Etwa nach einer Stunde kommt auch B, kaum vom Personal beachtet, mit dem kleinen Köfferchen von der Etage herunter und verläßt das Haus unauffällig. In dem Koffer befindet sich der Schmuck von einem Raubzug durch das Hotel während der letzten Nacht.

Absicht der Hoteldiebe:	Raub von Gästeschmuck in sämtlichen für beide zugänglichen Zimmern.
Charakteristikum:	Zusammenarbeit von zwei versierten internationalen Hoteldieben. Tarnung durch weltmännisches Auftreten und letzten Endes durch das rechtmäßige Einmieten.
Beiseiteschaffen der Beute:	Der scheinbar unbeteiligte Hoteldieb schafft die Beute im Köfferchen, mit dem er das Hotel auch betrat, aus dem Haus.
Chancen der Aufdeckung:	Fast unmöglich. Je größer das Haus, um so höher ist der Wahrscheinlichkeitsgrad, daß das Vorhaben der Hoteldiebe gelingt.

Der Hotelgast als Souvenirjäger

Bei manchen Gästen ist die Souvenirsucht stark ausgeprägt. Diese kann zur schlechten Eigenschaft werden und somit zu einem Grund für die oft katastrophalen Ergebnisse in der statistischen Auswertung im Verlauf von einigen Betriebsjahren. Von den Souvenirjägern werden besonders kleine, handliche Gegenstände bevorzugt, die sich leicht, teils bewußt, teils aus echtem Versehen, im Reisegepäck unterbringen lassen, wie beispielsweise Bademäntel, Badetücher, Handtücher, besonders hübsche Stilkleiderbügel, Vasen, Bilder, Aschenbecher usw. Hinter diesem Gentleman-Delikt verbirgt sich oft eine krankhafte Sucht, auch Dinge mitzunehmen, die man überhaupt nicht braucht.

Eines der größten europäischen Hotels veröffentlichte vor einigen Jahren eine interessante Statistik. Auf der Verlustliste standen allein 100 000 Aschenbecher, 26 000 Kaffeelöffel, 16 000 Dessertmesser sowie 17 000 Dessertgabeln und 12 000 Dessertlöffel. In dieser Veröffentlichung aus Anlaß des zehnjährigen Bestehens des Betriebes erwähnte das Hotel, daß die hohen Kosten, die durch Ersatz und Pflege sowie Verschleiß bedingt sind, sich naturgemäß im Preis niederschlagen müssen.

In den USA führten 43 000 Motelbesitzer darüber Klage, daß komplette Zimmereinrichtungen verschwinden und in dem vor der Tür geparkten Wagen abtransportiert werden. Es werden Bilder, Gardinen und Lampen einfach abmontiert und mitgenommen. Vergleichsweise harmlos nehmen sich dagegen die Diebstähle von Bibeln aus, die in jedem US-Hotel bereitliegen. Eine Bibelgesellschaft, die 600 Hotelbetriebe kostenlos damit versorgt, hatte in einem Jahr 4580 Exemplare zu ersetzen. Ein First-class-Hotel in Manhattan muß monatlich 2100 Handtücher als Verlust abbuchen. Erwähnt wurde auch, daß ein Hotelbesitzer mehr als erstaunt darüber war, daß ein Gast während seines Hotelaufenthaltes die Tapeten von den Wänden ablöste und einfach mitnahm.

Ein führendes Großhotel am Frankfurter Flughafen berichtet vom jährlichen Verschwinden von 8000 Badetüchern, 1200 Briefmappen und 700 Bademänteln. Ein Hotelmanager berichtet, daß Bademäntel mit seinem Hotellogo bevorzugt mitgenommen werden, während neutrale Bademäntel eher liegenbleiben. Zimmermädchen erhalten für die ohne jedes Aufsehen erfolgte Rückführung „versehentlich" mitgenommener Gegenstände oft eine kleine Prämie.

Jeder Hotelangestellte, der einen Hotelgast bei einer solchen Handlung ertappt, sollte behutsam auf den Tatbestand oder das Versehen aufmerksam machen und um Herausgabe der Gegenstände bitten, jedenfalls aber einen lautstarken Skandal vermeiden. Denn der ertappte Gast versucht ohnehin, die Sache als ein Versehen hinzustellen, und würde jede Unterstellung einer unehrenhaften Handlung weit von sich weisen. Deshalb ist es im Interesse des Hauses, jedes Aufsehen zu vermeiden. Weitere Maßnahmen sind erst zu ergreifen, wenn trotz eindeutigen Feststehens des Tatbestandes der Gast sich weigert, die eingepackten Gegenstände herauszugeben. Dann muß der nächste Vorgesetzte oder der Hoteldetektiv verständigt werden.

In einem bekannten Hotel kamen ständig die den Gästen zur Verfügung gestellten Bademäntel abhanden. Man konnte sich nur dadurch helfen, in den Hotelzimmern einen Hinweis anzubringen, daß das Zimmermädchen einen fehlenden Bademantel auf eigene Kosten ersetzen müsse. Dem Vernehmen nach soll sich die kostenlose Entnahme von Bademänteln gebessert haben.

Ein Sprecher des DEHOGA hierzu: „Noch nie haben Gäste soviel gestohlen wie letztes Jahr." Allein 1983 sprach man von einer Beute von 51 Millionen DM.

Die Polizei bittet, aus der Fülle der Erfahrungen von Hoteliers und Hotelpersonal zur Verhütung und Bekämpfung der Hoteldiebstähle folgende Punkte ganz besonders zu beachten:

Hausrecht

Jeder Hotelier und Gastwirt sollte die Bestimmungen des § 123 StGB (Hausfriedensbruch) kennen. Das Hausrecht, das auch die „Betriebsräume" umfaßt, gibt Ihnen das Recht, unliebsame Gäste des Hauses zu verweisen.

Vorläufige Festnahme

Wird eine Person auf frischer Tat angetroffen oder verfolgt, so steht jedermann das Recht zu, diese Person vorläufig festzunehmen, wenn sie der Flucht verdächtig ist oder wenn ihre Persönlichkeit nicht sofort festgestellt werden kann. Dieses Recht gibt Ihnen § 127 Abs. 1 StPO.

Erstatten Sie bei der Polizei Anzeige, wenn Ihnen oder einem Gast etwas gestohlen wurde.

Teilen Sie der Polizei verdächtige Begebenheiten mit, wenn z. B. Unbekannte in den Zimmern von Gästen auftauchen usw. Veranlassen Sie nach Möglichkeit, daß die Geschädigten direkt mit der Polizei Kontakt aufnehmen.

Personengedächtnis

Prägen Sie sich Größe, Gestalt, Haarfarbe, Sprache, Bekleidung und sonstige Auffälligkeiten, wie Narben, Tätowierungen usw., ein. Welches Gepäck wurde mitgeführt, wie erfolgte die An- und Abreise?

Fremdeneintragung

Der Polizei hilft es, Fremdenscheine oder Gästekarten von den Übernachtungsgästen selbst ausfüllen zu lassen. Die Handschrift wurde schon manchem Verbrecher zum Verhängnis. Dies kann man allerdings nur bei Walk-In-Gästen praktizieren. Bei Stammgästen ist dies keinesfalls angebracht.

Nach einem Diebstahl oder Einbruch

Lassen Sie den Tatort unverändert. Verhindern Sie Aufräumarbeiten, bevor die Polizei eingetroffen ist. Vom Täter benutzte Gläser, Flaschen, Geräte, Türgriffe usw. wegen der Fingerabdrücke nicht berühren. Die Polizei schenkt auch den Schuh- und Werkzeugspuren sowie den Zigarettenstummeln Beachtung.

Eingangssicherung

Sorgen Sie dafür, daß Nebeneingänge nur von den Berechtigten und nicht von Fremden begangen werden können.

Wertgegenstände sichern

Weisen Sie Ihre Gäste darauf hin, daß Wertgegenstände im Hoteltresor oder bei der Hausbank in Sicherheit gebracht werden können und daß sie über Nacht ihre Pkw nicht vollbeladen im Freien stehenlassen sollten.

Allgemeine Hinweise

Überzeugen Sie sich nach Betriebsschluß, ob alle Fenster und Außentüren geschlossen sind.

Sorgen Sie dafür, daß Ihr Haus mit Sicherheitsschlössern ausgerüstet wird und daß das Schlüsselbrett von Gästen nicht eingesehen werden kann.

Benutzen Sie die Möglichkeit der kostenlosen Beratung über Sicherungsmaßnahmen „nach Maß" zu Ihrem und der Gäste Schutz in bezug auf technische, optische und akustische Warnanlagen.

Zimmertüren von Zimmern, die sich für alleinreisende Damen eignen, sollten mit einem Türspion ausgestattet sein.

Gästesafe mit und ohne Münzeinwurf

In den meisten aller Fälle ist der Zentralsafe bei der Hotelverwaltung zu klein, um alle Wertgegenstände der Gäste aufzunehmen. Dieser Nachteil wir durch Kleinsafes in den Gästezimmern eliminiert. Trotz geringer Außenmaße und einem Inhalt von 20 Litern kann der Safe mit starken Sicherheitsschrauben befestigt werden. Es wird für jeden Safe ein Sicherheitsschloß mit nur einem Schlüssel geliefert. Auf diese Weise können Gäste auch wertvolle größere Gegenstände wie Kameras im Safe unterbringen.

Hotelbrand

Die Branddirektion der Stadt Frankfurt am Main schreibt in ihrer Schrift „Verhalten bei Bränden", daß man sich bei ausbrechenden Hotelbränden nur dann richtig verhalten kann, wenn das betreffende Haus auf den Notfall auch vorbereitet ist.

Die wichtigsten Verhaltensregeln für den Brand- und Katastrophenfall nebenstehend in Stichworten.

Das „Goldene Buch"

Leider trifft man nur noch in wenigen Häusern die von unseren Vätern viel praktizierte Vorlage des sogenannten „Goldenen Buches" für einen Gästekreis, der einem am Herzen liegt.

Mancher hat es aus Werbegründen getan, ein anderer, weil er damit eine Liebhaberei befriedigen wollte. Die letztere Möglichkeit ist bei weitem die nettere, dagegen kann man aus rein geschäftlichen Erwägungen nichts gegen die erste Handlungsweise sagen, wenn sie dezent zur Anwendung kommt. In wenigen Fällen trifft man noch diese Sitte, um eine bodenständige Poesie zu pflegen.

Meine Erfahrung ist die, daß im allgemeinen der prominente Gast nichts gegen eine Eintragung hat, wenn er in einem „Goldenen Buch" entsprechend plaziert wird. Ist dieses Buch gut angelegt und geführt, werden vom angesprochenen Gast kaum Einwen-

Wenn es brennt:
– Ruhe bewahren
– Feuerwehr alarmieren und Brandort deutlich angeben
– Bereits bei der Anmeldung Hinweise auf gefährdete oder vermißte
  Personen geben
– Angaben über Ausdehnung des Brandes
– Verweisung auf eventuell im Haus befindliche gefährliche Stoffe

Bis zum Eintreffen der Feuerwehr:
– Selbsthilfemaßnahmen einleiten
– Keinen Versuch unternehmen, das Feuer allein zu bekämpfen
– Menschenleben haben immer Vorrang
– Gefährdete Personen aus der Gefahrenzone bringen
– Alle Mitarbeiter, Mitbewohner und Nachbarn warnen
– Bei verqualmten Räumen immer erst die Bodennähe suchen, weil
  dort noch atembare Luft vorhanden ist
– Türen geschlossen halten, um das Verqualmen von Flucht- und
  Rettungswegen zu verhindern
– Keine Fahrstühle benutzen
– Anfahrten und Einfahrten für die Feuerwehr freihalten
– Bei Eintreffen der Feuerwehr diese sofort unterrichten über vermißte
  und gefährdete Personen, Lage des Mittelpunktes des Brandes,
  Ausdehnung des Feuers, Zugang zum Brandherd sowie über das
  Vorhandensein gefährlicher Stoffe

Brandbekämpfung mit hauseigenem Löschgerät:
– Erst wenn keine Menschenleben mehr in Gefahr sind, kann die Zeit
  bis zum Eintreffen der Feuerwehr für eigene Brandbekämpfung
  genutzt werden
– Bei auftretenden Kleiderbränden nicht laufen oder weglaufen,
  sondern auf dem Boden wälzen
– Brennende Kleidungsstücke vom Körper entfernen oder mit einer
  Decke o. ä. einwickeln und die Flammen ersticken
  (Vorsicht bei Synthetics)
– Wenn möglich, die betreffende Person mit dem Feuerlöscher direkt
  und gründlich ablöschen, dabei den Löschstrahl nicht auf Augen
  und Mund richten
– Vor Löschen des Brandherdes elektrische Geräte abschalten und
  Gashähne schließen
– Zum Löschen Feuerlöscher oder Wandhydranten benutzen
– Wenn keine Löschmittel vorhanden sind, brennbare Gegenstände
  aus der Brandzone entfernen

dungen gemacht werden. Es ist natürlich selbstverständlich, daß das sogenannte „Goldene Buch" in seiner handwerklichen Ausführung geschmackvoll und das verwendete Material hochwertig sein soll. Die Diplomatie, mit welcher das betreffende Haus ein „Prominenten-Haus-Gästebuch" führt, bedarf einiger Akzente. Es wäre geradezu ein Formfehler, wenn man solch ein Buch von einem Angestellten vorlegen lassen wollte. Der Prinzipal selber oder mindestens sein direkter Vertreter müssen dies mit einigen verbindlichen Worten tun. Selbstverständlich kann man nicht verlangen, daß beispielsweise bei Politikern der eine Parteiführer seinen Namen auf die gleiche Seite wie sein Opponent setzt. Des weiteren ist einem prominenten Filmstar kaum zumutbar, seinen Namen auf die gleiche Seite zu schreiben, auf der schon die Unterschrift des schärfsten Gegners und Konkurrenten um die Publikumsgunst ins Auge springt. Gutgeführte Häuser richten in ihren „Goldenen Büchern" für jeden prominenten Gast eine eigene Seite ein. Auf diese Art und Weise kommt keine Zurücksetzung auf, und es können kaum Formfehler unterlaufen. Jede Unterschrift wirkt für sich allein und ist in sich geschlossen. Im besten Falle kann man auf die gleiche Seite noch einige Unterschriften der Begleitung mit eintragen lassen, wenn es sich nicht umgehen läßt.

Um die Unterschriften gut auf die Mitte einer Seite plazieren zu können, gebe ich noch einen praktischen Wink. Ich empfehle, einen Rahmen aus Pappe anzufertigen, der auf die jeweilige Seite aufgelegt wird, so daß dem eintragenden Gast nur die Möglichkeit bleibt, seinen Namenszug schön in die Mitte der jeweiligen Buchseite zu setzen. Vor fast 30 Jahren habe ich mir selbst ein Gästebuch angelegt und kann bis jetzt auf die ansehnliche Zahl von über 350 Eintragungen prominenter Persönlichkeiten zurückblicken.

Abschließend noch einige rein juristische Hinweise über die Eigentumsfrage eines Gästebuches in einem Pachtbetrieb. Es ist nicht immer eindeutig klar, wer auf ein Gästebuch Besitzrecht hat, der Pächter oder der Verpächter. Das Gästebuch des Pächters kann jedoch niemals ein Teil des Inventars eines Hauses sein. Ein Gästebuch dient nicht der Betriebsführung, und es ist hierfür auch nicht notwendig. Gästebücher sind in modernen Betrieben kaum noch zu finden. Als Inventarium finden sie sich noch gelegentlich in Gaststätten von historischer Bedeutung. In solchen Fällen muß ein bis Beginn des Pachtverhältnisses vorhandenes Gästebuch als mitverpachtet gelten, wenn es dem Pächter zum weiteren Gebrauch oder nur zur Ansicht für die dort verkehrenden Gäste überlassen wird. Das Buch ist dann bei Beendigung des Pachtverhältnisses herauszugeben.

Anders liegt es aber, wenn bei Beginn des Pachtverhältnisses ein Gästebuch weder vorhanden war noch übergeben wurde, noch die Verpflichtung auferlegt ist, für den Verpächter ein solches zu führen, und der Pächter von sich aus ein solches Buch anschafft und seine Gäste bittet, sich dort einzutragen. Ein solches von ihm angeschafftes Buch ist aber nicht Gegenstand der Verpachtung. Selbst wenn das Gästebuch als eine Betriebseinrichtung anzusehen wäre, ist der Pächter berechtigt, das Buch mitzunehmen, weil er diese Einrichtung geschaffen hat. Der Pächter ist Betriebsinhaber und nicht der Verpächter. Die Gäste sind Gäste des Pächters und nicht des

Verpächters. Gleich, welche Motive einen Pächter leiten, ein Gästebuch anzuschaffen und die Eintragung von prominenten Gästen zu erbitten. Wenn der Pächter nach Ablauf der Pacht sein Buch mitnimmt, so wird in erster Linie der Erinnerungswert für ihn als Wirt im Vordergrund stehen. Mag er es auch nachträglich zu Werbezwecken benutzen, so ist es in jedem Fall sein Buch, auf dessen Herausgabe der Verpächter keinen Anspruch hat.

Hinweise zur Zusammenarbeit im Team

Ich habe bewußt das Wort Team herausgestellt, um hier noch einige wichtige Hinweise zu geben, ohne die der moderne Hotelempfang nicht mehr auskommt.

Der modern denkende Empfangschef in unserer Zeit hat nur noch wenige gemeinsame Züge mit einem Patriarchen. Es sind eben heute nicht mehr allein die Fachkenntnisse über eine gewisse Materie, die uns als Leitende wichtig erscheinen sollen, sondern in gleich hohem Maße ist es die Fähigkeit, einen Stab von Mitarbeitern zu leiten bzw. anzuleiten, und zwar so anzuleiten, daß diese Mitarbeiter entsprechend den Vorstellungen des Leitenden ihre Arbeit verrichten und sich zu einem Team zusammenfinden. Ein Team muß sich harmonisch aufbauen, denn nur die Mannschaftsarbeit führt heute noch zum Erfolg. Das Team braucht eine straffe Führungstätigkeit. Je besser der Leitende in der Lage ist, die gegebene Situation richtig einzuschätzen und die entsprechenden Entscheidungen weiterzugeben, um so besser wird der Betrieb arbeiten.

„Soll der Leitende kühl oder sachlich sein? Oder soll der Vorgesetzte mit seinen Untergebenen freundschaftlich verkehren?" Diese Frage hat das Rationalisierungskuratorium der deutschen Wirtschaft einigen tausend Arbeitnehmern in der Industrie gestellt.

Das Ergebnis:

1. Der Leitende soll seine Mitarbeiter in geschäftlichen und privaten Angelegenheiten beraten.
2. Der Leitende soll ein offenes Ohr für Verbesserungsvorschläge haben.
3. Der Leitende soll gerecht sein und seine Ohren gegen Klatsch verschließen.

In diesen drei Punkten findet man den Schlüssel für den Aufbau eines gutfunktionierenden Teams.

Technische Hinweise

Telefax im Hotel

Telefax ist eine Kommunikationsart unserer Zeit und darf an keinem modernen Hotelempfang fehlen. Die Faxkommunikation ermöglicht eine vereinfachte Form des Versendens von Text und Grafik, und dies sogar auf Normalpapier. Die ausgereifte Kombination von qualitätsvollem Laserdruck mit breitgefächerten Sende- und Empfangsfunktionen gewinnt immer mehr an Bedeutung, sowohl im allgemeinen Geschäftsleben wie auch bei der Arbeit am Hotelempfang. Hinsichtlich des Datenschutzes und den oft vertraulichen Messages kann der Zugangscode an solchen Geräten für unbefugte Personen gesperrt werden. Mit Abteilungscodes lassen sich die Faxkosten auf Bereiche, Abteilungen und Einzelpersonen umlegen. Der Laserdruck ermöglicht, daß jeder Text und jede Abbildung originalgetreu auf Normalpapier kommt, und gilt deshalb als bestes Druckverfahren. Die gesendeten Messages sind dokumentenecht und verblassen nicht. Moderne Geräte schaffen pro Minute bis zu vier Seiten Text. Die Gebühren entsprechen den üblichen Preisen für Telefoneinheiten in den bestimmten Entfernungszonen.

Es gibt Geräte, die Fehlerkorrekturen schützen und bei Stromausfall alle eingegebenen Daten speichern. Bei Betätigung einer Suchlauftaste zeigt der Display die Faxpartner. Wenn dieser gefunden ist, bewirkt ein Druck auf die Taste die Verbindung für die Faxübertragung, was eine enorme Zeitersparnis bedeutet. Nach der Übertragung wird das Dokument gelöscht und schafft Platz für den nächsten Faxvorgang. Auch vertraulich gesendete Messages gelangen beim Empfänger in eine gesicherte Mailbox, und nur Berechtigte können die Eingabe mit Hilfe eines verabredeten Paßwortes ausdrucken. Bei den modernen Faxgeräten wird jede unproduktive Wartezeit vermieden. Eine begrenzte Anzahl von Nummern kann gespeichert werden.

In Häusern, die von Führungspersönlichkeiten aus Politik oder Wirtschaft besucht werden, sollten auch auf den Hotelzimmern Faxanschlüsse installiert sein. Für diesen Gästekreis ist das Faxgerät eines der wichtigsten Arbeitsmittel geworden. Die jeweils neueste Ausgabe des Telefax-Verzeichnisses ist über TELECOM Nürnberg zu beziehen.

Telex im Hotel

Mit der gleichen Selbstverständlichkeit, mit der man heute zum Telefon greift, benützt man auch den Fernschreiber, auch Telex genannt, der viele Vorteile bietet, z. B. die schriftliche Fixierung jeder Nachricht, die Ausschaltung aller Hörfehler, dem Teilnehmer können auch bei Abwesenheit Nachrichten übermittelt werden, ein Fernschreiben erreicht den Empfänger sofort. Die Benutzungszeit des Telex kann wesentlich verkürzt werden, wenn man den vorgesehenen Text auf Lochstreifen vorschreibt und zur vorgesehenen Zeit flüssig durchlaufen läßt. Unter welchen Voraussetzungen die Anschaffung oder die Miete eines solchen Gerätes wirtschaftlich ist, wird von Haus zu Haus verschieden beantwortet werden müssen. Ein kleines Gerät kostet etwa 10 000 DM bis 11 000 DM. Die täglichen Festkosten, zu denen die Abschreibungen, die Verzinsung des eingesetzten Kapitals sowie die Grundgebühren und die Wartungskosten gerechnet werden müssen, liegen bei etwa 12 DM bis 14 DM. Bei monatlicher Miete liegt der Preis bei 180 DM und mehr, je nach technischem Aufwand. Die Versicherungskosten liegen bei allen Geräten bei monatlich 10 DM.

Die Grundgebühren für den Fernschreiber werden von der Post eingezogen und betragen bei allen Geräten einheitlich 103,50 DM im Monat. Jedoch ist die Postwartung wieder uneinheitlich in der Gebührenberechnung. Man unterscheidet zwei Arten von Gebühren:

1. Elektronische Geräte (normal)
2. Mechanische Geräte   ca. 300 bis 340,90 DM[1]
(Stand 1993)

Wie funktioniert das Telex

Man wählt den Telexpartner an und tippt auf der Tastatur des Fernschreibers den Text wie bei einer Schreibmaschine.

Die Nachricht wird in elektrische Impulse umgewandelt, die sofort durch das Telexnetz zum anderen Teilnehmer fließen.

Dort angekommen, wirken die Impulse im Fernschreiber des Empfängers auf den Mechanismus der Tastatur, und der gesendete Text wird auf ein Blatt Papier geschrieben.

Die Vorteile bei der Berechnung der Gebühren bestehen darin, daß nur die reale Schreibzeit gebührenpflichtig ist und es keine Wartezeiten gibt.

Der Nutzen ist also offensichtlich. Bei Ferngesprächen muß man zumeist schriftlich bestätigen, um das Abgesprochene schwarz auf weiß in Händen zu haben. Der Sofortbrief über einen Fernschreiber ist da wirksamer, denn das Telex ist genauso schnell wie ein Ferngespräch.

Diese Gebührenunterschiede zeigen den Vorteil des Fernschreibens als Nachrichtenmittel.

An jedem Hotelempfang sollte das „World Trade Telex" aufliegen. In diesem Nachschlagewerk findet man eine alphabetische Firmenliste, in der neben der vollen Anschrift auch firmenkundliche Angaben über Direktion, Geschäftskapital, Zahl der Angestellten, Produktionsprogramm, Export- und Importmärkte sowie Korrespon-

---

[1] Die Gebühren werden nach dem Typ des Geräts errechnet.

denzsprachen gemacht werden. Die neueste Ausgabe dieses Buches enthält die Teilnehmer aller am internationalen Telexnetz angeschlossenen Länder. Das weltweite Telenetz umspannt die ganze Erde, und kompatible Fernschreiber gibt es überall. Weltweit gibt es etwa 1,8 Mill. Telexteilnehmer. In der Bundesrepublik Deutschland sind es 170 000 elektronisch korrespondierende Teilnehmer. Die für das Haus wichtigsten Telexteilnehmer kann man in ein „Telexverzeichnis" des eigenen Gerätes übernehmen. Dieses Verzeichnis der wichtigsten Geschäftspartner kann man sich dann auf dem Bildschirm anzeigen lassen. Nach Anwahl ist der Anschluß des Korrespondenzpartners belegt.

Fazit für Telefax und Telex
Heute steht jeder unter Zeitdruck, und deshalb sind die Vorteile eindeutig:

Ferngespräche werden schnell beantwortet,
sonstige Anfragen rasch bestätigt und
Auskünfte im Handumdrehen schriftlich weitergegeben.
Verzögerungen und Versäumnisse im Geschäftsverkehr werden auf ein Minimum reduziert oder ganz ausgeschlossen.

Alarmanlagen

Zur Nachrichtenübermittlung im Hotel gehört auch die rechtzeitige Anzeige von Gefahren. Dazu gehören Feuermelder, Wärmemelder und Alarmgeber bei Einbruch oder Diebstahl. Die Industrie hat sowohl Hauptmelder als auch Nebenmelder entwickelt, die ebenfalls in Hotels eingebaut werden können und somit Personal, Gäste und Sachgut schützen. Einige Varianten elektronischer Warnanlagen werden nachfolgend aufgeführt:

Telefonnotrufsystem
Das Telefonnotrufsystem dient zur schnellen, aber stillen Alarmierung zuständiger Fernsprechteilnehmer und zur Benachrichtigung der Notrufzentrale. Diese Geräte sind stromunabhängig und reagieren im Falle eines Falles selbständig, indem sie die gespeicherten Telefonnummern anläuten. Dieser Vorgang geht lautlos vor sich; die Eindringlinge können den Aufstellungsort der Anlage nicht finden. Die Gesamtsteuerung ist elektronisch, und die Anwahl der gespeicherten Fernsprechteilnehmer kann bis dreimal innerhalb von 2 Minuten wiederholt werden.

Die Alarmzentrale

Die elektronische Alarmzentrale überwacht die zu sichernden Objekte durch Alarmkreise, die mit ihr verbunden sind. An den Objekten sind Alarmgeber angebracht, die bei Störungen dies sofort an die Zentrale weitergeben. Neben der Kleinanlage mit 1 bis 2 Alarmkreisen gibt es auch Alarmzentralen mit 3 bis 4 voneinander getrennt arbeitenden Alarmkreisen. Darüber hinaus gibt es einen Überfallkreis für manuelle Alarmauslösung über einen Alarmtaster.

Infrarotlichtschranken

Eingesetzt werden Strahlungssender und Strahlungsempfänger. Der Empfänger erfaßt jede Unterbrechung des von ihm aufgenommenen Signals, die über 30 Millisekunden hinausgeht.

Radarbewegungsmelder

Diese Art von Gebäudeschutz besteht aus Sender, Empfänger und Antenne und dient hauptsächlich als Schutzanlage innerhalb eines abgegrenzten Bereichs wie Tresorraum, Büro, Verwaltung, Direktion usw.

Alarmmelder

Das sind mechanische Kontakte und berührungslose Schalter zur Anbringung an Fenstern, Türen, Kontaktmatten, Schmutzschleusen an Eingängen, aber auch Erschütterungskontakte an Türen und wertvollen schutzbedürftigen Gegenständen. Empfindliche Körperschall- und Glasbruchsensoren an Wänden, Decken und Glasscheiben melden alle ortsfremden Geräusche.

Wenn man sich zur Anschaffung einer Sicherheitsanlage für einen Hotelneu- oder -altbau entschlossen hat, sollte man sich vom Verband der Sachversicherer (VdS) beraten lassen und dann nach Möglichkeit nur solche Geräte einbauen, die VdS-geprüft sind. In den Laboratorien des VdS haben diese Anlagen eine Anerkennungsprüfung mitgemacht und sind alle mit Notstromanlagen ausgestattet. Vorwiegend sind dies folgende Sicherheitssysteme: Radaranlagen für Gebäudeüberwachung, Telefonalarmgeräte, die geräuschlos und selbsttätig Alarmmeldungen an die Kriminalpolizei weitergeben, Alarmmelder, die auf Körperwärme reagieren, oder Elektronik-Rundum-Anlagen.

Ruf- und Suchanlagen

Diese Anlagen sind für größere Hotels ein unentbehrliches Betriebsmittel geworden, denn das Suchen und Finden von Personen, deren Aufenthalt nicht bekannt ist, wird mit Hilfe der Rufanlage zu einem produktiven Arbeitsinstrument.

Rohrpost

Mit Rohrpost rationalisiert man die Verwaltung und eliminiert den Botendienst. Mit der Leichtrohrpostanlage ist eine Bauform auf dem Markt, die auch kleinere Unternehmen verwenden können. Ihre besonders einfache Konstruktion ermöglicht unkomplizierte Montage. Die erzielte Fördergeschwindigkeit liegt bei etwa 7 bis 8 Meter pro Sekunde.

Raumfalle

Bei Bewegungen innerhalb eines Strahlenfeldes wird Alarm ausgelöst. Durch eine große Strahlungskeule eignet sich das Gerät besonders für Räume, deren Inneres frei ist, weil dadurch die Ausbreitung der Strahlen nicht behindert wird. Die Form dieses Einbruchmelders weicht ganz vom Herkömmlichen ab. Die Montage dieser Raumfalle ist problemlos. Die am Gerät befindliche Kontrollampe erlaubt ein Einstellen des Überwachungsbereichs durch Bewegungstests.

Computergesteuerter Room-Safe

Der eigentlich einfach zu bedienende Room-Safe mit integriertem Zahlenschloß, das computergesteuert ist, ist in verschiedenen Größen zu beziehen.
Nach dreimaligem Öffnungsversuch mit einem falschen Nummerncode bleibt der Tresor eine Stunde gesperrt.
Die Elektronik unterliegt sehr starker Beanspruchung, deshalb können solche Safes nicht gerade billig sein. Ein Safe, der Schmuckbehältnisse, Akten oder gar eine Videokamera aufnehmen soll, müßte zwischen 50 und 70 Liter Inhalt haben. Gewicht etwa 40 bis 50 kg. Safes werden von den Herstellerfirmen auch vermietet.

Erweiterungsfähige Fernsprechanlage in Modulbauweise

Die modernste Fernsprechanlage von heute kann in einigen Jahren längst veraltet sein. Eine den heutigen Erfordernissen angepaßte Fernsprechanlage läßt sich mit Modulen zu jeder Zeit erweitern und den jeweiligen neuen, modernen Erkenntnissen anpassen. Die Fernsprecheinrichtung im Modulsystem läßt die Möglichkeit offen, eines Tages die neue Funktion des Datenverkehrs einzubeziehen. Der Montageaufwand für Erweiterungen ist nicht so hoch, wie oft angenommen wird, weil alle Funktionselemente zu Einschubbaugruppen zusammengefaßt sind.

Wählscheiben mit Bildsymbolen

Die Wählscheiben oder Tasten der Gästefernsprecher auf den Zimmern haben Nummern, deren Zahlen zusätzlich mit Bildsymbolen versehen sind, die die verschiedenen

Servicestellen kennzeichnen. Die Bildymbole erübrigen jede weitere Beschriftung, auch fremdsprachig, so daß die Servicestelle von allen Gästen leicht erkannt wird. Beim Serviceruf braucht der Gast nur jeweils einstellige Kennzahlen zu wählen. Diese können im einzelnen sein:

1. Etagenkellner
2. Zimmermädchen
3. Tischbestellung im Restaurant
4. Rezeption
5. Friseur
6. Wäscherei
7. Blumen- oder Geschenkverkauf
8. Hausdiener oder Hotelbote
9. Fernsprechvermittlung
10. abgehende Ferngespräche

Schallschutzfenster

In einem Innenraum sollen nach Meinung der Mediziner die Fremdgeräusche unter der 50-Dezibel-Marke (Schalldruck-Maßeinheit) liegen. Es gibt eine Reihe von Firmen, die Schallschutzfenster anbieten. Eine eingehende Beratung ist jedoch vor dem Entschluß zum Einbau notwendig. Die damit verbundenen Kosten sind nicht gering.

Uhrenanlage im Hotel

Erst das Vorhandensein einer Uhrenanlage sichert einen minutiösen Betriebsablauf. Nicht nur die Gäste kommen in den Vorteil pünktlicher Verabredungen, sondern auch Verhandlungstermine sowie Abfahrt- und Abflugzeiten können besser eingehalten werden, und die Betriebsorganisation mit ihrem Schichtdienst oder bei gleitenden Arbeitszeiten profitiert davon. Das Kernstück dieser Anlage ist die sogenannte Hauptuhr, die mit elektrischen Impulsen die im Haus verteilten Nebenuhren präzis und zuverlässig steuert. Darüber hinaus kann die Anlage eine Signaleinrichtung erhalten, über die z. B. Betriebssignale oder die automatische Weckeinrichtung der Fernsprechanlage gesteuert werden.

Alarmtresor

Dieser kleine, feuersichere Kleintresor mit eingebauter Alarmanlage gibt die Möglichkeit, ohne besondere Umstände Wertgegenstände oder Dokumente sofort diebstahl-

sicher und feuersicher zu verwahren. Er braucht weder festgeschraubt noch einbeto-
niert zu werden. Man kann ihn überall aufstellen, wo sich ein günstiger Platz bietet.
Der geringste Versuch, diesen Kleintresor vom Platz zu entfernen oder ihn gar aufzu-
brechen, löst eine unüberhörbare Alarmsirene aus, die nur der Besitzer des Tresor-
schlüssels abstellen kann. Er schützt Dokumente und sonstige Wertsachen bis zu
einer Außentemperatur von 920 Grad Celsius. Da dieser Tresor mit eingestecktem
Schlüssel leicht zu transportieren ist, eignet er sich auch als praktischer Zimmertresor
im Hotel.

Analyse der vergangenen Geschäftsperiode – Personaldisposition für das folgende Geschäftsjahr

Die Auswertung der Statistik[1] des Vermietungsbetriebs erschließt die Möglichkeit, einen optischen Eindruck vom Auf und Ab einer vergangenen Geschäftsperiode zu erarbeiten. Aus dem zahlenmäßigen Nachweis und dem daraus entstandenen optischen Bild leitet man die Analyse einer vergangenen Geschäftsperiode ab und zieht die richtigen Schlüsse für die Personaldisposition des folgenden Jahres oder der folgenden Saison.

Durch diese vorausschauende Disposition aufgrund der Erfahrungen der vorhergegangenen Geschäftsperiode wird von vornherein ein personeller Überhang (besonders in Saisonbetrieben) weitestgehend abgestellt. Um die richtige Relation zwischen der effektiven monatlichen Kapazität und den beschäftigten Arbeitnehmern erfolgversprechend auszuwerten, bedarf es der Kenntnis einiger Erfahrungswerte.

Potentielle Investoren, Hoteliers und auch Planungsbüros stellen häufig die Frage nach dem optimalen Personaleinsatz in Hotelbetrieben. Jedoch das vielschichtige Angebot auf dem Hotelmarkt ist so stark differenziert, daß eine klare und eindeutige Antwort nur nach Überprüfung des Einzelfalls gegeben werden kann. Es gibt zwar allgemeine Richtwerte, die man sich zu Hilfe nehmen kann. Jedoch nur die individuelle Auslotung des Personalbedarfs bringt einwandfreie Ergebnisse.

Selbst die organisatorische und personelle Gliederung von Hotels der gleichen Kategorie ist oft grundverschieden. In den nachfolgenden gültigen allgemeinen Grundsätzen für Personaleinsatz möchte ich dem Leser einige Anhaltspunkte geben:

1. Hotels der internationalen Spitzenklasse (Großstadt oder Feriengebiete) pro Bett 1 Arbeitnehmer und mehr.
2. Gute Hotels (Großstadt) pro Bett 0,75 Arbeitnehmer.
3. Gute Hotels (Feriengebiete). Für Hotels, die nicht vorwiegend dem Geschäftsreiseverkehr dienen, d. h., die Gäste wechseln erst nach einem Aufenthalt von mehreren Tagen oder Wochen, ist die gültige Schlüsselzahl pro Bett 0,60 Arbeitnehmer.
4. Mittlere Hotels (Großstadt) pro Bett 0,60 Arbeitnehmer.
5. Mittlere Hotels (Feriengebiete) pro Bett 0,50 Arbeitnehmer.
6. Häuser der Business-Class, die durch Hotelketten betrieben werden, operieren heute schon mit Schlüsselzahlen von 0,4 und sogar 0,3. Allerdings werden dann Dienstleistungen im Restaurant nur auf notwendige Kapazitäten reduziert.

Die vorausschauend ermittelte Schlüsselzahl sollte in der folgenden Geschäftsperiode durchgehalten werden, wenn keine vorübergehenden technischen Schwierigkeiten, wie Ausfall einer Etage wegen Zimmerbrands, Wasserrohrbruchs usw., eintreten.

---

[1] **House count/Room count:** Bezeichnung für die statistische Auswertung der Frequenzen im Vermietungsbereich.

Allgemein kann man sagen, daß bei Vergleichen von Hotel zu Hotel der Gästestrom in einem Großstadthotel beispielsweise in Sommermonaten schwächer fließt als in einem Kur- oder Badeort. Solche Hotels erhalten selbstverständlich Kurven mit anders gelagerten Höhepunkten bzw. Tiefstwerten als ein Großstadthotel. Die in den zwei Beispielen aufgezeichneten Kurven, deren Erstellung zu den Vorarbeiten für die Abfassung einer Analyse der vergangenen Geschäftsperiode gehört, zeigen die Schwankungen der Belegungsprozente (siehe Seite 212), während auf der folgenden Seite die Gesamtkostenkurve eingezeichnet ist. Je mehr Vermietungseinheiten verkauft wurden, um so weniger hoch war der Anteil an den Gesamtkosten pro Bett. Die Gesamtkosten eines Betriebs kann man in beeinflußbare und in nicht beeinflußbare Kosten einteilen. Die Gesamtkosten eines Betriebs setzen sich zusammen aus den Festkosten, wie Betriebsanlagenkosten, Energie-, Haushalts- und sonstigen Kosten, und den Bereitschaftskosten sowie aus den veränderlichen Kosten, die weitestgehend von der Veränderlichkeit der Vermietungsfrequenz abhängen. Der dominierende Teil innerhalb der Gesamtkosten sind die Festkosten, und von den Festkosten sind ein ausgeprägter Teil die Betriebsanlagenkosten.

In den letzten Jahren sind die Baukosten für ein Zimmer gehobenen Standards mit Sanitäreinrichtungen, wie sie der heutige Gast von einem First-class-Hotel erwartet, sehr stark gestiegen. Durch den verstärkten Einbau energieabhängiger Versorgungssysteme wie Schwimmbäder, Saunen, Trimm-dich-Räume, Klimaanlagen, Fahrstühle usw. erhöhten sich in den letzten Jahren die technischen Betriebskosten beträchtlich. Damit wird offensichtlich, daß der Bau von Hotels auch wegen des ständig steigenden Komforts immer teurer wird. Schon im Rohbau müssen die Versorgungssysteme konzeptiert sein, und deshalb nimmt auch in der Gruppe der typischen Gebäude der Hotelbau eine Spitzenstellung ein. Selbst Sanatorien liegen in der Rohbaukostenstatistik hinter den Hotelbauten.

Die aufwendigsten beeinflußbaren Kosten innerhalb der Gesamtkosten sind die Personalaufwendungen. Sie stiegen in den letzten Jahren um etwa 45 Prozent, so daß heute schon fast jede zweite umgesetzte Mark als Personalkosten in der Abschlußrechnung ausgewiesen wird. Dabei muß bedacht werden, daß der dem Hotelberuf anhaftende Ruf des Dienens viele Nachwuchskräfte abschreckt, beruflich in der Hotelindustrie einzusteigen. Die ausländischen Arbeitnehmer sind der einzige stabilisierende Faktor, weil durch die Gesetzgebung die Jahresverträge für beide Parteien sicher gemacht sind. Die Fluktuationsquote beträgt bei Hotelpersonal etwa 75 Prozent.

Trotz allem sollte man die für den eigenen Betrieb ermittelte wirtschaftliche Schlüsselzahl durchhalten, weil in einem Vermietungsbetrieb gehobener Klasse die vorübergehende Einschränkung von dienstbaren Geistern im Interesse der Gäste unterbleiben sollte. Selbst wenn man durch eine solche Entscheidung glaubt, die Gesamtkostenstruktur eines Hauses günstig zu beeinflussen, sollte man den gefestigten guten Ruf eines Hauses vor die ökonomischen Erwägungen stellen, um der sich eventuell ergebenden Nachfrage ohne Einschränkung von Teilleistungen gerecht werden zu können.

Es gibt für ein Hotel in der Großstadt eine Faustregel, die heißt, daß sich der Umsatz für ein ertragreiches Geschäft je zur Hälfte aus den Sparten Vermietung und Verpflegung entwickeln soll. Wo dies nicht der Fall ist, schlägt das schlechtere Verhältnis durch bis in die Gewinn- bzw. Verlustzone.

Der Freiraum der kalkulierten Hotelpreise ist durch die Vorsicht bei der Preisgestaltung, die sogenannte psychologische Preisgrenze zu überschreiten, stark eingeschränkt. Mancher Hotelier hat mit seiner Entscheidung zu lange gewartet, die früher hartnäckig verteidigte 50-DM-Grenze beim Einzelzimmer und die 100-DM-Grenze beim Doppelzimmer zu überschreiten. Mittlerweile sind wir allgemein bei weit höheren psychologischen Schranken angekommen und müssen irgendwann auch diese überwinden, weil die Hotels dazu gezwungen werden. Es ist absolut falsch, Entscheidungen über Preiserhöhungen zu lange hinauszuschieben; es entstehen immer neue Hemmschwellen, und man sollte keine Angst haben, durch exakte Kalkulation diese zu überwinden, wenn es sich als notwendig erweist.

Beispiel einer Betriebsanalyse für ein Geschäftsjahr

Januar

Der Monat Januar brachte im Verhältnis zum letzten Monat des vergangenen Jahres eine Steigerung, die auch natürlich ist. Nach den Festtagen beginnt wieder eine rege Geschäftstätigkeit, die ihren Niederschlag in der Belegungsfrequenz findet. Die Wochenenden waren wieder, wie in den vergangenen Jahren, schlechter belegt. Dies ist eine Folge davon, daß der Geschäftsreiseverkehr erst Montagfrüh einsetzt und bereits Freitagnachmittag aufhört. Es wurden lediglich 4 Wochentage für Übernachtungen benötigt. Diese starken wöchentlichen Schwankungen haben sich als zusätzliches Problem für den Betrieb herausgebildet. Es steht an, die Rentabilität des Betriebes dadurch zu verbessern, daß man für die unterbelegten Wochenenden neue Wege beschreitet (verbilligte Wochenendpauschalen), um eine Frequenzsteigerung herbeizuführen.

Februar

Der Februar brachte einen Rückgang der Belegungsfrequenz. Viele Reisende wurden durch die Karnevalstage abgehalten, ihre Route zu fahren. Außerdem war der Monat auch bedeutend kürzer und die Bettenbelegung entsprechend niedriger.
Die Wochenenden zeigen die gleichen Symptome wie all die Monate vorher.

März, April, Mai

Der März brachte wieder einen leichten Anstieg der Frequenz, der über den April und Mai zu einer Rekordbelegung anstieg. Die neueingeführte Wochenendpauschale hat sich als wirkungsvoll erwiesen. 4 Prozent der Umsatzsteigerung gehen allein auf dieses günstige Angebot zurück.

Juni, Juli
Im Juni ließ die Vermietungsfrequenz nach, und der Juli folgte mit einem absoluten Tiefstand. Beginn der Ferien- und Reisezeit.

August
Der August brachte die Jahresbestbelegung. Man war schon auf diesen mächtigen Anstieg vorbereitet (von 39 auf 95 Prozent). Es handelte sich um eine bedeutende internationale Fachmesse, die sich über den halben Monat erstreckte und den Jahresbelegungsrekord leicht erklärt. Die Wochenendpauschalen wurden nicht eingestellt, jedoch während der Messezeit abgedrosselt. Für den Rest des Monates wurde wieder in Provinzblättern geworben. In diesem Monat konnte durch die Wochenendpauschalen ein Anstieg von etwa 2 Prozent verzeichnet werden.

September, Oktober, November, Dezember
Der September zeigte als Ergebnis wieder eine normale Reisetätigkeit auf. Die Gesamttendenz war etwas im Abgleiten und setzte sich über den Oktober, November bis zum Dezember fort, um dann den Tiefpunkt im Winterhalbjahr zu erreichen.
Die Wochenendpauschalen brachten wieder gute Ergebnisse, besonders mit Beginn der neuen Theatersaison.
Etwa nach dem vorangegangenen Beispiel analysiert man eine vergangene Geschäftsperiode. Die nunmehr folgenden praktischen Erkenntnisse hinsichtlich der Personaleinstellungen für das folgende Geschäftsjahr oder auch die folgende Saison ermittelt man aus den Zahlenwerten.

Eigentumsbetrieb

		%
Speisenumsatz	2 866 787,–	35,60
+ Getränkeumsatz	1 425 003,–	17,70
+ Handelswarenumsatz	112 712,–	1,40
= Warenumsatz	4 404 502,–	54,70
Warenumsatz		
+ Beherbergungsumsatz	3 131 787,–	38,90
+ sonstiger Umsatz	515 255,–	6,40
= Betriebsumsatz	8 051 594,–	100,00
Warenkosten für Speisen	1 032 043,–	12,82
+ Warenkosten für Getränke	356 250,–	4,42
+ Warenkosten für Handelsware	59 375,–	0,74
= Warenkosten	1 447 668,–	17,98
Warenkosten	1 447 668,–	17,98
+ Personalkosten	3 140 121,–	39,00
+ Energiekosten	370 373,–	4,60
+ Steuern, Geb., Versicherung	483 095,–	6,00
+ Betriebs- u. Verw.-Kosten	410 631,–	5,10
= Betriebsbedingte Kosten	5 851 888,–	72,68
BETRIEBSERGEBNIS 1 (100 % – betriebsb. Kosten)	2 199 706,–	27,32
Mieten und Pachten*		
+ Leasing	56 361,–	0,70
+ Instandhaltung	434 786,–	5,40
+ AfA/GWG	233 496,–	2,90
+ Zinsen	104 670,–	1,30
= Anlagebedingte Kosten	829 316,–	10,30
GESAMTKOSTEN	6 681 204,–	82,98
BETRIEBSERGEBNIS 2 (Gesamtumsatz – Gesamtkosten)	1 370 390,–	17,02

Umsatz- und Kostenstruktur für 1 Hotel mit 100 Betten
60 Einzelzimmer mit Grand Lits
20 Doppelzimmer

Zimmerpreis pro Übernachtung im Einzelzimmer DM 175,–
Zimmerpreis pro Übernachtung für Doppelzimmer DM 240,–

Jahresdurchschnittsbelegung 56,08 %

Gesamtkosten DM 6 681 204,–
Kostenanteil davon des Vermietungsbetriebes DM 1 140 000,–

Jahresstatistik der beschäftigten Mitarbeiter
Errechnung der Schlüsselzahlen

Monate	monatl. Kapazität	Bettenbelegung in % monatl.	Bettenbel. zahlenmäßig	Kostenanteil des Vermietungsbetrags pro Monat	Kostenanteil pro Bett in DM	Gesamt-Personalkosten	Anzahl der Arbeitnehmer	Schlüsselzahl pro Bett	
1	2	3	4	5	6	7	8	9	10
Bettenzahl 100									
Januar	3100	46	1426	95 000,–	66,92	251 100,–	63	0,63	0,63
Februar	2800	39	1092	95 000,–	87,00	250 000,–	63	0,63	0,63
März	3100	51	1581	95 000,–	60,09	255 000,–	64	0,64	0,64
April	3000	59	1770	95 000,–	53,67	260 000,–	65	0,65	0,65
Mai	3100	79	2449	95 000,–	38,79	280 000,–	70	0,70	0,70
Juni	3000	55	1650	95 000,–	57,58	257 000,–	64	0,64	0,64
Juli	3100	39	1209	95 000,–	78,58	252 000,–	63	0,63	0,63
August	3100	95	2945	95 000,–	32,26	300 021,–	75	0,75	0,75
September	3000	64	1920	95 000,–	49,48	265 000,–	66	0,66	0,66
Oktober	3100	59	1829	95 000,–	51,94	260 000,–	65	0,65	0,65
November	3000	58	1740	95 000,–	54,60	260 000,–	65	0,65	0,65
Dezember	3100	29	899	95 000,–	105,67	250 000,–	63	0,63	0,63
	36500	Ø 56,08	20510	im Jahr 1 140 000,–		3 140 121,–			7,86 : 12 = 0,66

Spalte 1:
Monate

Spalte 2:
Die jeweilige monatliche Kapazität nach der Formel:
Kapazität ist gleich Anzahl der Betriebstage in einem bestimmten Zeitraum multipliziert
mit der Bettenanzahl.

Also: für Januar $31 \times 100 = 3100$
          für Februar $28 \times 100 = 2800$
          für März $31 \times 100 = 3100$
          für April $30 \times 100 = 3000$
          für Mai $31 \times 100 = 3100$
          für Juni $30 \times 100 = 3000$
          für Juli $31 \times 100 = 3100$
          für August $31 \times 100 = 3100$
          für September $30 \times 100 = 3000$
          für Oktober $31 \times 100 = 3100$
          für November $30 \times 100 = 3000$
          für Dezember $31 \times 100 = 3100$

Spalte 3:
Die jeweilige effektive prozentuale Bettenbelegung pro Monat laut interner Betriebs-
statistik.

Spalte 4:
Bettenbelegung zahlenmäßig nach der Formel:
$$x = \frac{\text{Kapazität}}{100} \times \% : \text{Beispiel Januar} = \frac{3100}{100} \times 46 = 1426 \text{ Bel.}$$
Spalte 5:
Kostenanteil des Vermietungsbetriebes pro Monat
Ausrechnung – DM 1 140 000,– : 12 = DM 95 000,–
Monatlicher Anteil wird in Spalte 5 eingetragen.

Spalte 6:
Kostenanteil pro belegtem Bett und Tag
für Januar als Beispiel.
Spalte 5 DM 95 000,– : Spalte 4 1426 effektiv belegte Betten = DM 66,92

Spalte 7:
Gesamtpersonalkosten DM 3 140 121,– : 100
Kostenanteil pro Monat DM 3 140 121,– : 12 = DM 261 676,–
Effektiver Kostenanteil laut Statistik in der Spalte eingetragen.

Spalte 8:
Anzahl der Arbeitnehmer im jeweiligen Monat

Spalte 9:
Schlüsselzahl – Beschäftigte pro Bett.
Errechnung der monatlichen Schlüsselzahl:

$$\frac{\text{Anzahl der Arbeitnehmer} \times \text{Tage im Monat}}{\text{Monatliche Bettenkapazität}} = \text{Schlüsselzahl}$$

Beispiel Januar: 63 × 31 = 1953 ; 1953 : 3100 = 0,63

Spalte 10:
Jahresdurchschnittssumme der durchschnittlichen Schlüsselzahlen
geteilt durch 12 = 7,86 : 12 = 0,66

Bettenbelegung
Spalte 3 – optisch dargestellt

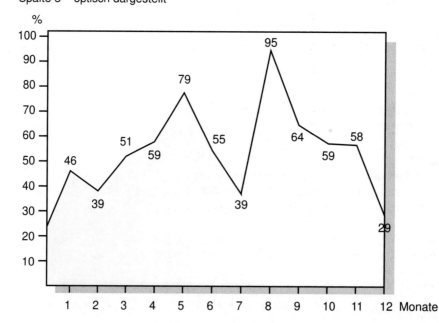

Kosten Vermietung
Kostenanteil pro Bett – nur Vermietung (Spalte 6 – optisch dargestellt)
Kosten Vermietungsbetrieb DM 1.140.000.- im Jahr

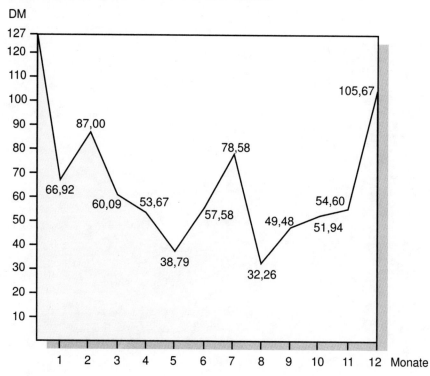

Schlußbemerkung des Autors

Vor einem Neubau oder Ausbau eines Hotels steht die Entwicklung einer für alle Mitarbeiter/innen erkennbaren Betriebskonzeption. Erst wenn die Ziele, ob 3- oder 4-Sterne-Ausstattung, eindeutig geplant und dann ausgeführt sind, kann das Personal nach der Eröffnung des Hauses die Güte und Anerkennung in der breiten Öffentlichkeit im erwünschten Sinne durch qualifizierte Dienstleistungen beeinflussen. Die zu entwickelnde Qualität eines Hauses muß für den Betrachter vom Eröffnungstag an erkennbar und spürbar sein, der sich das positive Abbild dann einprägt und weitervermittelt. Erst dann kann sich das gewünschte Abbild eines Betriebes ausprägen und am vorhandenen Markt durchsetzen. Der Außenstehende und der Benutzer einer Betriebsanlage haben sich ein Urteil, gleich ob richtig oder falsch, zurechtgelegt. Faßbare Verbesserungen sind nur über Öffentlichkeitsarbeit und durch Mundpropaganda möglich. Das Erscheinungsbild eines Hotels in der Öffentlichkeit kann also durch intensiv betriebene Vertrauenswerbung, die ein Stück des äußeren PR-Arbeit ist, korrigiert werden.

In diesem Fachbuch habe ich eingehend über die Qualifikation von Hotelpersonal in den Betriebsabteilungen geschrieben. Aus diesen Texten geht eindeutig hervor, daß die Beschäftigten eines Hotels an der Gesamtleistung einen sehr wesentlichen Anteil haben und somit, bewußt oder unbewußt, an der Vertrauenswerbung für das Unternehmen auf vorderstem Posten mitarbeiten.

Es werden somit in diesem Fachbuch Anwendungsbezüge für die Hotelpraxis entwickelt, die aber ohne einen vorhandenen, gut funktionierenden Personalkader, der in der Lage ist, diese Ratschläge umzusetzen, nur bedrucktes Papier bleiben. Letztendlich kann man die Tätigkeit im Hotelempfang als eine sehr meschenfreundliche Arbeit bezeichnen. Die Gesamtleistung allerdings ist für den Gast das Maß aller Dinge. Er erwartet eben, daß die vom Hotelpersonal getragene Betriebsorganisation fehlerfrei, wie ein Uhrwerk, funktioniert.

Die Erfahrungen vom Eintreffen bis zur Abreise bringt der Gast in seine persönliche Bewertung des Hotels ein. Diese Einzelbewertung wird durch ihn zu irgendeinem Zeitpunkt in den Kreislauf der öffentlichen Meinung eingebracht und hilft dann letztlich als kleine Zelle mit, das Bild des Betriebs in der Öffentlichkeit positiv oder negativ zu formen.

Der Anteil der Automatik wird im Hotelgeschäft von Jahr zu Jahr größer, jedoch dürfen wir uns nicht davon beherrschen lassen. Im Umgang mit Menschen haben auch Schablonen der Vergangenheit nach wie vor ihre Gültigkeit behalten. Höflichkeit und gesellschaftliche Maxime bleiben heute und in der Zukunft oberstes Gebot.

Zum Abschluß für den Nachwuchs

Die Hoteldirektorenvereinigung Deutschland e. V. Sekretariat Seminaris Bad Honnef, Postfach 17 49, 53587 Bad Honnef, veranstaltete erstmals anläßlich der „Menue &

Logis – mit IKA" im Herbst 1992 einen Nachwuchswettbewerb unter dem Titel „Rezeptionist/in des Jahres" auf dem Frankfurter Messegelände. Dazu schrieb die HDV:

Mehr als 150 Bewerbungen mußte die Jury in den vergangenen Wochen sichten. Dieser von der Hoteldirektorenvereinigung Deutschland e. V. ausgerichtete Wettbewerb, der seit 1987 ausgeschrieben wird, ist zu einer festen Größe beim Empfangspersonal der deutschen Hotellerie geworden.

Zur Endausscheidung, die erstmals im Rahmen der „Menue & Logis – IKA" durchgeführt wurde, traten sechs junge Empfangsmitarbeiterinnen an, die aus den Jahrgängen 1967 bis 1972 kamen. Das große Ziel dieses HDV-Wettbewerbes ist es, nicht nur den Nachwuchs in der Hotellerie zu fördern, sondern zusätzlich auf die große Bedeutung des Empfangspersonals als die Visitenkarte eines jeden Hotels in der Öffentlichkeit mit Nachdruck hinzuweisen. Diesen Wettbewerb unterstützen rund 30 führende Unternehmen aus der Zulieferindustrie.

In der Endphase dieses Wettbewerbs werden den „Prüflingen" Originalsituationen aus dem Alltagsleben im Empfangsbereich von Mitgliedern einer Schauspielergruppe vorgespielt. Vor der Jury und rund 200 Hotelfachleuten werden von den fingierten Hotelgästen ungewöhnliche Situationen mit Praxisbezug nachgespielt, die die Teilnehmer der Endausscheidung mit viel Geschick, Takt und Entscheidungsfreudigkeit als Beteiligte überstehen müssen.

Den drei Erstplazierten winken interessante Reisen im Gesamtwert von DM 9000,–.

In Koblenz wurde eine Hotelmanagement-Akademie gegründet, die Führungsnachwuchs effektiv auf Managerpositionen vorbereitet. Modernes Managerwissen wird in Studiengängen intensiv und zielorientiert vermittelt.

Auskünfte erteilt:

Hotelmanagement-Akademie GmbH
Hohenfelder Straße 12
56068 Koblenz
Telefon (02 61) 33 22 14
Fax (02 61) 3 04 89 34

Anhang

Merkblatt[1]

Die Rechtslage bei der Bestellung
eines Hotelzimmers

1. **Wird ein Hotelzimmer bestellt und bestätigt, so ist ein *Gastaufnahmevertrag* zustande gekommen.**
   Schriftform ist *nicht* erforderlich. Eine telefonische Bestellung reicht aus. Aus Beweisgründen ist es jedoch *ratsam,* auf einer *schriftlichen* Bestellung zu bestehen und auch schriftlich zu bestätigen. Das *TeleFax* ist dabei ein schnelles und praktikables Hilfsmittel.
   Nimmt nämlich der Inhaber selbst die Bestellung entgegen, scheidet er als Zeuge aus, da er später im Prozeß Partei ist.
   Haben auf beiden Seiten zwei Angestellte miteinander telefoniert und behaupten beide im Prozeß glaubwürdig das Gegenteil, unterliegt der Gastwirt, weil er den Beweis nicht führen kann.

2. **Der Abschluß des Gastaufnahmevertrages verpflichtet die Vertragspartner für die gesamte Dauer des Vertrages zur *Erfüllung* der abgeschlossenen gegenseitigen Verpflichtungen:**
   a) Verpflichtung des *Gastwirtes* ist es, das Zimmer entsprechend der Bestellung *bereitzuhalten.*
   b) Verpflichtung des *Gastes* ist es, den Preis für die Zeit (Dauer) der Bestellung das Hotelzimmer *zu bezahlen.*

3. **Der *Gastwirt* haftet,**
   wenn er das bestellte Zimmer bei der Anreise nicht zur Verfügung stellen kann (z. B. *Überbuchung, Bauarbeiten u. ä.*). Dann ist der Hotelier dem Gast gegenüber zum *Schadensersatz* verpflichtet. Das können z. B. Kosten für das Taxi zu einer Ersatzunterkunft und die Differenz zu einem dort höheren Hotelzimmerpreis sein. Der Gast ist nicht verpflichtet, in einer niedrigeren Kategorie zu nächtigen. Insofern ist es ratsam, rechtzeitig *selbst* nach einer angemessenen Ersatzunterkunft zu *suchen.*

4. **Der *Gast* haftet,**
   wenn er das bestellte Hotelzimmer nicht in Anspruch nimmt (*Absage, Nichtanreise*). Er bleibt rechtlich verpflichtet, den Preis für die verein-

---

[1] Merkblatt: herausgegeben vom Hotel- und Gaststättenverband Baden-Württemberg e. V., Stuttgart

barte Hotelleistung zu bezahlen, ohne daß es auf den Grund der Verhinderung ankommt (§ 552 BTGB).

Es handelt sich dabei nicht um einen Schadensersatz, sondern um einen Erfüllungsanspruch, was häufig übersehen wird.

5. Ein gesetzliches Recht zum Rücktritt (Stornierung) gibt es nicht.
Eine *Ausnahme* sehen einige Oberlandesgerichte (OLG Frankfurt – 17 U 155/84 – 5 U 117/85 und OLG Koblenz – 10 U 1286/86) bei Buchungen durch *Reiseveranstalter* und billigen eine Stornierungsfrist von 3 Wochen zu. Dieser Ansicht stehen jedoch die Urteile des OLG Köln (Urt. v. 18. 10. 91 – 19 U 79/91) und des OLG München (Urt. v. 9. 3. 90 – 8 U 4480/88) entgegen, die einen entsprechenden Handelsbrauch oder Ansprüche nach „Treu und Glauben" ablehnen. Bei Reiseveranstaltern ist daher ein gewisses Prozeßrisiko nicht auszuschließen.

> **TIP:**
> Vereinbaren Sie mit Reiseveranstaltern, daß entweder ein Rücktritt ausgeschlossen ist oder daß ein Rücktritt nur möglich ist, wenn mindestens eine bestimmte Zeit (z. B. 12 Wochen) vorher storniert wird.

Bei Bestellungen durch *Firmen* oder *Privatgäste* entbinden auch *Krankheit, Todesfälle, Autopannen usw. nicht* von der Verpflichtung, den Übernachtungspreis zu bezahlen.

Etwas anderes gilt,

– wenn die Parteien durch *Vertrag* oder allgemeine Geschäftsbedingungen (*AGB*) ein *Rücktrittsrecht* vereinbart haben. Dies sollte jedoch nur bei massivem wirtschaftlichem Druck des Bestellers (z. B. Reiseveranstalter als guter Kunde) akzeptiert werden.

– wenn die Leistung des Gastwirts mangelhaft ist (z. B. unzumutbarer Lärm, Schmutz, Ungeziefer, falsche Versprechen usw.) und der Gastwirt eine vom Gast gesetzte angemessene Frist zur Beseitigung des Mangels ungenutzt verstreichen läßt. Der Gast hat dann ein Kündigungsrecht nach § 542 BGB.

– wenn die Stornierung vom Gastwirt (oder seinen Angestellten) *angenommen* (akzeptiert) wird, z. B. mit den Worten: „Ist in Ordnung." Man sollte daher die Mitarbeiter anweisen, daß sie Stornierungen mit den Worten entgegennehmen: „Wir werden Ihnen die Rechnung zusenden, wenn wir das Zimmer nicht anderweitig vermieten können." Das schafft die notwendige Klarheit.

6. Anderweitige Vermietung
Nur für den Zeitraum, in dem das Hotel in dieser Zimmerkategorie *ausgebucht* (vollständig belegt) ist, *entfällt* die Verpflichtung des Gastes zur Bezahlung in Höhe der anderweitig erzielten Einnahmen für diesen Zeitraum.

Der Gastwirt ist jedoch *nicht* verpflichtet, *Anstrengungen zur Weiterver-mietung* an andere Gäste zu unternehmen (OLG Düsseldorf, Urt. v. 2. 5. 91 – 10 U 191/90). § 254 BGB (Mitverschulden) findet im miet-vertraglichen Erfüllungsanspruch keine Anwendung, sondern ist dem Schadensersatzrecht zugeordnet.

7. Abzug ersparter Aufwendungen

Bei einer *Stornorechnung* gegenüber dem Gast müssen die *tatsächli-chen Einsparungen* des Betriebs *abgezogen* werden.
Die Einsparungen des Betriebes betragen erfahrungsgemäß
– bei der Übernachtung mit Frühstück 20%,
– bei Halbpensionsvereinbarungen 30%,
– bei Vollpensionsvereinbarungen 40%
des vereinbarten Preises.
In Bayern (Bekanntmachung Nr. 10/84 v. 24. 8. 84) und Baden-Würt-temberg (Bekanntmachung Nr. 1/87 v. 29. 1. 87) gibt es auch eine diesbezügliche *„Konditionenempfehlung"* des Wirtschaftsministeriums. Auch von der *Rechtsprechung* wird dies so gesehen. Das OLG Frank-furt (Urt. v. 29. 2. 84 – 17 U 77/83) und das OLG Köln (Urt. v. 18. 10. 91 – 19 U 79/91) gingen bei Übernachtung mit Frühstück sogar *nur von 10%* ersparten Aufwendungen aus.

8. Barzahlung und Pfandrecht

Der Gastwirt hat einen Anspruch auf *Barzahlung* aller Leistungen vor Abreise und dementsprechend ein gesetzliches *Pfandrecht* an den ein-gebrachten Sachen des Gastes.

9. Gerichtsstand

Gerichtsstand ist i. d. R. der *Ort des Hotels,* da auch im Falle einer Nichtbeanspruchung des Zimmers die Leistungen aus dem Gastaufnahmevertrag (Bezahlung des Übernachtungspreises) am Ort des Betriebes zu erbringen sind (Gerichtsstand des Erfüllungsortes § 29 ZPO, § 269 BGB).
Die Rechtsprechung hat dies vielfach bestätigt, so z. B. das LG Kemp-ten (Urt. v. 17. 12. 86 – S 2154/86) für den Fall des nicht angereisten Gastes, der nicht bessergestellt werden darf wie der angereiste Gast. Dies gilt *nicht,*
– wenn der Gastwirt aus früheren Geschäftsverbindungen weiß, daß der Gast regelmäßig den Übernachtungspreis *nicht im Hotel bezahlt,* sondern z. B. per Überweisung (häufig bei Reiseveranstaltern und grö-ßeren Firmen).
– wenn ein *Dritter* für einen anderen im *eigenen Namen bestellt* hat und auch die Rechnung begleichen will (LG Detmold, Urt. v. 22. 3. 85 – 1 O 627/84).
In diesen Fällen muß am Ort des Schuldners geklagt werden.

Internationale Hotelordnung

in der Fassung vom 2. November 1981

Einleitung

Das internationale Hotelgewerbe veröffentlichte seine erste Hotelordnung vor 60 Jahren. Seit damals ist diese verschiedentlich überarbeitet worden. Wegen der Ausweitung des internationalen Tourismus in den letzten 20 Jahren ist eine Neufassung der Internationalen Hotelordnung angezeigt.

I. Ziele

Die Internationale Hotelordnung soll die international anerkannten Handelsbräuche in bezug auf den Beherbergungsvertrag niederlegen. Sie informiert Gast und Hotelier über ihre gegenseitigen Rechte und Pflichten. Die Internationale Hotelordnung soll die nationalen Vertragsvorschriften ergänzen. Sie findet Anwendung, wenn die nationale Gesetzgebung keine spezifischen Bestimmungen bezüglich des Beherbergungsvertrags enthält.

II. Vertragsparteien

Der Gast, der in einem Hotel übernachtet, muß nicht unbedingt der Vertragspartner des Hoteliers sein. Der Beherbergungsvertrag kann auch von einem Dritten für ihn abgeschlossen worden sein. In der vorliegenden Internationalen Hotelordnung ist mit der Bezeichnung „Kunde" die Person oder Rechtsperson gemeint, die den Beherbergungsvertrag abgeschlossen hat und für die Zahlung der Rechnung verantwortlich ist. Mit „Gast" ist die Person bezeichnet, die im Hotel übernachtet oder dies beabsichtigt.

Die Internationale Hotelordnung regelt die Beziehungen zwischen dem Hotelier und dessen Vertragspartner (Gast und Kunde) mit Ausnahme von Reisebüros, für die die detaillierten Bestimmungen des IHA/UFTAA-Abkommens Anwendung finden, soweit dies die nationalen Gesetze erlauben.

Teil 1: Vertragliche Verpflichtungen

Art. 1: Beherbergungsvertrag

Der Abschluß des Beherbergungsvertrages verpflichtet den Hotelier, Unterkunft und zusätzliche Leistungen zur Verfügung zu stellen.

Unter „Leistungen" sind hier die üblichen Leistungen eines Hotels seinem jeweiligen Rang entsprechend zu verstehen, einschließlich der Benutzung jener Räume und Einrichtungen, die gewöhnlich Hotelgästen zur Verfügung stehen.

Der Kunde ist verpflichtet, den vereinbarten Preis zu zahlen.

Der Inhalt des Vertrages ist abhängig von der Hotelkategorie, der nationalen Gesetzgebung oder Hotelordnung (falls eine solche existiert), der Internationalen Hotelordnung und der Hausordnung des Hotels, die dem Gast zur Kenntnis gebracht werden muß.

Art. 2: Vertragsform

Der Vertrag ist an keine Formvorschriften gebunden. Er ist abgeschlossen, sobald der eine der Vertragspartner das Angebot des anderen annimmt.

Art. 3: Dauer des Vertrages

Der Vertrag kann für eine bestimmte oder unbestimmte Dauer abgeschlossen werden.

Wurde der Vertrag für einen ungefähren Zeitraum abgeschlossen, so gilt die kürzeste Dauer als vereinbarter Zeitraum. Ein Vertrag, der nicht für länger als einen Tag geschlossen wurde, endet um 12 Uhr des dem Ankunftstag des Gastes folgenden Tages.

Verträge, die für einen unbestimmten Zeitraum abgeschlossen wurden, werden als Verträge für einen 1tägigen Aufenthalt angesehen. Um den Vertrag zu kündigen, muß der Hinweis auf den Ablauf des Vertrages spätestens am Mittag des darauffolgenden Tages durch eine der beiden Vertragsparteien erfolgen.

Eine vom Hotelier gegenüber dem Gast ausgesprochene Kündigung des Vertrages wird als an den Kunden gerichtet angesehen.

Art. 4: Vertragserfüllung

Hotelier und Kunde sind verpflichtet, die Vertragsvorschriften einzuhalten.

Art. 5: Nichterfüllung des Vertrages

Sollte der Vertrag nicht oder nur teilweise erfüllt worden sein, so muß der schuldige Vertragspartner den geschädigten Vertragspartner für den Verlust entschädigen.

Der schuldige Vertragspartner ist verpflichtet, alle zumutbaren Maßnahmen zur Schadensminderung zu ergreifen.

Sollte der Hotelier den Vertrag nicht erfüllen können, so muß er sich bemühen, eine gleichwertige oder bessere Unterkunft im gleichen Ort zu beschaffen. Alle sich daraus ergebenden zusätzlichen Kosten gehen zu seinen Lasten.

Sollte die Bereitstellung einer gleichwertigen oder besseren Unterkunft nicht möglich sein, so ist der Hotelier zum Schadensersatz verpflichtet.

Art. 6: Beendigung des Vertrages

Falls die nationale Gesetzgebung oder ein nationaler Handelsbrauch nichts anderes vorsehen, kann ein Vertrag ohne gegenseitiges Einverständnis der Vertragsparteien gekündigt werden.

Art. 7: Zahlung

Das Hotel kann volle oder teilweise Vorauszahlung verlangen.

Erhält der Hotelier vom Kunden einen Geldbetrag im voraus, so wird dieser als Anzahlung auf den Preis für Übernachtung und zusätzliche Leistungen angesehen.

Soweit die Vorauszahlung den geschuldeten Betrag übersteigt, sollte sie vom Hotel zurückgezahlt werden, es sei denn, es handelte sich um ein nicht zurückzahlbares Deposit.

Rechnungen sind bei Vorlage zu begleichen.

Wenn nichts anderes vereinbart ist, besteht für den Hotelier keinerlei Verpflichtung, Schecks, Gutscheine, Kreditkarten oder andere unbare Zahlungsmittel zu akzeptieren.

Wenn das Hotel nichts anderes verlangt, ist die Zahlung in nationaler Währung zu leisten.

Art. 8: Vertragsbruch

Jeder schwere oder fortdauernde Vertragsbruch berechtigt den geschädigten Vertragspartner zur fristlosen Vertragskündigung.

Teil 2: Sonstige Bestimmungen

Art. 1: Haftung des Hoteliers

Der Hotelier haftet nach nationalem Recht. Fehlen nationale Bestimmungen, soll die Europäische Konvention vom 17.12.1962 Anwendung finden. Die Haftung für vom Gast eingebrachte Gegenstände ist in der Regel beschränkt, es sei denn, daß ein Verschulden des Hoteliers oder seiner Angestellten vorliegt.

Die Verpflichtung zur Aufbewahrung von Wertgegenständen ist von der Größe und Kategorie des Hotels abhängig.

Die Haftung für Wertgegenstände kann angemessen begrenzt werden, wenn der Gast darüber rechtzeitig informiert wird.

Der Hotelier haftet nicht für Kraftfahrzeuge und deren Inhalt.

Art. 2: Haftung der Gäste/Kunden

Gäste und Kunden haften gegenüber dem Hotelier für jeglichen von ihnen verursachten Schaden an Personen, Gebäuden, Möbeln und Inventar.

Art. 3: Einbehaltung von Eigentum des Gastes

Der Hotelier ist berechtigt, vom Gast eingebrachte Gegenstände von Wert als Zahlungsgarantie für ihm geschuldete Beträge einzubehalten und schließlich zu veräußern.

Art. 4: Verhalten des Gastes

Der Gast soll sich so verhalten, wie es den Gebräuchen und der Hausordnung des Hotels entspricht.

Schwere oder fortdauernde Verstöße gegen die Hausordnung berechtigen das Hotel zur sofortigen Beendigung des Vertrages ohne Einhaltung einer Kündigungsfrist.

Art. 5: Haustiere

Wünscht ein Gast ein Haustier ins Hotel mitzubringen, so muß er sich vorher vergewissern, ob die Hausordnung des Hotels dies gestattet.

Art. 6: Belegung und Freigabe des Hotelzimmers

Falls nichts anderes vereinbart wurde, stehen die reservierten Zimmer dem Gast ab 14.00 Uhr am Ankunftstag zur Verfügung und müssen von diesem am Abreisetag spätestens um 12.00 Uhr mittags geräumt werden.

Melderechtsrahmengesetz (MRRG)

In der Fassung der Bekanntmachung vom 24. Juni 1994

(BGBl. I S. 1430), geänd. durch Art. 3 G zur Neuordnung des Erfassungs- und Musterungsverfahrens v. 12. 7. 1994 (BGBl. I S. 1497)

– Auszug –

§ 16 Abweichende Regelungen

(1) Durch Landesrecht können Ausnahmen von den Meldepflichten zugelassen werden, wenn die Erfassung von Daten der betroffenen Personen gewährleistet ist oder ein Aufenthalt zwei Monate nicht überschreitet.

(2) Soweit für die Unterkunft in Beherbergungsstätten eine Ausnahme von der Pflicht zur Anmeldung bei der Meldebehörde zugelassen ist, haben die beherbergten Personen Meldevordrucke handschriftlich auszufüllen und zu unterschreiben; beherbergte Ausländer haben sich dabei gegenüber dem Leiter der Beherbergungsstätte oder seinem Beauftragten durch die Vorlage eines gültigen Identitätsdokuments auszuweisen. Mitreisende Ehegatten und minderjährige Kinder sowie Teilnehmer von Reisegesellschaften können durch Landesrecht von dieser Verpflichtung ausgenommen werden. Die Leiter der Beherbergungsstätten oder ihre Beauftragten haben auf die Erfüllung dieser Meldepflicht hinzuwirken und die ausgefüllten Meldevordrucke nach Maßgabe des Landesrechts für die zuständige Behörde bereitzuhalten oder dieser zu übermitteln. Die Sätze 1 bis 3 gelten entsprechend, wenn Personen in Zelten, Wohnwagen oder Wasserfahrzeugen auf Plätzen übernachten, die gewerbs- oder geschäftsmäßig überlassen werden.

(3) Die in Krankenhäuser, Pflegeheime oder ähnliche Einrichtungen aufgenommenen Personen haben den Leitern dieser Einrichtungen oder ihren Beauftragten die erforderlichen Angaben über ihre Identität zu machen. Die Leiter der Einrichtungen oder ihre Beauftragten sind verpflichtet, diese Angaben unverzüglich in ein Verzeichnis aufzunehmen. Der zuständigen Behörde ist hieraus Auskunft zu erteilen, wenn dies nach ihrer Feststellung zur Abwehr einer erheblichen und gegenwärtigen Gefahr, zur Verfolgung von Straftaten oder zur Aufklärung des Schicksals von Vermißten und Unfallopfern im Einzelfall erforderlich ist.

(4) Die nach Absatz 2 erhobenen Angaben dürfen nur von den dort genannten Behörden für Zwecke der Gefahrenabwehr oder der Strafverfolgung sowie zur Aufklärung der Schicksale von Vermißten und Unfallopfern ausgewertet und verarbeitet werden, soweit durch Bundes- oder Landesrecht nichts anderes bestimmt ist.

(5) Die Form, der Inhalt und die Dauer der Aufbewahrung der Meldevordrucke nach Absatz 2 oder der Verzeichnisse nach Absatz 3 sowie das Nähere über ihre Bereithaltung für die zuständige Behörde oder die Übermittlung an diese sind durch Landesrecht zu regeln.

§ 23 Anpassung der Landesgesetzgebung

Die Länder haben ihr Melderecht den Vorschriften dieses Gesetzes innerhalb von zwei Jahren nach dem Inkrafttreten dieses Gesetzes anzupassen.[1]

---

1 Landesrechtliche Vorschriften:
Baden-Württemberg: MeldeG v. 11. 4. 83 (GBl. I S. 117, ber. GBl. 1985 S. 588,
zuletzt geänd. durch G v. 15. 2. 1993, GBl. S. 120).
Bayern: MeldeG v. 24. 3. 1983 (GVBl. S. 90, geänd. durch G v. 27. 12. 1991,
GVBl. S. 496).
Brandenburg: MeldeG v. 25. 6. 1992 (GVBl. S. 236).
Berlin: MeldeG idF v. 26. 2. 1985 (GVBl. S. 507).
Bremen: MeldeG idF v. 20. 1. 1986 (GBl. 1986 S. 1, ber. S. 69 u. S. 120, zuletzt
geänd. durch G v. 3. 5. 1994, GBl. S. 124).
Hamburg: HmbMG idF v. 6. 5. 1986 (GVBl. S. 81, ber. S. 136, zuletzt geänd.
durch G v. 1. 7. 1993, GVBl. S. 149).
Hessen: Hess. MeldeG v. 14. 6. 1982 (GVBl. S. 126, zuletzt geänd. durch G v.
27. 7. 1993, GVBl. S. 344).
Mecklenburg-Vorpommern: LandesmeldeG v. 12. 10. 1992 (GVBl. S. 578).
Niedersachsen: Niedersächs. MeldeG (NMG) v. 2. 7. 1985 (GVBl. S. 192, zuletzt
geänd. durch G v. 10. 1. 1994, GVBl. S. 1).
Nordrhein-Westfalen: MeldeG NW v. 13. 7. 1982 (GVBl. S. 474, ber. GVBl.
1983, S. 188, zuletzt geänd. durch G v. 24. 11. 1992, GVBl. S. 446).
Rheinland-Pfalz: MeldeG v. 22. 12. 1982 (GVBl. S. 463, geänd. zuletzt durch G v.
8. 6. 1993, GVBl. S. 314).
Saarland: MeldeG v. 14. 12. 1982 (ABl. 1983 S. 25), zuletzt geänd. durch G v.
26. 1. 1994, ABl. S. 509).
Sachsen: Sächs. MeldeG v. 21. 4. 1993 (GVBl. S. 353, geänd. durch G v.
20. 1. 1994, GVBl. S. 174).
Sachsen-Anhalt: MeldeG v. 18. 9. 1992 (GVBl. S. 682, ber. 1994 S. 533).
Schleswig-Holstein: LandesmeldeG (LMV) v. 4. 6. 1985 (GVBl. S. 158).
Thüringen: Thür MeldeG v. 23. 3. 1994 (GVBl. S. 342).

Stichwortverzeichnis

Action

Aktionstage – Aktionswochen – Aktionsmonate

Marketing. Werbung. Positionierung am Markt. Innere und
äußere Öffentlichkeitsarbeit. Viele Beispiele und geeignete Menüs
für Aktionen. Reichlich Adressenmaterial für Kontaktaufnahme.
220 Blatt, einseitig bedruckt, Format DIN A4, kartoniert

Der klassische Tafelservice

Auf dieses Buch darf keine junge Restaurantfachkraft verzichten.
Die immer mehr zunehmende Mobilität des Berufsnachwuchses
fordert geradezu eine Standardisierung des internationalen
Tafelwesens heraus.
192 Seiten, viele Schwarzweißabbildungen, gebunden

Bankettgeschäft – Tagungsgeschäft – Bankettservice

Das Buch behandelt die Themen der modernen Verkaufs-
und Organisationsmethoden im Hotel-
und Gaststättengewerbe.
296 Seiten, Abbildungen und Tabellen, gebunden

Boelke/Schwarz

Handbuch der Küchenkalkulation

Das Buch erfüllt alle Voraussetzungen zum Erwerb der
gewünschten Kenntnisse und Fertigkeiten auf dem Gebiet der
Küchenkalkulation für die berufliche Fortbildung mit den anerkannten Abschlüssen Küchenmeisterin/Küchenmeister, Restaurant-
meisterin/Restaurantmeister, Hotelmeisterin/Hotelmeister
oder Meisterin bzw. Meister im Gastgewerbe.
408 Seiten, gebunden

HUGO MATTHAES DRUCKEREI UND VERLAG GMBH & CO. KG
Stuttgart – München – Frankfurt – Hamburg